BLUE BOOK

智 库 成 果 出 版 与 传 播 平 台

元宇宙蓝皮书
BLUE BOOK OF METAVERSE

中国元宇宙发展报告（2022）

ANNUAL REPORT ON METAVERSE DEVELOPMENT IN CHINA (2022)

主　编／丁刚毅

执行主编／朱烨东

社会科学文献出版社
SOCIAL SCIENCES ACADEMIC PRESS (CHINA)

图书在版编目（CIP）数据

中国元宇宙发展报告 . 2022 / 丁刚毅主编 . --北京：
社会科学文献出版社，2022.9
（元宇宙蓝皮书）
ISBN 978-7-5228-0714-0

Ⅰ.①中…　Ⅱ.①丁…　Ⅲ.①信息经济-经济发展-
研究报告-中国-2022　Ⅳ.①F492

中国版本图书馆 CIP 数据核字（2022）第 171029 号

元宇宙蓝皮书

中国元宇宙发展报告（2022）

主　　编／丁刚毅
执行主编／朱烨东

出 版 人／王利民
责任编辑／高　雁　颜林柯
责任印制／王京美

出　　版／社会科学文献出版社·经济与管理分社（010）59367226
　　　　　地址：北京市北三环中路甲 29 号院华龙大厦　邮编：100029
　　　　　网址：www.ssap.com.cn
发　　行／社会科学文献出版社（010）59367028
印　　装／天津千鹤文化传播有限公司

规　　格／开本：787mm×1092mm　1/16
　　　　　印张：20　字数：262 千字
版　　次／2022 年 9 月第 1 版　2022 年 9 月第 1 次印刷
书　　号／ISBN 978-7-5228-0714-0
定　　价／138.00 元

读者服务电话：4008918866

支持单位

中国电子化标准研究院

北京大学市场经济研究中心

北京邮电大学网络经济与信息化研究中心

中南大学区块链研究中心

北京石油化工学院人工智能研究院

北京区块链技术应用协会

国盛证券有限公司

北京信息产业协会

中国民营科技实业家协会元宇宙工作委员会

北京市盈科律师事务所

中国信达资产管理股份有限公司

华为技术有限公司

北京百度网讯科技有限公司

北京中科金财科技股份有限公司

丰图科技（深圳）有限公司

北京中祥英科技有限公司

爱化身（北京）科技有限公司

北京原语科技有限公司

上海尔骋科技有限公司

广州敏行区块链科技有限公司

智链信达（深圳）科技有限公司

主要编撰者简介

丁刚毅 北京理工大学教授，工学博士，计算机学院党委书记兼软件学院院长，"数字表演与仿真技术"北京市重点实验室主任，北京高校高精尖学科"数字表演与创意学"负责人，北京市数字媒体技术实验教学示范中心主任。主要研究数字表演与仿真、模拟训练仿真、大规模人群仿真、环境仿真等。承担国家自然科学基金、国家科技支撑计划等科研项目多项。2015年获"王选奖"一等奖，2021年获"中国仿真学会科学技术奖"一等奖等。曾参与2018年平昌冬奥会"北京八分钟"，2022年北京冬奥会、冬残奥会等大型活动的全面仿真服务保障工作。曾获北京市先进工作者、工人先锋等荣誉称号。

朱烨东 北京大学经济学院金融硕士、北京大学政治经济学博士，清华大学五道口金融学院EMBA，北京中科金财科技股份有限公司董事长、创始人。北京区块链技术应用协会会长、中国上市公司十大创业领袖人物、中国软件和信息服务业十大领军人物、新三板企业家委员会首席区块链专家、2018中国区块链行业十大领军人物、2018中国新经济产业百人、2017年度中国金融科技最具影响力人物。《中国金融科技发展报告》《中国区块链发展报告》《中国资产证券化发展报告》执行主编，清华五道口全球创业领袖项目导师。

摘　要

"元宇宙"是当前科技界和产业界最热的话题之一。2021年被称为"元宇宙元年"。元宇宙、虚拟数字人、Web 3.0、NFT、数字经济等概念开始频繁出现在人们的视野里，并不断渗透到各行各业。虽然元宇宙的概念早在1992年就被提出，但直到2021年，由于底层技术的逐渐成熟、商业巨头和资本的纷纷入场等原因，元宇宙首次受到巨大的关注。各大巨头纷纷大力布局元宇宙赛道，市场欣欣向荣，部分技术迎来突破性进展，监管与政策引导双管齐下。这些都显示出元宇宙是数字技术发展的新阶段，是数字经济的新赛道。

本书主要分为总报告、政策与法规篇、技术篇、场景应用篇、市场篇和附录六部分。第一，介绍了元宇宙的起源，梳理了国内外元宇宙在政策、技术、经济等方面的发展现状及其带来的影响与变革以及我国发展元宇宙面临的问题，同时提出发展对策，并对元宇宙未来发展趋势进行预判。第二，总结了2021年针对元宇宙领域颁布的相关政策及监管方面存在的问题。总体来看，我国政府从不同层面出台了相关政策性文件引导元宇宙健康有序发展。本书指出政府宜采取包容审慎的监管态度，坚持鼓励创新原则，分领域制定监管规则和标准，在严守安全底线的前提下为元宇宙发展留足空间。第三，分析了元宇宙技术发展的新动向。第四，对于元宇宙重点应用场景进行描述，过去一年，元宇宙在制造、金融、消费、数字藏品、虚拟数字人等多个领域加速发展，业务面涵盖非常之广。第五，梳理国内外布局元宇宙

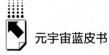

的巨头企业的市场现状，并对行业经典案例进行解析，解读元宇宙在模式上的创新。此外，为了更全面地掌握我国 2021 年元宇宙行业发展的具体情况与重大事件，本书还对元宇宙发展进行了总结，以供读者速览。

关键词： 元宇宙　区块链　虚拟现实　数字经济

目　录 ⬎

Ⅰ　总报告

Ⅱ　政策法规篇

Ⅲ　技术篇

Ⅳ 场景应用篇

Ⅴ 市场篇

VI　附录

皮书数据库阅读使用指南

总 报 告
General Report

B.1
我国元宇宙发展现状、问题与对策

朱烨东*

摘 要： 随着美国科技公司 Facebook 更名为 Meta，元宇宙成为 2021 年底非常火爆的科技名词。本文首先介绍了元宇宙的起源和定义，阐述了该行业发展的必然性和必要性。在此基础上，梳理国内外元宇宙在政策、技术、经济等方面的发展现状，并分析元宇宙给人们的社交方式、消费方式、学习方式、生产方式等带给的影响。最后，对元宇宙未来发展趋势进行分析。

关键词： 元宇宙 虚拟空间 数字经济

---

* 朱烨东，北京中科金财科技股份有限公司。

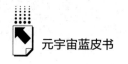

一　引言

自 2021 年 3 月在线创作游戏平台 Roblox 上市引爆元宇宙概念后，全球资本市场和科技市场对元宇宙高度重视，并由关注转向实际投资和研究。2021 年 7 月，Facebook 创始人扎克伯格宣称，5 年内将 Facebook 从社交公司过渡成元宇宙公司。早在几年前，微软 AR 头戴式设备 HoloLens 就将沙盒游戏《我的世界》从屏幕投射到现实中，被看作元宇宙在游戏中的初步尝试。国内方面，腾讯 2020 年 2 月参投 Roblox，代理其在中国区的产品发行，并在 2020 年底首次提出了"全真互联网"的概念，描述了与元宇宙相同的技术前景。百度以 AI 为发力点，先后成立了 AR 实验室、VR 实验室，打造了 VR 交互平台等，在元宇宙产品研发方面投入巨大。当前，元宇宙在全球各地区热度空前，以科技公司为代表的相关方纷纷加快布局，进入元宇宙赛道。回归元宇宙本身，元宇宙起源于何处、发展现状如何、给我们生活的各个方面带来哪些影响与变革、面临的问题以及如何更好地发展元宇宙，都是值得研究的课题。

二　元宇宙的起源

（一）元宇宙的定义

虽然元宇宙的热度不断提高，但究竟什么是元宇宙却没有一个统一的定义，当前元宇宙的本质和特点经研究者、产业代表、高校专家学者提炼已形成了业界比较认可的说法，即元宇宙是现实到虚拟再到现实的所有技术的集成，它既与现实世界交相辉映，又是一个独立于现实的平行宇宙。

从技术角度看,元宇宙通过扩展现实、区块链、5G、人工智能、数字孪生等核心技术实现虚拟与现实的映射交互,将虚拟世界与现实世界在经济系统、社交系统、生产系统上密切融合,并允许所有用户进行内容生产和世界编辑,从而构建一个能够产生超越现实世界价值的数字宇宙。元宇宙是基于互联网而生,与现实世界相互打通并平行存在的虚拟世界,是一个可以映射现实世界又独立于现实世界的虚拟空间。元宇宙不是单一的封闭系统,而是由无数虚拟世界、数字内容组成的不断碰撞、膨胀的数字宇宙。

随着信息技术的不断迭代升级,元宇宙会不断演变进化,从而越来越接近人们想象中的样子,即构建一个无限接近现实世界的数字虚拟空间。这种多维度、多角度、多技术形成的集合虚拟空间将会改变人类的生活方式并推进人类文明进程。

（二）元宇宙的本质

在前期研究的基础上,结合现有认知,我们认为,元宇宙是整合网络通信、扩展现实、数字孪生、区块链、人工智能等多种新技术产生的新型虚实相融的互联网应用和社会形态。元宇宙将虚拟世界与现实世界在经济系统、社交系统、生产系统上密切融合,是一个永续在线、不断被刷新的实时数字世界,并且允许每个用户进行内容生产和世界编辑。元宇宙不会脱离现实世界,它是现实世界的扩充,能够帮助人类更好地去探索和发现更多未知的层面,当然它也不是将现实世界活动完全照搬到虚拟空间,它不仅是全新的数字感官体验的扩展,而且是现实活动的创新飞跃,代表着人类发现新大陆的新征途。

三 元宇宙发展现状

（一）国外元宇宙发展现状

1. 政策

元宇宙对于未来经济社会发展、各行业数字化转型具有重要意义，全球多个国家陆续制定了有关元宇宙的发展战略。2021 年 7 月，日本经济产业省发布了《关于虚拟空间行业未来可能性与课题的调查报告》，并计划完善有关元宇宙发展的法律与方针，以此指导和规范元宇宙产业的发展，力求在全球虚拟空间产业占据主导地位。同年 11 月，韩国首尔市政府发布《元宇宙首尔五年计划》，宣布从 2022 年起分 3 个阶段在经济、文化、旅游、教育、信访等业务领域打造元宇宙行政服务生态。美国政府对于元宇宙仍处于观望状态，对发展元宇宙产业可能带来的数据安全和隐私保护问题格外重视。欧洲部分国家由于缺少大型的原生态互联网公司，对元宇宙发展持法律先行的严谨态度，并重点关注元宇宙的监管和规则问题，以防新的应用模式带来高风险。未来，随着更多国家加入元宇宙赛道，将会出现更多的扶持政策和利好，进一步推动元宇宙驶入"快车道"，循着合规化、商业化的路径前行，形成健康、有序的发展格局。

2. 技术

元宇宙是一个综合性的技术合集，囊括了人工智能、区块链、AR、VR、通信技术、网络及算力等诸多前沿技术。专利能够侧面反映国际企业在特定技术方面的实力和能力，以及在发展元宇宙方面所做的理论储备。本文以苹果和三星为例，分析其在元宇宙专利方面所做的具体工作及取得的成果。

全球专利数据库智慧芽数据显示，苹果及其关联公司在全球 126

个国家和地区中，共有 3.3 万余件适用于元宇宙领域的专利申请，其中授权发明专利 1.8 万余件。[①] 苹果、Facebook 的硬件设备直接面对消费者市场，主要提供移动智能设备和虚实交互设备，设备出货数量超过全球智能手机/平板、VR/AR 头显设备出货数量的 50%。三星及其关联公司在全球 126 个国家和地区中，共有 3.6 万余件适用于元宇宙领域的专利申请，其中授权发明专利 1.3 万余件[②]，同时在元宇宙领域的技术布局主要集中于无线通信系统、物联网、智能服务、神经网络等。可以看到，国外各国家和地区在元宇宙相关技术研发方面更具多元化的特点。从元宇宙引擎、虚拟现实技术的展现到人机交互和底层基础设施建设，技术覆盖面更广泛，是具有建设性的发展思路。

当前，全球元宇宙技术发展正处于爆发前期，未来会实现规模化发展，亟须解决碎片化、安全、成本三大发展难题。区块链、人工智能、可穿戴设备等作为支撑元宇宙实现的关键技术，是元宇宙有效运转的基础，跨越技术壁垒和平台的技术整合是未来需要重点攻克的难题，技术很容易突破和实现，但技术背后的成果怎样平衡化以及如何把握资本进驻的时机，都是需要解决的难题。最终，元宇宙的呈现将没有平台界限和地缘界限，但也会带来更多技术以外的问题，因此，元宇宙的发展仍要循序渐进，人们也应保持理性的期待。

3. 产业规模

元宇宙将会给世界经济带来颠覆性变化，受新冠肺炎疫情影响，"宅经济"和居家办公成为很多人生活的常态，人们在线上进行工作和学习的时间急剧增长，元宇宙为线上办公和在线学习提供了新的交互模式。彭博行业报告预计，元宇宙的市场规模在 2024 年有望达到

[①] https：//baijiahao. baidu. com/s？id＝1717410361137987064&wfr＝spider&for＝pc.

[②] https：//baijiahao. baidu. com/s？id＝1717410361137987064&wfr＝spider&for＝pc.

8000 亿美元；普华永道预测，元宇宙市场规模在 2030 年将达到 1.5 万亿美元；花旗银行预测，2030 年元宇宙经济的总市场规模可能增长到 8 万亿~13 万亿美元，预计元宇宙用户数量将达 50 亿。

（二）国内元宇宙发展现状

1. 政策

2022 年 1 月 24 日，在工业和信息化部召开的中小企业发展情况发布会上，工业和信息化部中小企业局局长梁志峰表示，工业和信息化部将加大力度推进中小企业数字化发展，支持发展数字经济，抢抓国家推进新基建、大力发展数字经济的大好机遇，培育一批进军元宇宙、区块链等新兴领域的创新型中小企业。这也是国家部委层面首次提到"元宇宙"；在 2022 年第十三届全国人民代表大会第五次会议上，也有多位政协委员、人大代表提交了关于元宇宙的发展提案，并建议加强监管与鼓励创新二者并行，抓住元宇宙发展带来的机遇；2022 年 5 月，中共中央党校出版社出版了《元宇宙科技产业党政干部学习详解》一书，全面讲解元宇宙科技产业的背景以及国内外互联网头部企业布局元宇宙科技产业的近况，介绍元宇宙的基本特点、技术架构、思维模式及行业应用等。

自 2021 年底开始，在各地"十四五"产业规划中，多省市将元宇宙列为重点。2022 年初，在"北京城市副中心产业高质量发展推进大会"上，北京市通州区出台了一系列产业生态扶持发展政策，其中包含《关于加快北京城市副中心元宇宙创新引领发展的八条措施》；在北京市十五届人大五次会议"推动新时代首都发展"新闻发布会上，北京市经济和信息化局宣布启动城市超级算力中心建设，推动组建元宇宙新型创新联合体，探索建设元宇宙产业聚集区；上海 2021 年底发布《上海市电子信息产业发展"十四五"规划》，提出要前瞻部署量子计算、第三代半导体、6G 通信和元宇宙等领域；

2021 年 11 月，浙江省经信厅组织召开元宇宙产业发展座谈会；2021年 12 月底，杭州宣布成立国际商会元宇宙专业委员会；2022 年 1月，浙江省数字经济发展领导小组办公室发布了《关于浙江省未来产业先导区建设的指导意见》，元宇宙与人工智能、区块链、第三代半导体一并被列为未来产业先导区重点布局的领域；2022 年 4 月，重庆市渝北区人民政府发布《重庆市渝北区元宇宙产业创新发展行动计划（2022—2024）》，推动构建元宇宙新模式新服务新业态，建成元宇宙产业创新生态体系。

此外，合肥、武汉同时把元宇宙写入政府工作报告中，瞄准元宇宙、超导技术前沿领域打造一批领航企业和高端产品，推动元宇宙、量子科技等与实体经济的融合发展。深圳成立了元宇宙创新实验室，已成功对接超过 26 个国家的用户和技术团队。

2. 技术

近年来，我国与元宇宙相关的企业总量持续快速增长。截至2021 年 11 月，全国共有元宇宙相关企业 663 万家[①]，且大多企业仍处于早期发展阶段，中小规模企业仍占主导，业务类别多集中在互联网应用、数字基础设施、数字技术研发等领域。为实现元宇宙真正落地应用，需要运用区块链、5G、增强现实、虚拟现实、人工智能、大数据、边缘计算、游戏、脑机交互等技术，同时还需解决新一代信息技术带来的数据安全和隐私保护等各类安全性问题。国内虽然也推出了希壤、瑶台等产品，但与 Meta 和 Roblox 相比，仍然存在技术滞后的问题，产业发展仍处初期阶段，资本尚未成熟。

从技术发展现状来看，我国在 VR、AR、MR、数字孪生等方面起步虽然较晚，但随着国家和地方政策的不断出台，国内的数字技术

---

① https：//baijiahao.baidu.com/s？id=1717410361137987064&wfr=spider&for=pc.

发展迅速。近年来，我国云计算厂商的产品不断丰富，服务能力不断提升，能够提供从底层数据中心扩展到上层解决方案的全套建设架构。通信5G技术基本覆盖地级及以上城市，每周新增基站1.2万个左右，虽然5G创新模式还有待完善，但基建基数方面已经取得阶段性成果。VR、AR技术近年来发展迅猛，但与国际相比仍然有较大差距。区块链核心技术聚焦于功能全面易用、可靠性操作系统及数据兼容性，在安全性、可维护和智能合约平台合成方面仍待进一步提升。

3.产业规模

据中国计算机行业协会元宇宙产业专委会预测，我国元宇宙上下游产业目前产值超过300亿元，主要体现在游戏娱乐、VR和AR硬件等方面，未来5年，国内元宇宙市场至少突破2000亿元大关。[①]元宇宙主要是区块链、云计算、VR、AR等产业的集合。艾媒咨询数据显示，从2017年到2021年，中国区块链支出规模增长了约12.8倍，增速较快。但随着行业整顿，预计2022年增速有所下降，到2023年支出规模可突破1万亿元[②]，因此可以看出我国区块链产业仍然处于快速增长阶段，这为元宇宙未来的构建奠定了良好的基础。我国云计算产业发展仍处于上升趋势，艾媒咨询数据显示，2021年中国云计算产业规模达2109.5亿元，预计2023年可突破3000亿元。[③]元宇宙发展需要强大的云计算产业支撑，强大的算力能够为元宇宙发展提供保障。艾媒咨询数据显示，2020年中国VR终端硬件市场规模为107.0亿元，AR终端硬件市场规模为125.9亿元；预计到2025年，中国VR和AR终端硬件市场规模将分别达到563.3亿元和1314.4亿元。[④]

---

① https：//www.ncsti.gov.cn/kjdt/ztbd/xzjj/szjjrc/yyz/202206/t20220604_81736.html.

② https：//baijiahao.baidu.com/s？id=1730617352959166741&wfr=spider&for=pc.

③ https：//baijiahao.baidu.com/s？id=1730617352959166741&wfr=spider&for=pc.

④ https：//baijiahao.baidu.com/s？id=1730617352959166741&wfr=spider&for=pc.

（三）国内外对比

通过梳理和跟进国内外元宇宙在政策、技术和产业规模三个方面的发展现状可以看出，在政策方面，大多国家和地区持积极拥抱和大力推进的态度，国际上更加侧重产业建设和资本投入，同时在数据安全和隐私保护等方面探索有效监管手段。相比国外，我国政府在出台元宇宙相关政策以及在整体产业规划速度方面明显更优；从技术角度看，国内企业基础设施建设更加完备，应用场景更加丰富，为我国元宇宙发展积蓄了巨大潜力。从元宇宙相关技术发展现状来看，我国的VR、AR、MR、数字孪生等技术发展较晚，亟待进一步完善。以美国为代表的发达国家的龙头科技企业在资本助力下将借助长期技术积累和全球化市场推动新一轮技术升级迭代。元宇宙的发展将高度依赖高性能的硬件技术和领先高效的软件生态体系。我国在先进制程芯片、人工智能生态、工业软件等基础领域仍存在短板。借助人口红利，随着基础设施建设的持续推进，国内产业规模仍将保持高速增长。但是在产业链升级和技术创新方面，尚缺乏具有竞争力的核心技术体系，以及合理的顶层设计和前瞻性科研布局，应适时推进元宇宙相关领域标准化发展，保证产业健康有序发展，并加大在元宇宙研究方面的投入，鼓励国内科研院所、高校和企业等合力合作，提升我国元宇宙的全球影响力，从元宇宙发展初期就摆脱技术"卡脖子"危机。

四　元宇宙带来的影响与变革

元宇宙是区块链、数字孪生、人工智能、云计算等多项技术紧密嵌套，遵循真实世界一般法则，对未来世界进行臆想的数字化虚拟世界。借由元宇宙搭建的虚拟空间，新的社交方式、消费方式、劳动方式等得以出现，从而推动形成虚实相融的新型社会形态。

（一）社交方式

元宇宙具有的虚实相融、实时交互、具身沉浸等特性，为社交方式的革新带来更多可能。作为社交媒体领域进军元宇宙的典型代表，2021 年 7 月，Facebook 首席执行官马克·扎克伯格宣布将其公司名称更新为 Meta，并计划在未来 5 年内将 Facebook 打造成一家元宇宙公司。国内方面，腾讯在 2020 年底首次提出"全真互联网"的概念，即全域融合、虚实结合，将实体和虚拟多维度互联，形成新互联网形态。作为国内社交网络龙头企业，腾讯凭借微信和 QQ 等社交软件拥有大量的活跃账户，在元宇宙发展赛道中抢占了先机。

以往社交媒体中的虚拟形象通常由文字、图片构成，用户通过虚拟头像、签名介绍、昵称，或发布朋友圈图片、小视频、状态等方式体现其个性，随着 AR、VR、人工智能等技术的进一步发展成熟，人们在社交过程中对于交互式、沉浸式的体验有了更加强烈的需求。基于元宇宙的社交媒体拥有对用户面部、手臂、头部等进行即时扫描定位功能，可以对用户形象进行多维立体式构建，即通过全方位三维模型建构自我形象取代了以往扁平化、单一化、静止化的模型构建方式，并实现形象的实时动态变化与实时交互。这种构建模式能够缩短虚拟世界人与人之间的距离和陌生感，使主体形象更加丰富与立体，人物特点更加鲜明和突出，并有助于用户发现真实的自我。更进一步，用户还可以与其他用户共建虚拟形象，在共建的过程中发现不一样的个体，重塑自我。在人工智能、VR、AR 等技术的持续加码下，"社交元宇宙"有望在未来接入更多游戏化、虚拟化的沉浸式场景，让用户拥有更丰富、更多元、更自然的社交互动体验。

（二）消费方式

网上购物已经彻底改变了人们的生活方式，电子消费模式也在悄悄地进行革新，并影响着未来的消费方式。对于消费者来说，网络购物具有节约时间成本、方便比对价格、便于参考用户评价、电子支付更加便捷等优点。对于商家来说，发展线上业务在拓展客户群体、及时更新商品信息、节约租金成本等方面有更大的优势。随着智能手机的普及，以淘宝、拼多多等为代表的社交媒体与电子商务融合的购物方式正在重构消费者的购物习惯，即关注、分享、沟通、互动等社交元素正逐渐被应用于移动电商的交易过程。

元宇宙的出现为电子商务提供了新的创新路径，使得商业活动在空间场景上不再局限于现实场景，而是支持虚拟场景与现实场景的交融。数字技术将实时商务与元宇宙相结合，提出了一种新的电商平台创业商业模式，能够克服电商现存的内容枯燥、互动不足、卖家直播空间有限、消费者对品牌和产品缺乏体验等缺点。借助增强现实技术，消费者感知可以从二维的产品目录转到元宇宙的三维沉浸式虚拟空间，使消费者在购买某种产品之前对其质量、功能等有更直观的感受，既能丰富消费者的购买感受，又有助于商家减少退换货频次并拓展客户群。元宇宙在电子商务场景的应用为整个行业勾画出一幅全新的三维销售图景，使现有零售产品的生命周期得到无限延伸。

（三）学习方式

在线教育是现代教育体系长期以来的重点发展方向。2020 年以来，在全球新冠肺炎疫情的影响下，线下教育受到一定冲击，在线教育已成为一些国家和地区保证教育稳定与连续的重要手段。然而，现阶段在线教育仍然面临学生参与感低、教师难以调动课堂氛围、平面网页单调枯燥、缺乏具有沉浸感的学习体验环境、学习数据记录更新不及时等问题，直接影响线上教学效果，使学习成效大打折扣。

元宇宙为搭建智能在线学习环境带来了可能。首先，借助人工智能技术，持续产生海量的挖掘内容，按需生成个性化学习资源；其次，

运用云计算技术促进在线教育系统硬件的智能虚拟化和软件智能服务化改造，形成各子系统深度智能整合的新模态；最后，运用区块链技术形成元宇宙在线资源存储、连接、交易、共享和管理的生态系统，实现资源的最优化流通与配置，同时在学分认证、学习成果认证和能力认证等方面提供保障，保证认证管理的智能、安全和高效。基于元宇宙的在线教育将进入体验化学习和沉浸式交互的创新发展阶段。这将打破以二维网络技术为主导的在线教育发展瓶颈，形成视觉沉浸与人工智能无缝交融的理想空间形态，实现人的认识世界与虚实共生的感知世界的融合。

（四）生产方式

人工智能等新一代信息技术的出现，为传统生产方式带来革新，在提高生产力、避免重复劳动、节省人工成本、降低人为风险等方面加速了生产方式的迭代更新。元宇宙依托人工智能、数字孪生等技术，通过将现实的生产流程复制粘贴进虚拟世界，使得在正式的生产开始之前，人们可以在元宇宙中模拟全部的生产流程，形成可供真实世界参考的生产经验，从而降低试错成本。

在工业制造领域，由于受到能源、劳动力、技术等限制，传统的工业制造发展遇到瓶颈，亟须整合新一代信息技术，加速生产模式的迭代和创新。随着元宇宙的兴起，工业领域的数字化转型迎来了新机遇。在工业元宇宙中，制造业企业借助 5G 将虚拟世界里的人对数字机器的操作和决策结果等通过 AI 进行辅助纠正、验证，通过区块链记录数据后传送到物理世界的机器上自动执行，通过模拟生产环节中涉及的设备工艺和流程，实现降本增效。同时，元宇宙中的数字孪生平台，通过动态数据的实时驱动，可以实现人、车、物、法、环的数字全链路模拟，这将对未来工厂建设起到极其重要的作用。

五　我国元宇宙发展面临的问题与对策

（一）主要问题

1. 概念炒作

元宇宙的提出起源于美国科幻作家尼尔·斯蒂芬森1992年出版的科幻小说《雪崩》，与大多数技术相同，元宇宙在初期阶段也仅限于一个概念。概念出现后，往往会伴随资本或市场的炒作，催生行业泡沫，当泡沫破灭后，将进入市场的冷静期，随后进入平稳发展阶段。当前，国内外资本相继涌入，元宇宙炒作热度空前高涨，直接带来的影响是部分企业试图通过概念炒作等方式获得商业投资，或利用公众从众心理在短期内通过"割韭菜"的方式获利。现阶段元宇宙的发展仍然缺少成熟的技术体系支撑，实际落地的应用场景和产品验证不足，元宇宙到底是泡沫还是风口，有待进一步验证。

2. 社会治理

元宇宙是虚拟世界和现实世界针对人文、经济、社会和文化等进行的全面融合和革新，是一个与现实世界一样的日升月落的世界，没有人能够预测未来，但每个人都能够创造未来，创造属于自己的数字内容和数字资产，影响整个元宇宙的未来发展。在元宇宙构建的虚拟世界，更多的参与者能够参与到元宇宙的建设当中，不同的角色和活动构成了新的虚拟社会，为监管带来了前所未有的挑战。如何应对虚拟社会中可能产生的重大公共利益与公共安全等挑战，是政府及各监管方面临的课题。同时，不排除个别用户利用虚拟身份在元宇宙空间中实施违法犯罪行为，以及将在现实世界中存在的不满、消极等情绪在元宇宙的虚拟环境中发泄并实施报复等，这些都是不利于安全稳定的行为，也是元宇宙发展过程中亟待预防和应对的重要问题。

3. 数据隐私

元宇宙是由数据和信息支撑的智能增强世界，数据是驱动元宇宙发展的关键。元宇宙受到公众的热议和追捧，其根本原因是元宇宙通过多种技术手段构建了一个能够提升各类体验、丰富感知、培育创造力的具身沉浸、实时交互、序时相容的虚拟世界，可看作现实世界的补充和延伸。庞大的用户群体带来了海量的数据，如身份属性、社交关系、资产情况、情感关系等，大多为敏感隐私数据，不可避免地会带来隐私数据泄露风险。在元宇宙之前，以人工智能、区块链为典型代表的新一代信息技术均面临隐私数据保护难题，如可穿戴设备或云计算存储资料遭黑客入侵、通过以太坊记录敏感信息、虚拟货币盗失、利用人工智能诈骗等，元宇宙世界的数据隐私安全风险一直是需要警惕的。

4. 转型成本

元宇宙是集成区块链、VR、AR、人工智能、5G、大数据等技术，遵循现实世界一般法则构建的数字虚拟世界，其发展将高度依赖高性能的硬件技术和领先高效的软件生态体系。自 Facebook 更名为 Meta 并宣布正式进军元宇宙开始，国内大厂如腾讯、百度、字节跳动等纷纷跟进，加入全球元宇宙赛道。然而，元宇宙平台建设前期需投入大量技术和资金等资源，且在实际产品研发过程中涉及长期的验证和试错环节，入局元宇宙的高门槛、高投入使大多中小企业望而却步。

（二）应对策略

发展元宇宙应以推动技术发展、防控底线风险、降温元宇宙炒作为基本原则，鼓励相关企业对元宇宙相关产业进行探索。同时，元宇宙的发展不能脱离产业政策、就业岗位、监管等的协同推进，避免由过度沉浸于虚拟时空而导致真实世界产业的坍塌。

首先应出台相关产业政策，扶持中小企业发展。其一，跟踪并研究美国、欧洲、日本、韩国等国家和地区推动元宇宙发展的政策走向和具体措施。其二，各级政府应积极分析地方元宇宙产业基础现状，结合企业和市场需求，适时发布具有地方发展特色的元宇宙扶持政策，重点支持关键技术攻关，引导典型应用快速落地，加速内容生产平台建设，促进各类行业解决方案研发等，营造有利于加快元宇宙发展的环境。

其次应正确引导，遏制过度炒作。理性看待元宇宙的发展现状，谨慎入局，引导公众正确认识元宇宙，以鼓励技术的研发创新，遏制概念炒作和行业泡沫。坚决防止披着元宇宙外壳的套路骗局，避免为公众带来不必要的损失。加快研究制定元宇宙相关标准，统一业界对元宇宙的认识，引导元宇宙产业健康、有序发展。

最后应加强监管，避免隐私数据泄露。综合考虑元宇宙发展带来的经济、安全、隐私等方面的问题，总结提炼网络平台发展的治理经验，前瞻性地思考平台垄断、税收征管、监管审查、数据安全、社会规范等一系列潜在问题，提早细化完善元宇宙立法、执法、监督等治理手段。

六　未来发展趋势

全球新冠肺炎疫情加速了经济社会的数字化转型进程，全方位的数字融合世界正在全面形成，办公、教育、购物、医疗等的模式创新和改革进一步深入。元宇宙构建的虚拟世界为数字个体间的互动提供了全新的空间，形成了新的社会关系。当前，元宇宙的发展处于萌芽期，产业各界对元宇宙的提及大多集中在概念认知、技术体系和商业逻辑等方面。随着元宇宙关键技术的不断成熟，并逐渐在更多场景中应用验证，元宇宙有望作为现实世界的补充和延伸，

为人们带来更加安全、理想的沉浸式体验，使人们真正融入经济社会的各个环节。

元宇宙的发展能够推动多种信息技术的改进，同时其发展结果也存在不确定性。元宇宙是基于互联网而生，是由无数个虚拟世界/数字内容组成的不断碰撞并且膨胀的数字宇宙。在元宇宙发展初期，可以利用区块链技术建立可靠可信的数字化价值交互网络；利用 VR、AR 建立全仿真环境，为用户提供具身沉浸式体验；利用人工智能赋予元宇宙智能大脑，支持其内容不断创新迭代。一方面，随着元宇宙在越来越多的场景中应用，其庞大的用户群体和日益丰富的用户需求将加速元宇宙关键技术的不断改进和融合发展，推动相关信息技术的发展。另一方面，基于信息技术搭建的元宇宙虚拟世界始于人们的主观想象，是现实世界的再造和延伸，当用户在虚拟世界中有了完备的数字分身后，如果想要获得更加丰富的体验，将制造更多的虚拟人，就像电影《失控玩家》中的 NPC 一样，不排除随着技术的自我学习、更新迭代，虚拟人也将拥有一样的智慧和行为能力，到那时元宇宙的建造将不再是自主、自为的，其最终会带领我们走向何方，仍是无法预测的问题。

元宇宙的发展能够推动传统社会形态的转型升级，同时给实体经济发展及就业带来变革。元宇宙可以看作建构在混合现实、数字建模等底层技术之上的数字世界。区块链技术具有天然的"去中心化价值流转"特征，利用区块链技术，在元宇宙中构建新型社会关系和协作方式将成为可能，有望在身份体系、经济体系、治理体系等维度重塑现有的社会形态，推动传统社会形态的转型升级。为了保证虚拟世界与现实世界不脱节，需要加速信息技术的改进和融合，从而推动真实世界中的新基建建设，使元宇宙成为真实世界升级改造的"助推剂"。同时，元宇宙逐步在社交、商旅、艺术、教育、医疗等应用场景中的落地，将推动更多如"云购物、云课堂、云会议、云旅游"等沉浸式、实时交互式的应用落地，为电子商务、在线教育等行业带来变革，同时给实体产业的岗位设置、人员就业等带来冲击。

元宇宙的发展为参与者带来了更多创造动力，同时对治理手段提出更高要求。元宇宙是一个高度以"人"为中心的网络。元宇宙快速发展的原动力来源于人们交互需求的不断提升，可以看作人类现实活动的产物，元宇宙相对独立于现实世界，又包含着大量的人类活动。在元宇宙中，更加新颖便捷的内容生产方式将会激发更多人运用智慧创造新元素和新事物，这些新事物可能暂时不被现实世界所需要或接纳，但是却能够在元宇宙中得到验证和认可。这一机制将为用户带来更加强烈的满足感和成就感。与此同时，元宇宙是以多种先进技术为载体，集成丰富想象力所构建的虚拟世界，其发展存在一定的不确定性，无论怎样考虑和预测都不能准确地预知元宇宙的全貌，因此需要根据其发展情况不断调整和完善监管、立法等。此外，元宇宙的发展离不开地缘政治和国家政策的影响，不能孤立而行，需要与经济、金融、文化、教育、产业创新等协同推进、并行发展，做到虚实结合，实现既有韧性又有柔性的发展，避免由过度地沉浸于虚拟时空而导致真实世界产业的坍塌。

参考文献

［1］任可、杨道玲：《元宇宙相关产业现状与潜在风险研究》，《中国经贸导刊》2022 年第 4 期。

［2］侯伟胜：《被大厂争夺的元宇宙距离我们有多远》，《商业观察》2022 年第 5 期。

［3］蒲清平、向往：《元宇宙及其对人类社会的影响与变革》，《重庆大学学报》（社会科学版）2022 年第 3 期。

［4］张夏恒、李想：《国外元宇宙领域研究现状、热点及启示》，《产业经济评论》2022 年第 2 期。

［5］刘革平、王星、高楠、胡翰林：《从虚拟现实到元宇宙：在线教育的新方向》，《现代远程教育研究》2021 年第 6 期。

［6］左鹏飞：《最近大火的元宇宙到底是什么?》，《科技日报》2021 年 9 月 13 日。

政策法规篇

Policies and Regulations

B.2

元宇宙监管研究

廖仁亮*

摘　要： 元宇宙的本质是现实世界的数字化，虽是虚拟空间，但并不是法外之地。元宇宙的法包含元宇宙内的法和元宇宙外的法，并以此衍生出元宇宙内的监管体系和元宇宙外的监管体系。前者依托元宇宙参与主体的自治，后者依靠政府的规范。二者的碰撞与融合，最终形成一个二元甚至多元共治的元宇宙法律监管体系。对于元宇宙，政府宜采取包容审慎的监管态度，坚持鼓励创新原则，分领域制定监管规则和标准，在严守安全底线的前提下为元宇宙发展留足空间。

关键词： 元宇宙　法律监管　多元共治

---

* 廖仁亮，北京市盈科律师事务所。

2021 年被媒体称为"元宇宙元年",时至今日,元宇宙概念越来越热。在元宇宙的热潮之下,本文对元宇宙进行冷静而客观的思考,从法律视角探索元宇宙发展的规范路径。

一 元宇宙概念

"元宇宙"(Metaverse)概念源自美国科幻作家尼尔·斯蒂芬森(Neal Stephenson)1992 年出版的科幻小说《雪崩》(*Snow Crash*)。书中,尼尔·斯蒂芬森构建了一个虚实融合的数字世界,来自不同地域的人通过各自化身在数字世界中交往,并进行经济活动。[①] 究竟什么是元宇宙,众说纷纭。《元宇宙如何改写人类社会生活》一文对元宇宙的阐释较为客观,即元宇宙是"**基于互联网而生,与现实世界相互打通、平行存在的虚拟世界**"[②]。元宇宙脱胎于现实世界,是一个由数字构成的虚拟空间,其本质是现实世界的数字化。

二 元宇宙监管对象

谈及元宇宙法律监管问题,必须厘清其监管对象。元宇宙法律监管的对象主要是主体、财产和交易(行为)。

(一)主体

元宇宙的主体有两个,一个是人,包括数字人和虚拟人;另一个是平台。

---

① Neal Stephenson, *Snow Crash*, Turtleback Books, 2000.
② 管筱璞、李云舒:《元宇宙如何改写人类社会生活》,https://www.ccdi.gov.cn/toutiaon/202112/t20211223_160087.html,2022 年 7 月 20 日访问。

1. 人

元宇宙中最重要的参与主体是虚拟人，虚拟人主要有两种形态，分别为数字人和自然人化身的虚拟人（Avatar）。

数字人是具有数字化外形的虚拟人物。主要具备三个特征：一是拥有人的外观，具有特定的相貌、性别和性格特征；二是拥有人的行为，具有用语言、面部表情和肢体动作进行表达的能力；三是拥有人的思想，具有识别外界环境，并能与人交流互动的能力。[①] 例如会"捉妖"的抖音虚拟美妆达人柳夜熙、穿梭在真人间的虚拟 KOL 数字人 AYAYI 以及会唱歌、画画和弹琴的"清华大学"学生华智冰等。

虚拟人是现实世界的人借助技术手段在元宇宙中拥有的化身。比如韩国 SM 娱乐公司推出的女团 aespa，被业界称为"元宇宙组合"。韩国 SM 娱乐公司总制作人李秀满介绍，在 aespa 的世界观中，"现实世界"的艺人成员和"虚拟世界"的化身人物通过"数字世界"进行沟通和交流。[②]

根据我国《民法典》的规定，民事主体是指参加民事法律关系、享受权利和承担义务的人，具体划分为自然人、法人和非法人组织，其法律人格的取得方式包括消极取得[③]和积极取得[④]。显然，在我国现有法律体系下，元宇宙中无论是数字人还是虚拟人，其本身并非民事主体，不享有民事权利也不承担民事责任。相关的民事权利义务和责任，应当由数字人和虚拟人的所有者或使用者享有、履行和承担。

在杨某某与熊某某名誉权纠纷一案（案号：2014 秦民初字第3654 号）中，熊某某系南京市栖霞区熊某某服装店业主，2013 年 12

---

① 参见《2020 年虚拟数字人发展白皮书》。
② 《aespa，走上联合国的元宇宙女团》，https：//www. 163. com/dy/article/HC3US2D105370UW1. html，2022 年 7 月 20 日访问。
③ 消极取得指自然人因出生享有法律人格。
④ 积极取得指公司因依法设立享有法律人格，其人格属于拟制人格。

月起，杨某某以"上莹大小姐"的网名多次在熊某某开设的网店购买汉服。2014年5月，熊某某猜疑杨某某高价倒卖其所购买的品名为"长相守"的汉服，并以"清辉阁媛媛"的网名不断在清辉阁官群发送侵害杨某某名誉的信息，指责杨某某系倒卖汉服的"黄牛"。熊某某全然不顾杨某某的申辩、解释，继续煽动且以悬赏的方式要求QQ群的会员对杨某某进行人肉搜索，意图查出杨某某的IP地址和个人信息予以爆料。在查出杨某某部分信息的同时，部分不明真相的会员采用侮辱性的语言对杨某某进行人身攻击，使得杨某某的名誉再次遭到侵害。

法院认为：杨某某与熊某某在涉案的互联网上登记的都是真实的信息，熊某某在清辉阁官群等网站上以"步光步光媛媛""清辉阁媛媛"名义发帖，使用侮辱性的语言恶意贬低"上莹大小姐"的人格。"步光步光媛媛""清辉阁媛媛""上莹大小姐"虽属于网络世界的虚拟人，但该虚拟人系现实民事主体在网络世界的映射，熊某某的上述行为致使杨某某的社会评价降低，熊某某主观上存在侮辱杨某某的故意，客观上对杨某某的名誉造成了侵害，故熊某某的行为已构成名誉侵权，应依法承担侵权责任。一审判决后，熊某某上诉到江苏省南京市中级人民法院，二审法院驳回上诉，维持原判。

通过上述案件可知，虚拟人作为网络虚拟主体，是现实世界的人在网络世界的映射，侵害虚拟人的名誉会导致其所依附的自然人的社会评价降低。

在元宇宙中，人们可以自由设定化身的名称和形象，通过化身参与社会经济活动，并与元宇宙中其他主体或者与现实世界进行交互。虽然虚拟人不享有法律人格，但是在交互过程中，必然涉及真人与化身之间的法律关系，化身会衍生出类似真人如名称权、肖像权、名誉权和隐私权等人格属性，该人格属性依附于真人，属于虚拟人格，不同于一般意义上的人格权形态，其不包括生命权、身体权和健康权，可将之称为"准人格权"，该人格权的权利需要由真人代为行使。

2. 平台

目前，元宇宙产业处于初期探索阶段。众多科技公司纷纷布局元宇宙，如 Meta 公司的"Horizon Worlds"、百度的"希壤"、网易的"瑶台"。除上述元宇宙产品之外，获得社会广泛关注的还有腾讯的"幻核"[①]、蚂蚁集团的"鲸探"等。[②]

（二）财产

"若民，则无恒产，因无恒心。苟无恒心，放辟邪侈，无不为已。"[③] 元宇宙虽是虚拟世界，但也和现实世界一样，对于人而言，财产权利是符合人性的一项基本权利，以满足人的生理和心理需要。然而，元宇宙中所有物品都是虚拟的，对虚拟物品的法律属性和权利的界定是首要问题。

1. 虚拟物品的财产属性

本文认为，元宇宙中的虚拟物品具有财产属性，属于虚拟财产。

虚拟财产一般是指广泛存在于虚拟网络空间的一切非物质化的存储信息、数据或记录。[④] 相较于现实世界的财产，元宇宙中的虚拟财产有其独特性，但就其本质而言，虚拟财产具有使用、交换、收益等价值属性，这一点与实体财产无异。

---

① 2022 年 7 月 20 日，有媒体报道称腾讯正计划裁撤"幻核"业务。对此，腾讯方面暂无回应。

② 鉴于虚拟货币交易已被我国政府宣布为违法，出于法律合规考虑，多数 NFT 领域的企业已经将 NFT 艺术作品称为数字藏品。

③ 《孟子·梁惠王上》。

④ 郑曦、段旭东：《刑事诉讼中涉案虚拟财物的处置——以元宇宙场景为例》，《阅江学刊》2022 年第 3 期。

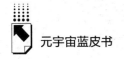

我国《民法典》对虚拟财产设立了原则性规定："法律对数据、网络虚拟财产的保护有规定的，依照其规定。"鉴于社会经济生活日新月异，新生事物不断出现，全国人大在立法时对此做了技术性处理，一方面有利于虚拟财产的合理保护，另一方面也有助于维护法律的稳定性。此外，《关于为新时代加快完善社会主义市场经济体制提供司法服务和保障的意见》明确指出，加强对数字货币、网络虚拟财产、数据等新型权益的保护，充分发挥司法裁判对产权保护的价值引领作用。2020 年 12 月，最高人民法院修改了《民事案件案由规定》，增加了"网络侵害虚拟财产纠纷"。

在四川某网络科技有限公司（下称"四川公司"）与房某某网络侵害虚拟财产纠纷一案（案号：2022 川 7101 民初 1742 号）中，2021 年 11 月 6 日，双方签订了《QQ 号码转让合同》，四川公司通过向房某某支付宝账号转账的方式，以 2100 元的价格从房某某处购买了一个账号为 9305××××3478 的 QQ 游戏账号。交易完成后，四川公司发现该账号于 2021 年 11 月 8 日被房某某找回并更改密码，致使四川公司无法正常登录使用该账号。

法院认为：四川公司与房某某签订电子合同，四川公司用支付宝转账方式从房某某处购买 QQ 游戏账号，双方成立买卖合同关系。房某某将已出售的 QQ 游戏账号找回并更改密码，致使四川公司无法使用该账号，合同目的不能实现，房某某已构成违约。四川公司请求解除与房某某之间的合同，并要求房某某返还账号购买款的诉讼请求，法院予以支持。

通过该案可知，我国法律保护数字货币、网络虚拟财产、数据等新型权益。

2. 虚拟财产的种类

目前元宇宙中涉及的主要虚拟财产包括四类，分别是虚拟货币、NFT、NFR 和数字藏品。

（1）虚拟货币

虚拟货币本质上是一种特定的虚拟商品。根据《关于防范比特币风险的通知》，虚拟货币不是由货币当局发行，不具有法偿性与强制性等货币属性，并非真正意义上的货币，例如比特币、以太币等。

（2）NFT

NFT（Non-Fungible Token），即非同质化通证，是用来标记特定数字内容的区块链上的元数据。NFT 本身具有唯一性、不可互换性和不可篡改性。

（3）NFR

NFR（Non-Fungible Rights），即非同质化权益，是一种数字资产或具有独特资产所有权的数字代表。NFR 使用区块链技术，以计算机代码为基础创建，记录基础物理或数字资产的数字所有权，并构成一个独特的真实性证书。不同于 NFT，NFR 没有数字代币，也没有支付系统。[①]

（4）数字藏品

数字藏品，属于数字文化产品，颇具中国特色，与国外的 NFT 有着非常大的区别。为防止数字藏品金融化，国内数字藏品平台一般使用联盟链，而非公链。

（三）交易

既然元宇宙中的虚拟财物具有法律意义上的财产属性，根据物权法基本理论，虚拟财产的所有者依法享有处分权，可以根据需要进行虚拟财产交易。然而，元宇宙中的交易与现实世界大不相同，未来元宇宙中的交易可能以智能合约方式进行。智能合约是以非中心化的分

[①] 中国移动、北京航空航天大学、中国通信等：《非同质化权益（NFR）白皮书——数字权益中的区块链技术应用》。

布式地部署在区块链上编写完成的计算机代码，遵循不会受到人为干预的自动化撮合虚拟交易的一系列协商一致的协议规则。智能合约以区块链技术为基石使其具有不可伪造、不可篡改、可溯源、去中心化、匿名化、开放化的能力，为元宇宙中多元化的虚拟财产交易提供安全保障，以进行数字信息传播、虚拟价值转移、资产管理等公开、透明、公平的交易服务。① 然而，任何技术都不可能十全十美。在由数字搭建的元宇宙中，智能合约本身存在的代码瑕疵和安全漏洞将直接威胁交易安全；另外，智能合约在完成零信任交易的同时，因其无法修改和撤销导致交易主体丧失了反悔权，有悖于交易自由这一市场基本原则，存在一定的法律障碍和局限。

除了智能合约，元宇宙中虚拟财产的交易还涉及一个重要问题——定价。价值决定价格，价值是商品交换的基础。在原始社会时期，人们之间的交易采用物物交换的形式进行，不管是什么物品，它们之间存在着共同的可以比较的东西，那就是"凝结在商品中的无差别的人类劳动"。② 这种抽象劳动凝结在商品中，就形成了商品的交换价值，这也是元宇宙中虚拟财产交易共识的基础。从我国社会实践来看，目前定价体系有三个，分别是国家定价、市场定价、主体或生产单位定价。虚拟财产的价值必须采用遵循常规行业公允的方式进行定价。③

三 元宇宙法律监管体系

网络空间不是法外之地，而元宇宙作为"下一代互联网"，自然也要受到法的约束。

---

① 程韵：《元宇宙中虚拟财产交易的法律规制》，《互联网天地》2022 年第 5 期。
② 马克思：《资本论》（第三卷），人民出版社，2004。
③ 《数字藏品＝NFT？有关联更有本质区别》，http：//art. people. com. cn/n1/2022/0616/c41426-32447926. html，2022 年 7 月 20 日访问。

（一）二元或多元共治的法律监管体系

本文认为，元宇宙的法包含两种——元宇宙内的法和元宇宙外的法。元宇宙内的法本质上是一种元宇宙参与主体的共识，共识是元宇宙内的法的灵魂，元宇宙的共识要通过共识机制和共识规则实现。[①] 根据《社会契约论》的基本思想，人生而自由，立约人根据自己的自由意志协商一致而形成契约，契约中的成员只服从代表契约成员的公意，也是自己的意志。[②] 鉴于元宇宙是一个去中心化的数字虚拟社会，在元宇宙中，参与主体按照共识机制以智能合约方式运转，也可以投票并决定其运行的规则，充分反映了参与主体的自由意志。正如美国学者劳伦斯·莱斯格所言："代码即法律。"[③] 元宇宙外的法也就是现实世界的法，现实世界的法是国家制定或认可的，由国家强制力保证实施的，具有普遍约束力的社会规范。

遵循元宇宙内外的法，自然衍生出两种法律监管体系，即元宇宙内的监管体系和元宇宙外的监管体系。前者的建设主体是元宇宙参与者本身（平台和虚拟人），其中虚拟人是关键，虚拟人通过高度自治、监督平台、其他虚拟人并管理好自己的行为，建设自由的元宇宙社会体系；后者的建设主体主要是政府，政府通过制定法律以管理、规范元宇宙中的主体、财产和交易，以防范元宇宙可能产生的法律风险。政府通过对违反法律的行为进行惩罚，并以暴力手段为后盾，保障其实施，建设规范的元宇宙社会体系。

通过上述分析，本文认为元宇宙内的法律监管体系具有明显的去

---

① 鲁照旺：《元宇宙的秩序和规则》，《学术界》2022 年第 2 期。
② 〔法〕卢梭：《社会契约论》，何兆武译，商务印书馆，1980。
③ Lawrence Lessig, *Code: And Other Laws of Cyberspace*, *Version 2.0*, Basic Books, 2006.

中心化特征，主要依托元宇宙参与主体的自治；而元宇宙外的法律监管体系则表现为一种中心化机制，主要依靠政府的强制力进行规范。一言以蔽之，元宇宙内靠自律，元宇宙外靠他律。

然而，无论是元宇宙内外的法抑或元宇宙内外的监管体系，都必须遵从人类社会普遍意义的伦理道德准则和元宇宙自身的规律。元宇宙内外的法和内外监管体系的碰撞、融合，最终将形成一个二元甚至多元共治的元宇宙监管体系。

（二）对元宇宙虚拟主体的监管

1. 对人的监管
（1）责任

除前文所述的民事案件（案号：2014 秦民初字第 3654 号、2022 川 7101 民初 1742 号）之外，世界范围内"网络虚拟犯罪"案件也时有发生。2005 年，在日本有人利用软件在虚拟生命游戏内殴打虚拟人并掠夺他们的财物，然后变卖成为现实世界中的金钱，被警方拘捕。2007 年，网络游戏《第二人生》发生"虚拟强奸案"，一虚拟女子被一虚拟色魔利用一组程序编码控制了她在游戏中角色的身体并实施了"强奸"，比利时警方对此展开调查。2008 年，日本一女子在网上与一男子"相爱"并结为"夫妻"，因遭"丈夫"抛弃，该女子用黑客手段入侵"虚拟丈夫"个人电脑，将"虚拟丈夫"的"虚拟分身"杀死，日本警方以涉嫌非法侵入计算机和制造虚假电子数据对该女子实施拘捕。2008 年，支付"网上金钱"便可在一个虚拟社区与"虚拟小孩"性交易，德国警方以涉嫌触犯保护儿童条例介入调查。2021 年 12 月，Meta 公司元宇宙平台"Horizon Worlds"测试期间，一女性测试者称她在虚拟世界里遭到了性骚扰。2022 年 2 月 6 日，Meta 公司宣布将推出名为个人边界"Personal Boundary"的功能，各参与者之间保持安全距离，以避免不必要的触碰与互动。①

根据"人格权延伸保护理论"，虚拟主体的人格属性是现实世界中人的人格权在元宇宙空间的延伸。在元宇宙中对化身虚拟人格的侵害亦能转化为对其真人在现实中人身权利、财产权利等合法权益的侵害。鉴于此，元宇宙虚拟主体不仅需要遵守元宇宙内的自治规则，更要恪守国家的法律规则。如果违反了相关规则，则可能受到相应惩罚，如限制登陆、降低等级、赔偿损失、警告、罚款、拘留甚至监禁等。

根据《网络安全法》《互联网用户账号信息管理规定》，互联网用户账号服务平台应当按照"后台实名、前台自愿"的原则，要求用户在注册账号时提供真实身份信息，如用户不提供真实身份信息，网络运营者不得为其提供相关服务。因此，元宇宙中的化身必须与现实世界中的人相对应，其权利义务均由虚拟主体所代表的现实主体承担。

（2）认证

要确保元宇宙中虚拟主体背后的真实个体能履行法定义务并承担法律责任，最重要也是最有效的方式是"建立数字身份证"，以连接元宇宙和现实世界。

有学者认为，数字身份是元宇宙建设及其问题的起点与归宿。数字身份指实体的数字化再现，其中包括个人身份信息和辅助信息。②在网络社会，数字身份作为个体标识出现，主要用于"个体利用身份进入、身份授权与认证"③。所谓身份认证，是指以数字身份认证

---

① 黄斌：《开启元宇宙的虚拟人法律问题探析》，https：//baijiahao.baidu.com/s？id＝1731341604868769679&wfr＝spider&for＝pc，2022年7月20日访问。

② 陈吉栋：《超越元宇宙的法律想象：数字身份、NFT与多元规制》，《法治研究》2022年第3期。

③ 王思文、董书华：《辨识元宇宙环境下的数字身份》，http：//www.cssn.cn/zx/bwyc/202207/t20220721_5418801.shtml，2022年7月20日访问。

操作者是不是此身份的合法拥有者。[①] 身份认证主要是为解决信任机制问题，与物理世界不同，数字身份所依赖的是基于密码的（cryptographic）信任，而不是基于人本主义的（humanistic）信任。[②] 为解决该难题，我国主要依托区块链[③]技术实现数字身份认证。人民网报道，2018 年，公安部第三研究所打造了"eID 数字身份链"。它是在现有公民身份证号码的基础上，依托非对称加密、零知识证明等技术，通过智能安全芯片开发完成的。基于"eID 数字身份链"，人们能够在不泄露自己身份信息的前提下远程在线识别身份。[④]

2. 对平台的监管

（1）资质

元宇宙产品一般涉及出版、互联网等强监管领域，对数字藏品平台而言，获得相关资质是合规发展的前提。我国在政策层面针对数字藏品的监管体系尚处于探索阶段，根据现行法律和实践，在我国开展数字藏品业务一般需要获得如下资质。

①电信业务经营许可证

根据《电信业务经营许可管理办法》，从事电信经营业务的平台应当依法取得电信管理机构颁发的经营许可证，并遵守经营许可证的规定，接受、配合电信管理机构的监督管理。

②增值电信业务经营许可证

根据《互联网信息服务管理办法》，从事经营性互联网信息服务的平台需要获得许可。一般需要办理的增值电信业务经营许可证有两类，即

---

① 赵安新主编《电子商务安全》，北京理工大学出版社，2016。

② 陈吉栋：《超越元宇宙的法律想象：数字身份、NFT 与多元规制》，《法治研究》2022 年第 3 期。

③ 区块链本质上是一种去中心化数据库，具有难以篡改、自治性、匿名性等特征。密码学是区块链的核心技术之一，其中非对称加密算法是助力身份认证的关键技术。

④ 王佳莹：《省去身份证明材料！看区块链如何助力身份认证》，http://kpzg.people.com.cn/n1/2021/1115/c437610-32282426.html，2022 年 7 月 20 日访问。

信息服务业务许可证（ICP 许可证）和在线数据处理与交易处理业务许可证（EDI 许可证），需要向公司所在地省级通信管理局申请办理。

③国家网信办区块链信息服务备案

根据《区块链信息服务管理规定》，作为区块链信息服务提供者的平台，应当在提供服务之日起 10 个工作日内通过国家互联网信息办公室区块链信息服务备案管理系统填报服务提供者的名称、服务类别、服务形式、应用领域、服务器地址等信息，履行备案手续。

④信息系统安全等级保护备案

根据《信息安全等级保护管理办法》，运营第二级以上信息系统的平台，应当在安全保护等级确定后 30 日内，由其运营、使用单位到所在地设区的市级以上公安机关办理备案手续。

⑤网络文化经营许可证

根据《互联网文化管理暂行规定》，从事经营性互联网文化活动的平台，应当向所在地省级政府文化行政部门提出申请，由省级政府文化行政部门审核批准，取得网络文化经营许可证，并到所在地电信管理机构或国务院信息产业主管部门办理相关手续。

⑥广播电视节目制作经营许可证

根据《广播电视节目制作经营管理规定》，如果平台执行拍摄、制作视频或者铸造视频类藏品，此类属于广播电视节目制作行为。若平台从事广播电视节目制作经营活动应当取得广播电视节目制作经营许可证。

⑦互联网视听节目服务备案

根据《互联网视听节目服务管理规定》，对于视听类数字藏品，平台属于互联网视听节目服务①提供者，应当依法取得广播电影电视主管部门颁发的信息网络传播视听节目许可证或履行备案手续。

---

① 互联网视听节目服务，是指制作、编辑、集成并通过互联网向公众提供视音频节目，以及为他人提供上载传播视听节目服务的活动。

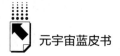

⑧网络出版服务许可证

根据《网络出版服务管理规定》，平台通过信息网络向公众提供网络出版物①，必须依法经过出版行政主管部门批准，取得网络出版服务许可证。

（2）责任

元宇宙是一个数字生态系统，涉及海量数据收集、存储和交互，数据安全、个人信息保护是无法回避的问题。在现行法律框架下，元宇宙平台主要需要承担下列责任。

①数据安全

根据《国家安全法》《网络安全法》《数据安全法》等法律，元宇宙平台开展数据处理活动应依法建立健全全流程数据安全管理制度，组织开展数据安全教育培训，采取相应的技术措施和其他必要措施，保障数据安全；加强风险监测，发现数据安全缺陷、漏洞等风险时，应当立即采取补救措施；发生数据安全事件时，应当立即采取处置措施，按照规定及时告知用户并向有关主管部门报告；涉及重要数据处理的，应当按照规定对其数据处理活动定期开展风险评估，并向有关主管部门报送风险评估报告。

②个人信息保护

根据《民法典》《消费者权益保护法》《个人信息保护法》《电子商务法》《电信和互联网用户个人信息保护规定》《儿童个人信息网络保护规定》等法律法规，元宇宙平台处理个人信息应当遵循合法、正

---

① 网络出版物，是指通过信息网络向公众提供的，具有编辑、制作、加工等出版特征的数字化作品。范围主要包括：（一）文学、艺术、科学等领域内具有知识性、思想性的文字、图片、地图、游戏、动漫、音视频读物等原创数字化作品；（二）与已出版的图书、报纸、期刊、音像制品、电子出版物等内容相一致的数字化作品；（三）将上述作品通过选择、编排、汇集等方式形成的网络文献数据库等数字化作品；（四）国家新闻出版广电总局认定的其他类型的数字化作品。

当、必要和诚信原则，不得通过误导、欺诈、胁迫等方式处理个人信息；处理个人信息应当具有明确、合理的目的，并应当与处理目的直接相关，采取对个人权益影响最小的方式；不得非法收集、使用、加工、传输他人个人信息，不得非法买卖、提供或者公开他人个人信息。违法处理个人信息，或者处理个人信息未履行法定个人信息保护义务的，将依法承担"责令改正""警告""没收违法所得""责令暂停或者终止提供服务""罚款""责令暂停相关业务或者停业整顿""通报有关主管部门吊销相关业务许可或者吊销营业执照"等法律责任。

③知识产权保护、反洗钱、防沉迷等

元宇宙平台除上述职责之外，还有知识产权保护、防沉迷、倡导理性消费等义务，尤其是针对数字藏品平台而言，保护知识产权尤为重要。平台应运用区块链技术充分保护数字藏品版权，切实保障创作者合法权益。支持正版数字文创作品，反对任何形式的知识产权侵权。平台需严格审核藏品是否存在知识产权争议，并通过信息披露、风险提示、产品公示、隐私政策声明等方式，真实、准确、完整地披露数字藏品信息，切实维护用户合法权益。另外，平台应加强藏品审核，把握正确的意识形态导向，设置相关内容审核机制，对不符合正确价值导向的数字藏品予以下架。支持通过正规授权方式对文化资源进行合理的创新创作，同时警惕借数字藏品发行侵占公共数据资源、破坏数据共享等行为。切实履行用户身份识别义务，对发行、售卖、购买主体进行实名认证，妥善保存用户身份资料和发行交易记录，积极配合反洗钱调查。设置合理用户门槛，避免青少年沉迷，防范投资炒作，倡导理性投资消费。加强网络安全防护，避免黑客盗取藏品，保障用户的网络虚拟财产安全。[①]

---

① 参见中国移动通信联合会元宇宙产业委员会、中国通信工业协会区块链专业委员会《关于规范数字藏品产业健康发展的自律要求》。

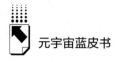
（三）对虚拟财产及其交易的监管

如前文所述，元宇宙中的虚拟财产主要是虚拟货币、NFT、NFR和数字藏品。该虚拟财产在我国能否进行交易目前也存在诸多不确定性。

1. 虚拟货币

根据《关于防范比特币风险的通知》《关于防范代币发行融资风险的公告》，虚拟货币不由货币当局发行，不具有法偿性与强制性等货币属性，不具有与货币等同的法律地位，不能也不应作为货币在市场上流通使用。禁止下列行为：以虚拟货币为产品或服务定价，买卖或作为中央对手买卖虚拟货币，承保与虚拟货币相关的保险业务或将虚拟货币纳入保险责任范围，直接或间接为客户提供其他与虚拟货币相关的服务（登记、交易、清算、结算等），接受虚拟货币或以虚拟货币作为支付结算工具，开展虚拟货币与人民币及外币的兑换服务，开展虚拟货币的储存、托管、抵押等业务，发行与虚拟货币相关的金融产品，将虚拟货币作为信托、基金等的投资标的等。

2. NFT

根据中国互联网金融协会、中国银行业协会、中国证券业协会《关于防范 NFT 相关金融风险的倡议》，我国对于 NFT 的发展，倡导践行科技向善理念，合理选择应用场景，规范应用区块链技术，发挥NFT 在推动产业数字化、数字产业化方面的正面作用。确保 NFT 产品的价值有充分支撑，引导消费者理性消费，防止价格虚高背离基本的价值规律。保护底层商品的知识产权，支持正版数字文创作品。真实、准确、完整地披露 NFT 产品信息，保障消费者的知情权、选择权、公平交易权。另外，坚决遏制 NFT 金融化、证券化倾向，从严防范非法金融活动风险（如 NFT 底层商品不得包含金融资产、不得变相开展代币发行融资、不以虚拟货币作为 NFT 发行交易的计价和结算工具等）。

除中央层面外，地方政府也对 NFT 进行了规范。2022 年 6 月，福建省地方金融监督管理局发布了《福建省清理整顿各类交易场所工作小组关于防范 NFT 违规风险的提示函》，明确指出"福建省内交易场所不得擅自上线 NFT 相关交易品种、违规从事 NFT 相关交易"。

3. NFR

根据国务院发布的《关于清理整顿各类交易场所切实防范金融风险的决定》、国务院办公厅发布的《关于清理整顿各类交易场所的实施意见》以及《中国 NFR 数字权益行业自律公约》（行业自律性文件），底层商品中不得交易金融资产，抵制变相发行交易金融产品；不提供集中交易、持续挂牌交易、标准化合约交易等服务；不得变相违规设立交易场所；不以虚拟货币作为发行交易的计价和结算工具。

4. 数字藏品

根据国务院发布的《关于清理整顿各类交易场所切实防范金融风险的决定》、国务院办公厅发布的《关于清理整顿各类交易场所的实施意见》以及《数字藏品行业自律发展倡议》（行业自律性文件），抵制和防范数字藏品金融化，不变相发行交易任何金融或类金融产品；不得侵犯版权；发行要进行内容审核；产品要进行价值评估；相关主体和平台具备相应资质；确保区块链技术安全可控；坚持实名制并强化知识产权保护；防范集中交易风险；不变相违规设立集中交易场所；仅支持法定货币作为计价和结算货币；倡导理性消费，防范恶意投机炒作。

笔者通过市场调研发现，国内数字藏品平台主要采用联盟链，数字藏品一般不可以在二级市场交易。截至目前，我国尚未出台禁止数

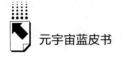

字藏品在二级市场流通的规定，其主要取决于各个平台制定的规则。不过，为了加强对数字藏品的管理，响应政府的监管要求，绝大多数平台都关闭了二次交易功能。

（四）展望

截至目前，全球范围内尚未形成针对元宇宙完整的法律监管框架。从欧盟成员国、美国和中国的实践来看，各国对于元宇宙金融风险、网络安全、数据安全和个人信息保护比较关注。

自元宇宙概念大火以来，一些不法分子蹭热点，以"元宇宙"名义吸收资金，进行非法金融活动的案件层出不穷。中国银行保险监督管理委员会于 2022 年 2 月 18 日发布《关于防范以"元宇宙"名义进行非法集资的风险提示》，明确反对"编造虚假元宇宙投资项目、打着元宇宙区块链游戏旗号诈骗、恶意炒作元宇宙房地产圈钱、变相从事元宇宙虚拟币非法谋利"等违法犯罪行为。

近年来，我国陆续颁布了《网络安全法》《数据安全法》《个人信息保护法》《网络安全审查办法》《数据出境安全评估办法》等一系列法律法规，旨在加强对网络安全、数据安全和个人信息的保护。元宇宙是由数据搭建起来的虚拟世界，数据作为元宇宙最重要也是最核心的资源，必须严格管控，甚至未来可以由中央建立一个权威性的国家级数据储存中心，用于存储和保管政府、企业和个人的数据，以防范信息泄露。

未来政府会对元宇宙如何进行监管，可以从国务院办公厅发布的《关于促进平台经济规范健康发展的指导意见》和中共中央办公厅、国务院办公厅联合发布的《关于推进实施国家文化数字化战略的意见》等规范性文件看出端倪。我国政府对于元宇宙这一新兴业态，可能会进行包容审慎监管，分领域制定监管规则和标准，在严守安全底线的前提下为元宇宙发展留足空间。对看得准、已经形成较好发展势头的，分类量身定制适当的监管模式；对一时看不准的，设置一定的"观察期"；对潜在风险大、可能造成不良后果的，严格监管；对非法经营的，依法予以取缔。各部门依法依规夯实监管责任，优化机构监管，强化行为监管，及时预警风险隐患，发现和纠正违法违规行为。

B.3
2022年中国元宇宙政策梳理与分析

梁威 刘强 戴键 李春林 郭昊*

摘　要： 2021年3月制定的《中华人民共和国国民经济和社会发展第十四个五年规划和2035年远景目标纲要》设立了"打造数字经济新优势"专章，提出要促进数字技术与实体经济深度融合，赋能传统产业转型升级，催生新产业新业态新模式，壮大经济发展新引擎。放眼全球，元宇宙已成为当下最火热的话题和概念，预测将成为未来增长最迅速的领域之一，其正吸引着越来越多的个人、企业乃至国家，以不同的方式加入这股浪潮中。各国政府在对元宇宙加强重视的同时，也更加积极地对该业态进行布局、筹划和支持。美国、欧盟、日本、韩国等多个国家及地区相机出台相关法规及监管政策。我国对元宇宙发展前景持积极态度，从不同层面出台了相关政策性文件，引导元宇宙行业健康有序发展。

关键词： 元宇宙　数字经济　区块链　人工智能

元宇宙（Metaverse）是一种将各种新技术结合起来的新的网络

---

* 梁威，北京区块链技术应用协会；刘强，北京石油化工学院人工智能研究院；戴键，中关村社会组织联合会；李春林，北京信息产业协会元宇宙专委会；郭昊，北京创盈博雅科技中心。

应用与社交生态，以增强现实技术、虚拟技术和数字孪生技术为基础创造出一个真实的世界，以区块链为基础将经济、社交、身份等紧密结合，让每一个使用者都能创作和编辑。

一　元宇宙相关政策回顾及分析

元宇宙是数字经济和数字产业的一个新概念，为产业界提供了一个不可忽视的投资和创新的契机。元宇宙的发展，是数字技术的发展、经济的发展、投资的集合，最终促进了国家数字战略的重新规划。我国从发展战略和国际竞争战略的角度制定数字经济发展规划，以推动世界范围内的数字治理。《"十四五"国家信息化规划》于2021年12月正式印发。习近平总书记强调，发展数字经济具有重要的现实意义，是抓住新技术和新的工业转型机会的重要举措。促进数字经济的健康发展，对构建新的发展模式、推进现代经济体制的建设、促进新的竞争优势的形成具有重要的战略意义。数字经济是全球要素资源整合、全球经济结构重塑、全球竞争格局构建的重要一环，是全球经济新一轮竞争的焦点。当前，我们更需要提升认识，展开实践，与时俱进，接受监管甚至是拥抱21世纪的新观念。

整治违法违规行为，切实防范潜在风险，才能鼓励和保护元宇宙的创新、实验和应用，使科技创新更好地为我国数字经济发展服务，推动元宇宙产业健康稳定发展。为此，我国相继发布了元宇宙相关规划性政策、监管政策及报告，为新技术、新业态健康有序发展奠定了重要基础（见表1）。

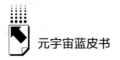

表1 2018~2022 年我国制定的元宇宙相关政策

序号	发布时间	政策名称	发布机构	政策要点
1	2018 年 12 月	《关于加快推进虚拟现实产业发展的指导意见》	工业和信息化部	到 2020 年,我国虚拟现实产业链条基本健全,在经济社会重要行业领域的应用得到深化,新建若干个产业技术创新中心,核心关键技术创新取得显著突破,制定一批可复制、可推广、成效显著的典型示范应用和行业应用解决方案,创建一批特色突出的虚拟现实产业创新基地,初步形成技术、产品、服务、应用协同推进的发展格局
2	2019 年 10 月	《产业结构调整指导目录（2019 年本)》	国家发展改革委	将虚拟现实（VR）、增强现实（AR)、语音语义图像识别、多传感器信息融合等技术的研发与应用列入"鼓励类"产业
3	2020 年 7 月	《国家新一代人工智能标准体系建设指南》	国家标准化管理委员会、中央网信办、国家发展改革委、科技部、工业和信息化部	新一代人工智能体系建设的关键领域技术标准主要包括自然语言处理、智能语音、计算机视觉、生物特征识别、虚拟现实、增强现实、人机交互等
4	2021 年 5 月	《关于加快推动区块链技术应用和产业发展的指导意见》	工业和信息化部、中央网信办	到 2030 年,区块链产业综合实力持续提升,产业规模进一步扩大。区块链与互联网、大数据、人工智能等新一代信息技术深度融合,在各领域实现普遍应用,培育形成若干具有国际领先水平的企业和产业集群,产业生态体系趋于完善
5	2021 年 7 月	《新型数据中心发展三年行动计划（2021—2023 年)》	工业和信息化部	以赋能数字经济发展为目标,推动新型数据中心建设布局优化、网络质量提升、算力赋能加速、产业链稳固增强、绿色低碳发展、安全保障提高,打造新型智能算力生态体系,有效支撑各领域数字化转型,为经济社会智力发展提供新动能

序号	发布时间	政策名称	发布机构	政策要点
6	2021年9月	《新一代人工智能伦理规范》	国家新一代人工智能治理专业委员会	将伦理道德融入人工智能全生命周期，增强全社会的人工智能伦理意识与行为自觉，积极引导负责人的人工智能研发与应用活动，促进人工智能健康发展
7	2021年10月	《广播电视和网络视听"十四五"科技发展规划》	国家广播电视总局	加快智慧广播电视节目技术规格升级，推进节目内容形态创新，大力开展超高清视频、三维声、VR、AR、MR、360度全景视频、全息成像等新视听技术研究，建立新视听节目的拍摄、制作、存储、播出、分发，构建全链条技术体系
8	2021年11月	《"十四五"信息通信行业发展规划》	工业和信息化部	加速人工智能、区块链、数字孪生、虚拟现实等新技术与传统行业深度融合发展
9	2021年12月	《"十四五"数字经济发展规划》	国务院	明确表示要创新发展"云生活"服务，深化人工智能、虚拟现实等技术的融合
10	2022年5月	《关于推进实施国家文化数字化战略的意见》	中共中央办公厅、国务院办公厅	到"十四五"期末，基本建成文化数字化基础设施和服务平台。到2035年，建成物理分布、逻辑关联、快速链接、高效搜索、全面共享、重点集成的国家文化大数据体系

资料来源：根据公开信息整理。

二　元宇宙政策梳理及分析

2020年以来，数字化转型一直是国内产业发展的重点之一，而元宇宙概念与数字化高度契合，因此，从2021年开始，无论是国家层面还是各地方政府，针对元宇宙相关产业的政策设计已开始有序推进（见表2）。

表2　我国各地发布的元宇宙产业发展政策

序号	地区	时间	具体政策文件
1	北京	2022年2月23日	《关于加快北京城市副中心元宇宙创新引领发展的若干措施》(通州区)
2	上海	2022年1月4日	《上海市电子信息产业发展"十四五"规划》
		2022年2月16日	《元宇宙产业发展行动计划》(虹口区)
		2022年7月8日	《上海市培育"元宇宙"新赛道行动方案(2022—2025年)》
3	浙江	2022年1月5日	《关于浙江省未来产业先导区建设的指导意见》
		2022年3月29日	《"扩展现实"(XR)产业发展计划》(杭州余杭区未来科技城)
		2022年5月21日	《杭州钱塘区"元宇宙"产业政策》(杭州钱塘区)
4	广东	2022年4月6日	《广州市黄埔区、广州开发区促进元宇宙创新发展办法》(黄埔区、开发区)
5	海南	2022年1月28日	《海口市政府工作报告》
6	福建	2022年3月21日	《厦门市元宇宙产业发展三年行动计划(2022—2024年)》(厦门市工业和信息化局、厦门市大数据管理局)
7	江苏	2022年1月1日	《太湖湾科创带引领区元宇宙生态产业发展规划》无锡市滨湖区
		2022年2月21日	《南京市"十四五"数字经济发展规划》(南京市政府办公厅)
		2022年5月26日	《江宁高新区关于加快发展元宇宙产业的若干政策》(南京市江宁高新区)
8	安徽	2022年3月29日	《安徽省"十四五"软件和信息服务业发展规划》
9	湖北	2022年5月8日	《武汉市支持数字经济加快发展若干政策》(武汉)
10	江西	2022年5月25日	《江西省"十四五"数字经济发展规划》
11	四川	2022年1月23日	《成都政府工作报告》
12	重庆	2022年4月26日	《渝北区元宇宙产业创新发展行动计划(2022—2024年)》(渝北区)
13	贵州	2022年3月4日	《夯实数据基础　发展数字经济　贵州布局元宇宙"新赛道"》
14	山东	2022年3月21日	《山东省推动虚拟现实产业高质量发展三年行动计划(2022—2024年)》(山东省工业和信息化厅等七部门)

序号	地区	时间	文件名称
15	河南	2022年1月6日	《河南省政府工作报告》
16	河北	2022年1月23日	《保定市政府工作报告》
17	黑龙江	2022年3月28日	《黑龙江省"十四五"数字经济发展规划》
18	辽宁	2022年6月18日	《和平区元宇宙产业创新发展行动计划》(沈阳市和平区)

三 元宇宙产业政策分析

元宇宙是继细胞与基因、空天技术、量子信息等技术之后，地方优化产业布局的重头戏。截至2022年6月底，中国20个省、市在"十四五"规划、政府工作报告、"元宇宙产业规划"中提出了"元宇宙"产业发展的支持政策。

这些省份元宇宙产业政策主要有以下几个特点。

第一，区域分布不均衡。截至2022年6月30日，全国已有20个省份发布了约50项明确支持元宇宙产业的政策。有些省份在短短半年内就出台两项以上的政策和行动计划，但有一些省份至今还没有出台相关的政策，按照中国东部、中部、西部经济带的划分，非常明显地看到东部除天津外，全部出台了与元宇宙相关的政策。西部的重庆、四川和贵州出台了元宇宙方向的政策。

第二，定位各有特色。各地元宇宙产业政策不同，发展方向不同，目标不同。在元宇宙这条新赛道上，很多城市重新进行了定位：厦门计划打造"元宇宙样板生态城市"；上海计划建设具有世界影响力的国际数字之都；南京争创全球一流数字经济名城；武汉打造

"全国数字经济第一城";杭州市高水平打造"全国数字经济第一城";山东构建元宇宙时代下的山东省数字经济新业态,打造国内一流、具有国际竞争力的千亿级虚拟现实产业高地;深圳市福田区打造数字经济发展新高地;海南省三亚市创建国际化数字新文创中心;河北省保定市实施"京保协作五个一"行动;南昌构建"一核三基地"数字经济发展格局。有一些城市将发展目标直接体现在 GDP 上:成都力争数字经济核心产业增加值占地区生产总值的 12.8% 以上;广州力争到 2025 年数字经济核心产业增加值占地区生产总值的比重超 15%。

第三,扶持方向和力度不同。各地都根据已有的产业优势制定了相应的扶持政策。首先是出台资金政策,如给予元宇宙相关园区租金补贴,启动资金和研发费用补贴,以及进行贷款贴息和创业发展资助。其次是制定人才政策,如给予创业企业资助或直接给予股权投资扶持等。最后是提供产业引导资金,如通过"母性资金+直接投入"的形式,与社会资金共同组建一个涵盖元宇宙行业的基金,并支持成立以长期为主的元宇宙子基金。

第四,产业布局。各地充分发挥技术和人才等优势加快产业布局。北京市在内容设计、产业空间、应用场景上,都呈现新的趋势。上海市目标清晰,具体来说,到 2025 年,元宇宙产业规模将超过 3500 亿元。创建具有国际竞争力的龙头企业 10 家、专精特新企业 100 家;创建示范应用场景 50 余个;打造标准产品和服务100 余个。

最引人注目的是山东省,走的是"一盘棋"式发展路径,即"1+4+N"的工业布局,围绕济南,青岛、潍坊、烟台、威海四市联动。

参考文献

［1］沈开艳：《对"元宇宙"产业未来发展的几点思考》，《江南论坛》2022年第1期。

［2］《元宇宙是什么？——360问答》，https：//wenda. so. com/q/1623980044215920。

［3］王晨光：《从元宇宙看未来生态之变》，《中国石化报》2021年9月26日。

［4］吴江：《元宇宙中的用户与信息：今生与未来》，《语言战略研究》2022年第2期。

［5］左鹏飞：《最近大火的元宇宙到底是什么?》，《科技日报》2021年9月13日。

［6］李玮、陈静：《理性对待元宇宙，提前谋划助力产业发展》，《网络传播》2021年第11期。

［7］翟崑：《元宇宙与数字时代的国家战略创新》，人民论坛网，2022年4月26日。

技术篇
Technology Reports

B.4
元宇宙技术综述

张京辉　王姣杰*

摘　要： 继 PC 端互联网和移动端互联网时代之后，元宇宙的出现，引爆了关于下一代互联网时代的猜想，为科学技术创新和信息技术发展提供了新的赛道和契机。元宇宙涉及 5G、6G、人工智能、区块链、云计算等技术，同时融合了对物联网、VR、AR、数字孪生等新一代数字技术的前瞻布局，构建物理世界和虚拟世界相融合的新型数字空间。本文从元宇宙的起源发展、技术架构、核心技术以及其机遇挑战等方面对元宇宙技术现状进行分析，旨在为元宇宙后续的相关研究提供帮助。

关键词： 元宇宙　区块链　人工智能　数字孪生　虚拟世界

---

* 张京辉，广州敏行区块链科技有限公司；王姣杰，北京中科金财科技股份有限公司。

一　引言

2020 年以来，新冠肺炎疫情在全球肆虐，线下活动受到了严重的影响，人们的日常生活、学习、工作等线下场景逐渐被数字化。对于有些人来讲，线上生活也由最初短暂的例外情况逐渐成为常态化，线上生活也由真实世界的补充逐渐成为与真实世界平行存在的虚拟世界，人类的现实生活开始大量地向虚拟世界转移。[①] 虚拟世界并不是虚假的世界，它是与现实世界相互联通、相互影响的模拟世界，是与人们未来社交和生活息息相关的新空间。在此背景下，元宇宙这个概念走进人们的生活，并迅速成为全球各行业广泛关注和讨论的新话题。

元宇宙英文全称是 Metaverse，由前缀"Meta"和词根"verse"组成，其中"Meta"意为超越，具有解构和重塑的含义，而"verse"由 Universe 一词演化而来，Metaverse 体现了人类对事物本质和宇宙本源的探索。[②] 该作品中描述的元宇宙是一个与现实世界平行、相互作用、永远在线的虚拟世界，人们可以在元宇宙中以虚拟的数字分身来进行活动。随着 5G 基础设施、区块链、AI、VR、AR 等技术的发展演进，元宇宙正在从概念走向现实。

本文首先对关于元宇宙的研究进行梳理，总结当前学界及业界对元宇宙的不同理解和看法，介绍了元宇宙相关概念；其次对元宇宙的技术架构进行进一步剖析，主要包括交互技术、区块链技术和人工智能技术；最后对元宇宙面临的机遇和挑战进行总结。

[①] 彭婷婷：《元宇宙火了各路资本争当头号玩家》，《中国商界》2021 年第 12 期。

[②] Joshua, J., "Information Bodies: Computational Anxiety in Neal Stephenson's Snow Crash", *Interdisciplinary Literary Studies*, 2017, 19 (1): 17-47.

二 元宇宙简介

2021 年被称为"元宇宙元年"，但元宇宙并非突然产生，而是多种新兴技术发展的产物，它的发展折射了很多行业的发展趋势。继 2021 年 3 月 Roblox 的上市使元宇宙这个概念引爆市场后，字节跳动以 90 亿元人民币收购国内领先 VR 创业公司 Pico，Facebook 首席执行官扎克伯格宣布将公司更名为"Meta"，微软、谷歌、华为、腾讯等都在纷纷构建自己的元宇宙生态，越来越多的产业资本涌入赛道。元宇宙产业生态如图 1 所示。

当前，元宇宙正处于萌芽时期，科技巨头的入局也只是发令枪，旨在对元宇宙发展方向进行初步探索，技术路径相差较大，产品形态还远未到成熟阶段，学界和业界对元宇宙的定义和理解也并没有形成统一标准。Baszucki 认为，元宇宙是一个持续在线、可共享的 3D 虚拟空间，用户在这个空间中拥有自己的虚拟分身，可以使用这个虚拟分身在元宇宙中进行娱乐、工作和创新。[1] 扎克伯格称元宇宙是继互联网之后的计算平台，可以将其看作实体化的互联网。用户在元宇宙中不仅可以浏览内容，而且可以沉浸在内容之中。Dionisio 等概括了 3D 元宇宙的四个特征，包括普遍性、真实性、可扩展性和互操作性，并对元宇宙底层技术的发展方向进行了描绘。[2] Huynh-The 等研究了机器学习算法以及深度学习架构在元宇宙中所起的作用。[3] 方

---

[1] Baszucki, D., "The Metaverse Is Coming", https：//www.wired.co.uk/article/metaverse.

[2] Dionisio, J. D. N., III, W. G. B., Gilbert, R., "3D Virtual Worlds and the Metaverse：Current Status and Future Possibilities", *ACM Computing Surveys*（*CSUR*），2013, 45（3）：1-38.

[3] Huynh-The, T., Pham, Q. V., Pham, X. Q., et al., "Artificial Intelligence for the Metaverse：A Survey", *arXiv preprint arXiv*：2202.10336, 2022.

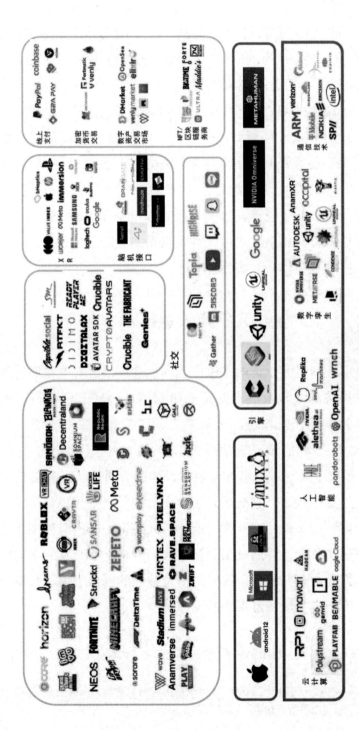

图 1 元宇宙产业生态

凌智等认为，元宇宙是互联网发展的终极产物，是社会信息化和虚拟化的必然趋势。① 向安玲等认为，元宇宙是融合了各种新兴科技所形成的虚实相结合的新型互联网应用。② 管筱璞等认为元宇宙不是一家独大的封闭宇宙，而是由无数虚拟世界、数字内容组成的不断碰撞、膨胀的数字宇宙。

当前，行业普遍认为，元宇宙包含"虚拟原生"以及"虚实共生"双重定义，前者强调元宇宙与物理世界的"独立性"，后者则强调元宇宙与物理世界的"连接性"，两者对立统一发展，包括沉浸式体验、虚拟分身、数字资产、虚实交互以及完整的社会系统。未来，元宇宙的发展一方面将由实向虚，实现真实体验数字化；另一方面将由虚向实，实现数字体验真实化。

三　元宇宙关键技术

尽管目前业内对元宇宙的终极形态和概念还没有一个很明确的定义，不过其科技的大致发展走向还是可预测的，5G、6G 通信技术、边缘计算、物联网、区块链、云计算、人工智能、数字孪生、VR/AR/MR/XR 等技术已成为通用技术体系。《中国元宇宙白皮书（2022）》提出了元宇宙技术参考架构，如图 2 所示。区块链技术是元宇宙的核心支撑技术，它既是元宇宙中的信任机制，也是构建元宇宙虚拟资产体系的基础。交互技术能够给元宇宙中的所有使用者带来沉浸式虚拟现实感受，并通过全面接管人们的视觉、听觉、触觉以及利用动态捕捉能力来完成元宇宙中的信息输入和输出。人工智能是元宇宙中生产力与自主运行最重要的支撑。

---

① 方凌智、沈煌南：《技术和文明的变迁——元宇宙的概念研究》，《产业经济评论》2022 年第 1 期。

② 向安玲、高爽、彭影彤、沈阳：《知识重组与场景再构：面向数字资源管理的元宇宙》，《图书情报知识》2022 年第 1 期。

（一）交互技术

交互技术是指利用传感器、视频、音频以及图形化界面等方式，强化人机感知能力的技术。当前，交互技术正从 PC 端、移动端的 2D 交互界面向由扩展现实技术主导的 3D 沉浸式交互技术过渡，为元宇宙中的用户提供更强的沉浸感。图 3 展示了元宇宙中物理世界与虚拟世界的交互。元宇宙主要有两个信息来源：一个是物理世界的信息输入，通过交互技术从现实世界中捕捉信息并且以数字方式在虚拟世界中进行显示；另一个是虚拟世界的数据输出，即虚拟空间中由虚拟分身、数字对象和应用服务产生的信息，并将这些数据反馈给现实物理世界。

1. 扩展现实

扩展现实技术是联通虚拟世界与真实世界的桥梁，同时也是元宇宙发展初期阶段需要突破的关键技术之一。扩展现实技术包括虚拟现实、增强现实、混合现实，图 4 展示了元宇宙中的扩展现实技术。

虚拟现实（Virtual Reality，VR）是一种使用软件和头戴设备将人们对物理世界的视觉替换为数字化场景的技术。佩戴全覆盖耳机时，人与周围环境和现实世界完全隔绝。这些耳机设备镜头内的 LCD 屏幕反映了计算机生成的虚拟环境，并替换了用户的视点。增强现实（Augmented Reality，AR）是一种融合数字世界和现实世界的技术。使用计算机视觉（对象识别、平面检测、面部识别和运动跟踪等技术）来识别现实世界的表面和对象。然后，计算机将生成的数据（如图形、声音、图像和消息）覆盖在先前识别的平面上，将虚拟物体与现实世界相结合。混合现实（Mixed Reality，MR）技术是指真实世界和虚拟世界融合产生的新的可视化环境，在该环境中真实物体和虚拟物体共存、可以实现与现实世界的交互并且即时获取信息的技术。最后，扩展现实（Extended Reality，XR）技术是指通过

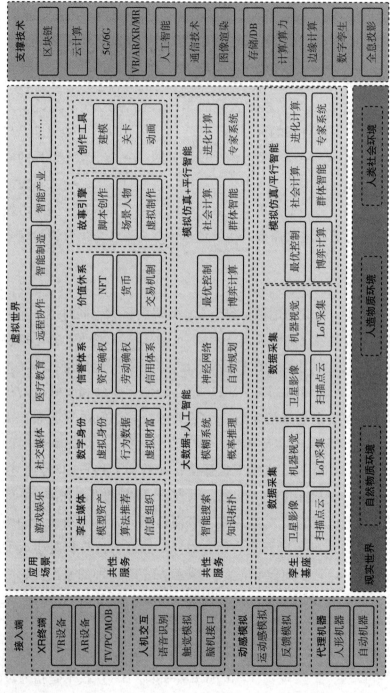

图 2 元宇宙技术参考架构

资料来源：龚才春等主编《中国元宇宙白皮书（2022）》。

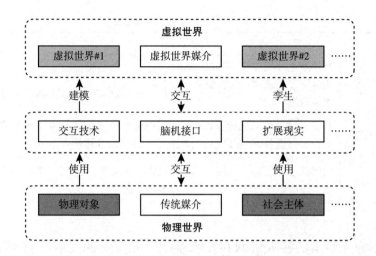

图 3　元宇宙中物理世界与虚拟世界的交互

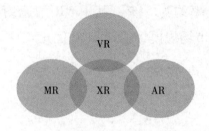

图 4　元宇宙中的扩展现实技术

资料来源：M. A. I. Mozumder, et al., "Overview：Technology Roadmap of the Future Trend of Metaverse based on IoT, Blockchain, AI Technique, and Medical Domain Metaverse Activity", *2022 24th International Conference on Advanced Communication Technology* (*ICACT*), 2022, pp. 256-261.

计算机将真实与虚拟相结合，打造一个可以人机交互的虚拟环境的技术，这也是 AR、VR、MR 等多种技术的统称。VR 和 AR 两者的区别如表 1 所示。

表 1　VR 和 AR 两者区别

	VR	AR
技术原理	利用动态环境建模、图像生成、实时交互等技术,生成仿真的虚拟环境	计算机基于对现实世界的理解绘制虚拟图像,显示方面强调与现实交互
最终形态	利用头显设备、定位追踪设备、动作捕捉设备、交互设备等	借助摄像头或成像设备实现与现实交互,如利用 AR 眼镜等
体验特点	封闭式、沉浸式体验,用户与虚拟世界实时交互	增强现实体验,用户处于现实与虚拟世界的交融之中

　　作为元宇宙的接入机制和技术基础,元宇宙的发展必将带动 XR 的崛起。据 IDC 等机构统计,全球 VR/AR 市场规模已近千亿元。如图 5 所示,中国信通院预测全球虚拟(增强)现实产业规模 2020~2024 年的年均增长率约为 54%,其中 VR 增速约 45%,AR 增速约 66%,2024 年二者市场规模将达到 2400 亿元。

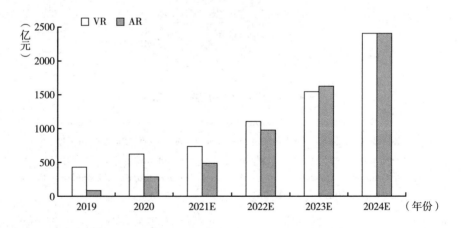

图 5　2019~2024 年 VR、AR 市场规模及预测

资料来源:中国信通院。

2. 脑机接口

元宇宙中用户的数据和头像分布在全球不同的服务器上，脑机接口通过人工智能技术在各自的区域进行个人数据处理。脑机接口数据处理有以下四个步骤。

第一，采集。信号是从大脑中获取的，然后放大和调和，去除噪声，将输入信号转换为数字化格式，并发送到可以进一步解释的系统。

第二，特征提取。此步骤涉及提取某些特征和指示特定意图存在或不存在的足迹。这些特征信号（一般是 EEG 得到的脑电信号）作为源信号，确定各种参数并以此为向量组成表征信号特征的特征向量。

第三，特征解释。在这一步中，对前面步骤中获得的特征向量进行分析，并就用户可能的意图得出结论。由于人脑运转极其快速和复杂，因此这些翻译算法必须是动态的，并且可以实时适应新的信号和特征。

第四，输出。输出可以以视觉输出等多种形式体验，包括屏幕上光标的移动或频道的改变，音频输出可能会改变设备的音量等。

（二）区块链技术

区块链技术作为"确权的机器"，为元宇宙提供一种低成本的数据确权服务，并且通过智能合约进行数据交易和价值分配，因而有望让数据成为每个人真正的资产。区块链是元宇宙的底层支撑技术，它确保了去中心化数据、去中心计算是可信的，确保只有元宇宙中的用户才能拥有虚拟空间的一切，将元宇宙打造成为一个真正的闭环数字化经济生态。[1]

---

[1] Yung, Q., Zhao, Y., Huang, H., et al., "Fusing Blockchain and AI with Metaverse: A Survey", *arXiv preprint arXiv*: 2201. 03201, 2022.

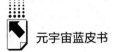

图 6 展示了区块链在元宇宙中的应用，共识机制是区块链的关键组成部分，保证了账本的一致性和不可篡改性。智能合约部署在区块链上，可以使互不信任的参与方按照规定的协议自动执行。区块链系统中集成了对称加密算法、非对称加密算法和摘要哈希算法等多种密码学技术，确保数据在区块链网络中传输和交易的安全性。去中心化 P2P 传输架构，可以使元宇宙中的各用户节点公平地参与共识和记账[1]；NFT 指的是不可替代和不可分割的代币[2]，它可以帮助进行区块链中的资产识别和所有权证明；De-Fi 代表去中心化金融，其目的是在元宇宙中提供安全、透明和复杂的金融服务（如股票、货币交易）。

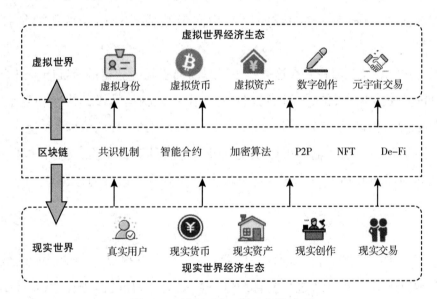

图 6 区块链在元宇宙中的应用

---

① Hari, A., Lakshman, T. V., "The Internet Blockchain: A Distributed, Tamper-resistant Transaction Framework for the Internet", *Proceedings of the* 15*th ACM Workshop on Hot Topics in Networks*, 2016: 204-210.

② Wang, Q., Li, R., Wang, Q., et al., "Non-fungible Token (NFT): Overview, Evaluation, Opportunities and Challenges", *arXiv preprint arXiv*: 2105.07447, 2021.

1. 区块链概念

区块链本质上是一个去中心化的数据库，通过共识机制使区块链中各个节点相互协作，共同维护区块链账本，确保账本的一致性和不可篡改性。[①] 在区块链网络中，所有的交易都会被打包成数据区块存储到区块链账本中，每个数据区块由区块头和区块体两个部分组成[②]，区块链结构如图 7 所示。区块体以非常高效的 Merkle 树结构记录所有交易信息，相邻区块按照时间戳顺序连接成一个长串，后一区块通过"指针"指向前一区块，建立了无法篡改的链式区块架构，从而保证交易的安全性和可溯源性。[③]

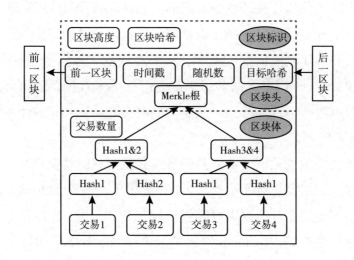

图 7　区块链结构

① 焦通、申德荣、聂铁铮、寇月、李晓华、于戈：《区块链数据库：一种可查询且防篡改的数据库》，《软件学报》2019 年第 9 期。

② 何渝君、龚国成：《区块链技术在物联网安全相关领域的研究》，《电信工程技术与标准化》2017 年第 5 期。

③ 彭如月、马兆丰、罗守山：《基于区块链的数字内容服务与安全监管技术研究与实现》，《信息网络安全》2020 年第 10 期。

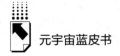
2. 共识算法

区块链的核心功能之一是去中心化，由于区块链并不是传统数据库那样的中心数据库，怎样保证区块链中的数据在节点间的统一性和不可篡改性是个重要问题。共识机制是在不信任的主体之间建立信任并获得公平的策略和方法。在区块链系统中，共识机制的存在确保各节点遵循既定准则共同维护区块链账本，不需要传统可信第三方中心的监管，从而可以有效地减少费用，缩短时间成本。

中本聪在比特币中采用基于工作量证明的 PoW 共识机制，通过算力竞争达成共识，保证整个系统的一致性和安全性[①]；King 等首次提出了基于权益证明 PoS 的共识机制，根据区块链网络中每个节点所占有的权益等比例降低挖矿难度，从而加快挖矿进程[②]；Kim 提出了基于授权股权证明 DPoS 的共识机制，由持币多者投票选出节点，并由这些节点进行一致性验证，从而大幅度提高达成共识的速度，且不需要挖矿。[③]

资源受限的物联网设备需要轻量级和低延迟的共识机制。已有很多学者对共识机制进行了研究，Yu 等提出了一种新的共识机制，即基于置信度的动态分组拜占庭容错机制（DGBFT），旨在降低通信过程中的信息复杂度。[④] Onireti 等提出了物联网场景下联盟链的共识算

① Nakamoto, S., "Bitcoin: A Peer - to - Peer Electronic Cash System", https://bitcoin. org/en/bitcoin-paper.

② S. King and S. Nadal, "PPCoin: Peer - to - peer Crypto - currency with Proof - of - stake", http://www. peercoin. net/bin/peercoin paper. pd, 2017.

③ Kim, W., "Cloud Computing: Today and Tomorrow", *J. Object Technol*, 2009, 8 (1): 65-72.

④ Yu, G., Wu, B., Niu, X., "Improved Blockchain Consensus Mechanism Based on PBFT Algorithm", *2020 2nd International Conference on Advances in Computer Technology, Information Science and Communications (CTISC)*, *IEEE*, 2020: 14-21.

法，对 *PBFT* 算法进行了改进。[1][2] Zhang 等提出了基于角色的轻量级共识方法，降低了响应延迟和恶意节点发生的概率。[3]

3. 智能合约

智能合约可以使系统的各参与方按照事先约定好的合同来执行，它是一种使用计算机编程语言而不是法律语言记录条款内容的合同。智能合约可以在双方不需要建立任何信任基础且没有第三方监督的情况下，自动运行与验证协议程序，具有一定的自治性、强制性与自我验证功能。智能合约的应用可以实现价值存储、传输、监控以及管理等。智能合约为区块链网络的可编程性提供了关键的技术支持，区块链可以在智能合约的规定下按照代码执行特定的服务和具体的操作，它赋予了区块链网络可操作性，给基于区块链技术的商业应用带来了创新性的解决方案。[4]

（三）人工智能技术

在元宇宙时代，另一项能够推动产业变革的关键技术是人工智能，它作为元宇宙的"大脑"，为元宇宙提供个性化服务。人工智能可以促进海量数据的深度分析，通过智能决策实现用户之间的智能互

① Onireti, O., Zhang, L., Imran, M. A., " On the Viable Area of Wireless Practical Byzantine Fault Tolerance (PBFT) Blockchain Networks ", *2019 IEEE Global Communications Conference (GLOBECOM)*, *IEEE*, 2019: 1–6.

② Zhang, Z., Zhu, D., Fan, W., " QPBFT: Practical Byzantine Fault Tolerance Consensus Algorithm Based on Quantified-Role", *2020 IEEE 19th International Conference on Trust*, *Security and Privacy in Computing and Communications*, *IEEE*, 2020: 991–997.

③ Nick Szabo, "Smart Contracts: Building Blocks for Digital Markets", http://www. fon. hum. uva. nl/rob/Courses/InformationlnSpeech/CDROM/Litera-ture/LOTwinterschool 2006/szabo. best. vwh. net/smartcontracts 2. html, 1996.

④ J. Fairfield, "Smart Contracts, Bitcoin Bots, and Consumer Protection", *Washington and Lee Law Review Online*, Vol. 71, Issue 2. 2014: 35–50.

动，从而协调整个元宇宙的资源配置与运转。① 当前，基于人工智能和大数据的"城市大脑"在很多城市已经得到了广泛应用（用于协调整个城市的资源，提升城市的运行效率和公共事务治理水平）。

人工智能（Artificial Intelligence，AI）首次提出是在 1956 年，它是指机器能够从经验中学习并执行各种任务的理论和技术。② 机器学习是一种被广泛使用的人工智能技术，传统的机器学习通常需要手动选择特征，深度学习的出现改变了这个局面。深度学习的灵感来源于生物神经网络，在深度学习网络中，每层从前几层接受输入，并将处理过的数据输出到后面几层，它可以从大量数据中自动提取特征。深度学习需要大量的数据才能提供更加准确的预测。卷积神经网络（CNN）和递归神经网络（RNN）是两种被广泛使用的深度学习算法。

数字孪生可以使元宇宙和现实世界相互影响，对物理实体或系统具有高度完整的数字克隆能力，并能够与物理世界进行实时交互。③深度学习在促进数字孪生的实施方面具有巨大潜力，它可以从大量复杂的数据中提取有用的信息，并进行分析处理。Lee 等提出了一个通用的数字孪生深度学习算法④，如图 8 所示。在训练阶段，来自元宇宙和物理世界的历史数据融合在一起进行深度学习训练和测试。如果

① Lee, L. H., Braud, T., Zhou, P., et al., "All One Needs to Know about Metaverse: A Complete Survey on Technological Singularity, Virtual Ecosystem, and Research Agenda", *arXiv preprint arXiv*: 2110.05352, 2021.

② Shin, H. C., Roth, H. R., Gao, M., et al., "Deep Convolutional Neural Networks for Computer-aided Detection: CNN Architectures, Dataset Characteristics and Transfer Learning", *IEEE Transactions on Medical Imaging*, 2016, 35 (5): 1285-1298.

③ Ning, H., Wang, H., Lin, Y., et al., "A Survey on Metaverse: The State-of-the-Art, Technologies, Applications, and Challenges", *arXiv preprint arXiv*: 2111.09673, 2021.

④ Lee, L. H., Braud, T., Zhou, P., et al., "All One Needs to Know about Metaverse: A Complete Survey on Technological Singularity, Virtual Ecosystem, and Research Agenda", *arXiv preprint arXiv*: 2110.05352, 2021.

测试结果符合要求，自主系统将被实施。在实施阶段，元空间和物理世界的实时数据被融合起来进行模型推理。

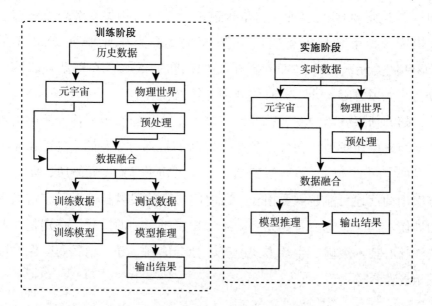

图 8　应用于数字孪生的人工智能算法

资料来源：Lee，L. H.，Braud，T.，Zhou，P.，et al.，"All One Needs to Know about Metaverse：A Complete Survey on Technological Singularity，Virtual Ecosystem，and Research Agenda"，*arXiv preprint arXiv*：2110. 05352，2021.

四　元宇宙机遇和挑战

各国经济的兴衰史一再证明，实体经济是国家强盛之本。每一次技术革命带来的不仅是生活方式的变化，更是产业升级的大机遇。发展元宇宙绝不是"脱实向虚"，而是实现数字经济与实体经济深度融合，从而切实赋能实体经济全面升级，让各行各业都能找到"第二曲线"新发展空间。2021 年 12 月，上海市经济和信息化委员会发布《上海市电子信息产业发展"十四五"规划》，提出要加强元宇宙底

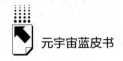

层核心技术研发。随后，合肥、武汉、杭州、北京、成都等城市也纷纷布局元宇宙产业园区。彭博行业研究预计元宇宙市场规模将在2024 年达到 8000 亿美元，普华永道预计元宇宙相关经济规模将迎来大幅增长，市场规模有望从 2020 年的 500 万美元增至 2030 年的15000 亿美元，2020～2030 年的 CAGR 将达 253%。在移动互联网流量空间见顶之际，元宇宙时代红利已然来临。

随着新兴技术的发展以及元宇宙生态体系的逐步完善，元宇宙也有望迎来更快发展，为各行各业带来新的机遇。① 然而，在看到元宇宙发展空间的同时，也要认识到元宇宙仍处于早期发展阶段，距元宇宙应用的落地可能还需要很长一段时间，现阶段要杜绝对元宇宙概念的炒作。同时，也要看到元宇宙未来发展所面临的挑战，特别是需要关注核心技术突破、生活方式改变、社会伦理坚守、隐私安全保护以及市场监督等。

参考文献

［1］彭婷婷：《元宇宙火了各路资本争当头号玩家》，《中国商界》2021 年第 12 期。

［2］方凌智、翁智澄、吴笑悦：《元宇宙研究：虚拟世界的再升级》，《未来传播》2022 年第 1 期。

［3］方凌智、沈煌南：《技术和文明的变迁——元宇宙的概念研究》，《产业经济评论》2022 年第 1 期。

［4］向安玲、高爽、彭影彤、沈阳：《知识重组与场景再构：面向数字资源管理的元宇宙》，《图书情报知识》2022 年第 1 期。

［5］龚才春等主编《中国元宇宙白皮书（2022）》。

① John McCarthy, "What Is Artificial Intelligence?", 1998.

［6］焦通、申德荣、聂铁铮、寇月、李晓华、于戈：《区块链数据库：一种可查询且防篡改的数据库》，《软件学报》2019年第9期。

［7］何渝君、龚国成：《区块链技术在物联网安全相关领域的研究》，《电信工程技术与标准化》2017年第5期。

［8］彭如月、马兆丰、罗守山：《基于区块链的数字内容服务与安全监管技术研究与实现》，《信息网络安全》2020年第10期。

［9］Joshua, J., "Information Bodies：Computational Anxiety in Neal Stephenson's Snow Crash", *Interdisciplinary Literary Studies*, 2017, 19 （1）：17-47.

［10］Lee, L. H., Braud, T., Zhou, P., et al., "All One Needs to Know about Metaverse：A Complete Survey on Technological Singularity, Virtual Ecosystem, and Research Agenda", *arXiv preprint arXiv*：2110. 05352, 2021.

［11］Baszucki, D., "The Metaverse Is Coming", https：//www. wired. co. uk/article/metaverse.

［12］"Introducing Meta：A Social Technology Company", https：//about. fb. com/news/2021/10/facebook-company-is-now-meta/, accessed：2021-11-11.

［13］Dionisio, J. D. N., III, W. G. B., Gilbert, R., "3D Virtual Worlds and the Metaverse：Current Status and Future Possibilities", *ACM Computing Surveys* （*CSUR*）, 2013, 45 （3）：1-38.

［14］Huynh-The, T., Pham, Q. V., Pham, X. Q., et al., "Artificial Intelligence for the Metaverse：A Survey", *arXiv preprint arXiv*：2202. 10336, 2022.

［15］Shafique, K., Khawaja, B. A., Sabir, F., et al., "Internet ofThings（IoT）for Next-generation Smart Systems：A Review of Current Challenges, Future Trends and Prospects for Emerging 5G-IoT Scenarios", *Ieee Access*, 2020, 8：23022-23040.

［16］Hassan, N., Yau, K. L. A., Wu, C., "Edge Computing in 5G：A Review", *IEEE Access*, 2019, 7：127276-127289.

［17］Madakam, S,, Lake, V., Lake, V., et al., "Internet of Things

（IoT）：A Literature Review"，*Journal of Computer and Communications*，2015，3（05）：164.

[18] Nakamoto，S.，"Bitcoin：A Peer-to-peer Electronic Cash System"，https：//bitcoin. org/en/bitcoin-paper.

[19] Kim，W.，"Cloud Computing：Today and Tomorrow"，*J. Object Technol*，2009，8（1）：65-72.

[20] Stuart Russell and Peter Norvig，"Artificial Intelligence：A Modern Approach"，2002.

[21] Fuller，A.，Fan，Z.，Day，C.，et al.，"Digital Twin：Enabling Technologies，Challenges and Open Research"，*IEEE access*，2020，8：108952-108971.

[22] M. A. I. Mozumder，M. M. Sheeraz，A. Athar，S. Aich and H. -C. Kim，"Overview：Technology Roadmap of the Future Trend of Metaverse based on IoT，Blockchain，AI Technique，and Medical Domain Metaverse Activity"，*2022 24th International Conference on Advanced Communication Technology（ICACT）*，2022，pp. 256-261，doi：10. 23919/ICACT53585. 2022. 9728808.

[23] Yung，Q.，Zhao，Y.，Huang，H.，et al.，"Fusing Blockchain and AI with Metaverse：A Survey"，*arXiv preprint arXiv*：2201. 03201，2022.

[24] Hari，A.，Lakshman，T. V.，"The Internet Blockchain：A Distributed，Tamper-resistant Transaction Framework for the Internet"，*Proceedings of the 15th ACM Workshop on Hot Topics in Networks*，2016：204-210.

[25] Wang，Q.，Li，R.，Wang，Q.，et al.，"Non-fungible token（NFT）：Overview，Evaluation，Opportunities and Challenges"，*arXiv preprint arXiv*：2105. 07447，2021.

[26] S. King and S. Nadal，"PPCoin：Peer-to-peer Crypto-currency with Proof-of-stake"，http：//www. peercoin. net/bin/peercoin paper. pd，2017.

[27] Yu，G.，Wu，B.，Niu，X.，"Improved Blockchain Consensus Mechanism Based on PBFT Algorithm"，*2020 2nd International Conference on Advances in Computer Technology，Information Science and Communications（CTISC）*，*IEEE*，2020：14-21.

［28］ Onireti, O., Zhang, L., Imran, M. A., "On the Viable Area of Wireless Practical Byzantine Fault Tolerance (PBFT) Blockchain Networks", *2019 IEEE Global Communications Conference (GLOBECOM)*, *IEEE*, 2019: 1-6.

［29］ Zhang, Z., Zhu, D., Fan, W., "QPBFT: Practical Byzantine Fault Tolerance Consensus Algorithm Based on Quantified-Role", *2020 IEEE 19th International Conference on Trust, Security and Privacy in Computing and Communications*, *IEEE*, 2020: 991-997.

［30］ Nick Szabo, "Smart Contracts: Building Blocks for Digital Markets", http://www.fon.hum.uva.nl/rob/Courses/InformationlnSpeech/CDROM/Litera - ture/LOTwinterschool2006/szabo.best.vwh.net/smartcontracts 2.html, 1996.

［31］ V. Buterin, "A Next-generation Smart Contract and Decentralized Application Platform", *Etherum*, *Issue January*, 2014, 1-36.

［32］ J. Fairfield, "Smart Contracts, Bitcoin Bots, and Consumer Protection", *Washington and Lee Law Review Online*, Vol. 71, issue 2. 2014, 35-50.

［33］ John McCarthy, "What Is Artificial Intelligence?", 1998.

［34］ Shin, H. C., Roth, H. R., Gao, M., et al., "Deep Convolutional Neural Networks for Computer-aided Detection: CNN Architectures, Dataset Characteristics and Transfer Learning", *IEEE Transactions on Medical Imaging*, 2016, 35 (5): 1285-1298.

［35］ Cho, K., Van Merriënboer, B., Gulcehre, C., et al., "Learning Phrase Representations Using RNN Encoder-decoder for Statistical Machine Translation", *arXiv preprint arXiv*: 1406. 1078, 2014.

［36］ Far, S. B., "Rad A I. Applying Digital Twins in Metaverse: User Interface, Security and Privacy Challenges", *Journal of Metaverse*, 2022, 2 (1): 8-16.

［37］ Ning, H., Wang, H., Lin, Y., et al., "A Survey on Metaverse: The State-of-the-Art, Technologies, Applications, and Challenges", *arXiv preprint arXiv*: 2111. 09673, 2021.

B.5
元宇宙底层架构研究

柴学智　陈相礼　宗雷雷　周宇*

摘　要： 元宇宙概念的提出和实践的兴起与基础设施建设、消费升级、产业配套息息相关，其核心八大要素需要分三个阶段在较长的时间周期内推进落地。在此期间，科技界、产业界需要对技术要素给予足够的重视，并加大投入，从而支撑元宇宙的发展。本文主要讨论四大要素，即内容相关、系统相关、AI 相关、交互相关。

关键词： 元宇宙　3D 渲染　AI　区块链　虚拟现实

一　聚焦元宇宙

（一）元宇宙概念的来源与共识

在元宇宙的发展过程中，文学作品提供了重要的概念来源（如小说《雪崩》《神经漫游者》），而影视作品（如《头号玩家》）和游戏作品在拓展大众基本认知方面功不可没，从而使这一概念持续发酵，牵引着人们探讨下一代互联网的形态与人类的未来。

时至今日，元宇宙逐渐进入了产品技术（包括商业）落地的

---

* 柴学智、陈相礼、宗雷雷、周宇，北京百度网讯科技有限公司。

阶段，这个阶段的演进方式主要是：基于共享的基础设施和标准，众多工具、平台不断融合进化；演进的目标则是对现实世界进行虚拟化、数字化，涉及对内容生产、经济系统、用户体验以及实体世界内容等的大量改造，从而打造平行于现实世界的人类第二空间。

元宇宙不是一种具体的技术，而是由众多相关技术集合共同推进的一个趋势和方向，它可以有很多载体，目前主要有以下三类。

（1）传统带屏设备，如手机、PC，这类载体会在元宇宙发展的很长一段时间内发挥主要作用。

（2）虚拟显示及增强显示设备，这类沉浸式的设备会在技术发展的某个阶段孕育出划时代的产品，提供新的体验。

（3）算力云端化，终端轻量化，这种载体方式主要为多端共进、多重宇宙互通奠定基础。

元宇宙的热度还体现在对市场规模的乐观评估上，当前，权威分析机构对元宇宙整体市场发展持乐观态度：IDC 评估到 2030 年，元宇宙赛道的规模为 3000 亿美元；Bloomberg 评估到 2024 年，元宇宙赛道的规模为 8000 亿美元；PWC 则评估到 2030 年，元宇宙赛道的规模为 1.5 万亿美元；Meta 委托 Analysis Groupbian 编撰的白皮书评估到 2031 年，元宇宙赛道的市场规模为 3 万亿美元。[①]

（二）元宇宙发展的八个基本特征及发展阶段判断

我们认为发展元宇宙，需要关注八个基本特征，如下所示。

（1）身份（Identity）：用户在虚拟世界的唯一身份。

（2）朋友（Friends）：平行于现实世界的社交网络和社交玩法。

[①] Lau Christensen Alex Robinson, *The Potential Global Economic Impact of the Metaverse*, Analysis Group.

（3）沉浸感（Immersive）：以真实感官感受为基础的沉浸式拟真体验。

（4）低延迟（Low Friction）：借助高速网络实现交互（活动）的实时性。

（5）随地（Anywhere）：借助多端设备实现交互（活动）的随时性。

（6）多元化（Variety）：提供海量的第二方、第三方内容。

（7）经济系统（Economy）：建立广泛、完备的交易平台和货币机制，个人和企业可拥有、创造、投资、出售数字资产，与现实经济形成关联。

（8）文明（Civility）：吸纳百行百业，产生就业与行政管理机制（如税收），形成人类文明发展的新载体。

以上八个特征会分为三个阶段在较长的周期内逐渐完善。

第一阶段，包含个体和技术两个层面的特征落地，基本的预判是：游戏文娱先行、年轻的用户先行，将于3~5年内实现。

第二阶段，主要是经济系统的落地。

第三阶段，主要是"元宇宙文明"的形成。

第二、三阶段的实现及落地受到社会发展影响，涉及金融、行政、社会变革。

（三）为何元宇宙概念在2021年爆发

2021年被称为"元宇宙元年"，以 Meta 为代表的科技巨头高调入场，国内外元宇宙赛道大火。这主要有三方面的原因。第一，基础设施。我国5G网络基站数量超过100万，5G终端连接数量超4亿，已建成全球规模最大的光纤网络，行政村宽带覆盖率达99%。第二，消费升级。全国居民人均消费支出超过2万元，服务性消费支出占比接近一半，人口受教育程度明显提升，经济韧性持续显现，消费需求恢复。第三，产业配套。技术：显示/云计算等核心技术升级；产品：VR 设备出货量大幅增加；场景：场景规模化应用开始展开；内容：AI 技术提升内容生产能力。

二　元宇宙实现的技术要素

（一）一种可能的元宇宙实现架构

图 1 是结合百度的相关产品技术探索和实践，给出的一种可能的元宇宙实现架构。

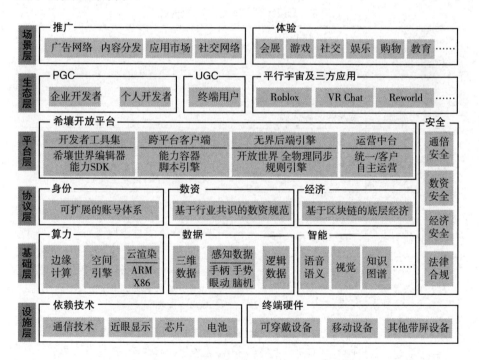

图 1　一种可能的元宇宙实现架构

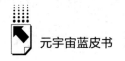

（二）内容相关技术要素

1. 3D 渲染引擎

总的来说，Cocos3D 的跨平台能力和渲染能力介于 Unity3D 与 UE4 之间，较为擅长网页端渲染。UE4 更适合在高性能设备上开发对画面、渲染品质等要求较高的应用，如需开发的内容品质一般，使用 UE4 只会提高研发成本和拉长研发周期。Unity3D 更适合在移动端进行快速开发，也能满足 PC 端普通应用的开发。表 1 对 Unity3D 与 UE4 进行了对比。

表 1　Unity3D 与 UE4 详细对比

引擎	Unity3D	UE4
主要开发语言	C#	C++
易用性	简单	中等
源代码开放	需要购买源代码	开源
使用收费	购买 License 使用	发布:产品收入超过 100 万美元收 5% 版税 内部/免费项目:完全免费使用
开放时间	2009 年 10 月开放免费使用	2015 年 3 月全用户免费使用
渲染能力	一般 3D 应用渲染	适合 3A 级项目画面渲染(投入成本高、制作规模大、制作周期长的项目)
开发效率	高(易上手,C#代码较容易管理)	中等(C++需要更好的编码能力,需要代码层考虑更多因素,如跨平台适配、内存管理等)
平台适应性	全平台;一般认为在低性能设备上(手机,一体机等)运行效率更高,更适合移动平台产出	全平台;更适合高性能设备对产出渲染要求高的作品;早期移动端运行效率存疑,很晚才有在移动端的商业化应用(如腾讯的"和平精英")
主流应用领域	手机游戏;PC、PS4、XBOX 游戏;PC VR、一体机 VR 等	PC、PS4、XBOX 游戏;3D 影视渲染;PC VR、一体机 VR;手机游戏等

引擎	Unity3D	UE4
参考资料数量	较多(百度找到相关结果约 69200000 个)	较少(百度找到相关结果约 28300000 个)
从业人员数量	较多(前程无忧:共 973 条职位)	较少(前程无忧:共 289 条职位)

2. 虚拟场景的三维模型建设

当前虚拟场景的三维模型建设工作,还是复用游戏行业的工作流,即从原画到模型到特效,是属于"劳动密集型"的环节。当然,在很多细分环节也有一些提升生产效率的工具涌现,如基于编辑器的 PUGC 场景编辑器、地图自动补全生成的插件。但总体而言,要出好的视觉效果,还是离不开专业美术人员的深度参与。此环节是 AI 可以深入接入的重点环节,应该可以起到降成本的作用。

3. 现实场景和物体的三维重建

元宇宙中场景和物体的自动三维重建一直以来都是一个很活跃的话题,使用不依赖昂贵硬件的低成本方式来进行内容生产,能有效地降低元宇宙内容创作的门槛。基于纯图像的三维重建技术,只需输入围绕物体多视角拍摄的 RGB 图像或全景图,根据图像特征,利用传统多视几何方法或深度学习方法,就能重点解决相机视角恢复及深度重建的问题,进而完成场景或物体的数字建构。由于低成本,输入易获得,这种三维重建技术拥有很高的应用潜力。基于图像的三维重建技术的示例流程如图 2 所示。

(三)系统相关的技术要素

1. 多人在线互动系统的核心引擎

元宇宙多人在线互动系统核心引擎由传统游戏后端引擎演化而来,与传统游戏后台引擎的区别如下:互动重心由图文转向实时线上

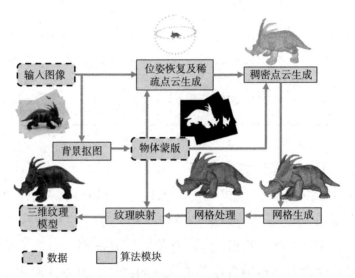

图2　基于图像的三维重建技术

语音沟通；支持"无限"世界地图；为了达成如上多人互动系统功能，需要在传统游戏引擎基础上引入新的技术手段，如 RTC 技术、无缝大世界与边下边玩等。

2. 策略脚本和脚本运行时管理

元宇宙是对现实世界的仿真，世界内充斥着复杂多样的场景和玩法。为了应对复杂多变的需求，核心引擎的业务逻辑要尽量与底层核心逻辑进行剥离，通过脚本语言给予支持，这就需要引入脚本运行时环境，通过此环境打通脚本逻辑与内核的交互。常见脚本逻辑支持可以选择较为成熟的 Lua 或 Python 脚本。后台业务开发同时可以基于如上语言进行开发，并进行脚本的热更新，实现不停服支持灵活多变的业务场景。

3. 位置、地图和导航服务

元宇宙一比一还原大世界场景，场景源于现实但高于现实，为了引导玩家对虚拟现实场景的游览，需引入地图和导航服务。导航依赖

POI 信息，不同于现实世界的信息获取方式（街景采集），在形成地图或加入新的场所后，人工录入相关 POI 信息，随着版本的更新下发到客户端。地图和导航服务可借鉴现实导航的相关业务细分场景，提供步行导航、载具（交通工具）导航、室外+室内导航服务等。导航路径规划充分考虑载具流量或人流量场景，实现流量分流，提供最优路径。不同于传统导航，可以将室内和室外导航合二为一，实现瞬间转移，提升导航效率。

4. 统一大世界机制和内容共建

为了丰富大世界内容，必须制定方案引入合作伙伴参与共建。短期内可以将大世界副本化，合作伙伴可以在内网处理业务逻辑，大世界不再依赖主版本数字更新，使得大世界能够像其他副本一样灵活上线。中长期可以将大世界副本源码开放，使用开源的方式进行管理和发布。长期会向开发者提供大世界编辑器，进一步降低开发门槛。

5. 实时消息和语音传播

该项核心技术选型为 Web RTC 协议，在实时性和效果之间实现相对的平衡。

6. 外部数据和媒体资源接入

开发者将外部数据和媒体资源上传到开发平台的资源管理器中，获取资源 URL 并在自己的副本中使用，资源可以在后台替换，URL 不变。

（四）AI 相关的技术要素

1. 语音相关

语音技术在元宇宙中的应用点包含 ASR（语音转文字）、TTS（文字转语音）、混音、方位语音等，其中 ASR、TTS 主要应用于社交沟通方面的场景，而混音、方位语音主要应用于沉浸感方面的场景。

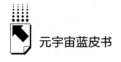

2. 视觉相关

视觉技术在元宇宙中的具体应用点除前文提到的三维重建解决内容生产效率问题外，还包括数字人的生成和驱动。近年来，神经网络技术也在元宇宙的部分场景中有着比较广阔的应用前景。

3. 自然语言理解相关

NLP 技术在元宇宙中的应用场景包括两方面，一方面是内容的反馈，即对话系统；另一方面是内容的审核，即智能审核。前者为元宇宙中诸多 NPC、交互系统提供底层能力支撑；后者则是元宇宙内容安全的底层保障。

4. 区块链相关

区块链技术在元宇宙中用于支撑数字资产的上链、存证、登记、交易，以及基于此搭建的元宇宙经济系统。区块链的核心技术能力主要体现在三个方面，即节点技术、并行技术、插拔机制。

（五）交互相关的技术要素

1. VR 设备、PC 和手机端的显示、操作和交互

图 3 的交互 SDK 封装了应用内的交互行为，包括 VR 场景下的手柄、PC 端键鼠、移动端触屏操作。上层开发者只需要为可交互物体绑定交互脚本，编写交互逻辑。平台差异性封装在希壤客户端中，对开发者是透明的，旨在降低开发难度。

（1）硬件适配，即通过中间层的方式在不改动上层代码的情况下解决硬件适配问题，开发者只需要为目标平台选择一个使用合适 Native SDK 的交互 SDK 版本即可。

（2）交互模式，交互 SDK 除了支持 VR 场景下基本的头控和手柄交互外，为了内容有更好的平台适应性，也能在安卓手机或者 PC 上以普通 3D 程序身份运行，并可以使用触碰和键鼠做一些简单的交互。

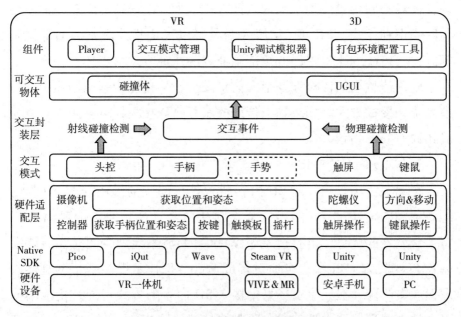

图3 一个硬件交互兼容解决方案

（3）跨平台，基于硬件适配层和交互兼容实现，使用交互 SDK 应用的跨平台性不是狭义的在某些一体机上运行 VR 应用，还可以用很低的成本在任何非 VR 安卓设备或 PC 上运行。

（4）丰富的用户接口，开发者可以使用 SDK 默认提供的交互系统完成交互操作，如使用射线弯曲、拖拽、跳跃等基础组件丰富应用的交互体验。同时，SDK 提供了高级接口，满足开发者的定制需求。

（5）调试模拟器，SDK 提供了 Unity 下的调试模拟器，开发者可以使用键盘模拟 VR 场景下的手柄操作，提升开发效率。

2. 身份认证、鉴权、授权

由于元宇宙具有真实开放的特性，因此身份认证要求真实可靠，授权支持开放式架构。

身份认证可以考虑基于生物特征的认证方式，常见认证方式有指纹识别、视网膜识别、虹膜识别、面部识别、手掌几何学、静脉识别

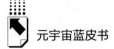

等，针对不同场景使用不同的认证方式，如 VR 场景可优先考虑使用视网膜识别方式、AR 或 2D 接入场景可以采用指纹识别、面部识别等方式、传统的账号密码或短信验证码的认证方式可以作为补充。

生物信息存储传输涉及个人信息安全，不排除国家采用集中式管理和统一授权方式。如果基于传统的账号密码授权，可采用当前较为成熟的 OAuth 协议。

3. 与2D内容的对接

在元宇宙场景中，除 3D 内容展示外，部分场景还需要 2D 内容的展示，如传统的 2D 图组、全景图片、全景视频等，依赖 Web3D 跨平台渲染的优势，可打造基于 WebGL 的渲染能力，同时支持移动端和 PC 端，在 VR 端也可通过集成 Web VR 技术提供基于浏览器的虚拟现实体验，在元宇宙场景中接入 2D 内容的方式可通过集成不同平台的内置浏览器内核完成，除支持打开传统 2D 内容的 URL 外，还要考虑处理好如陀螺仪配置、内存大小控制、多层级 UI 调用等，尤其在性能一般的设备上，大分辨率图片的渲染一般采用类 LoD 技术的加载策略，比如针对 4K 及以上的全景图片，可进行分级分块处理后再动态计算并按需渲染不同层级的碎片图以减少内存占用，避免因内存占用过大造成应用程序的异常闪退，总之，在元宇宙场景中接入 2D 内容是实现跨平台渲染的一种性价比较高的方案，其接入流程简单、开发效率高、兼容性强等优势可以得到充分发挥。

B.6
元宇宙标准化探索

孙 琳 刘冕宸 李佳秾 姚 驰 李 鸣*

摘　要： 元宇宙及其数字生态中完备庞大的产业链条，覆盖面广、集成度高、融合性强，其标准化探索对统一业界共识、加强互联互通、促进技术集成、构建产业生态具有重要作用。本文就元宇宙国内外标准化现状和标准化需求进行了梳理，给出了元宇宙标准体系架设想，并提出了今后的标准化建议。

关键词： 元宇宙　标准化　Web 3.0　新一代信息技术

当前，关于元宇宙的说法五花八门，技术、应用、资产、服务、产业、生态等不同层次的定义混杂，严重影响了业界对元宇宙的认识。尽管元宇宙不是技术词语，却需要复杂的底层技术支撑。区块链、人工智能、数字孪生、人机交互、物联网等面向数据的新一代信息技术的演进并非偶然，实际上是从 Web 2.0 向 Web 3.0 演进的技术准备。以往各项技术的发展缺乏完整生态的支持，因此需要完善相关概念、构建更成熟的场景推动新一代信息技术进一步融合，打造面向数字化生态的基础设施，支撑元宇宙复杂的应用逻辑、业务创新和商业模式的实现。因此，从技术上看，元宇宙是基于 Web 3.0 技术体系

---

* 孙琳、刘冕宸、李佳秾、姚驰、李鸣，中国电子技术标准化研究院。

和运作机制的可信数字化价值交互网络，是以区块链为核心的 Web 3.0 数字新生态。

一　标准化对元宇宙的作用

标准化本质上是在特定领域最大范围内的共识，能够助力构建产业秩序，降低摩擦成本，是人类社会发展的熵减活动。当前，元宇宙技术不断突破，产业快速发展，数字经济生态面临新的创新机遇。然而，理论体系缺失、技术架构不成熟、应用场景单一、产业缺乏共识等问题严重制约了元宇宙产业的创新发展。因此，需要依据标准构建完善的元宇宙生态体系，规范和引领元宇宙产业高质量健康发展。

（一）统一产业共识，明确发展方向

标准是在一定范围内经过协商一致达成共识的产物，是产业从杂乱无章向规范有序发展的有效方法。在元宇宙产业发展初期，应加快开展标准化研制工作，结合本体论建立元宇宙的术语、概念和分类等基本共识，统一相关方对元宇宙的认识，形成推进元宇宙产业发展的合力。

（二）提炼核心技术，总结最佳实践

通过标准化的方法，逐步探索数字身份、智能计算、模拟仿真、内容生成等关键技术。同时，总结当前国内外最佳实践，抽象出复杂技术和产品的关键要素，对内容和资产生命周期进行优化设计，不断提升元宇宙技术体系的成熟度。

（三）加强互联互通，促进技术集成

标准不仅能够指导新技术的应用和创新，还有助于产业生态融通。利用标准可以打破元宇宙内应用场景之间、不同元宇宙间的跨平台身份认证、内容交互、资产流通和数据流动等瓶颈，促进产业链、创新链和价值链构建，完善元宇宙产业发展生态。

（四）支持创新应用，提升服务能力

元宇宙发展尚在初期，需要通过标准化方式巩固工业元宇宙、商业元宇宙、社交元宇宙等创新应用实践成果，形成产业共识，降低产业相关方的进入门槛。在此基础上，进一步推动技术迭代和应用创新，全面提升元宇宙产业服务能力。

（五）构建产业生态，支撑监督管理

对标准体系进行顶层设计，有助于政策布局，合理规划产业发展，推动形成各方参与、汇智聚力的格局。同时，为行业管理部门解决身份认证、版权保护、内容监管、在线权益、科技伦理等问题提供抓手。

二 元宇宙标准化现状

（一）国际标准化组织对元宇宙标准化持保守态度

ISO（国际标准化组织）在对待新兴技术时较为谨慎，目前在元宇宙技术领域尚持观望态度，暂未成立元宇宙领域的技术委员会或工作组，并且暂无在研或立项的元宇宙相关标准化项目。现阶段，元宇宙相关研究由区块链（TC590）、人工智能（ISO/IEC JTC1 SC42）、物联网（ISO/IEC JTC1 SC41）、数字孪生（ISO/IEC JTC 1/SC 41/WG6）、云计算（ISO/IEC JTC1 SC38）、VR/AR/MR（ISO/IEC JTC 1/SC 24 计算机图形、图像处理和环境数据标识和 SC29 音频、图像、

多媒体和超媒体信息）等技术委员会及工作组承担，技术基础良好。元宇宙技术逐步成熟后，各相关技术委员会将联合对元宇宙相关标准化工作开展研究。

ITU-T（国际电信联盟标准化部门）是隶属国际电信联盟专门制定电信标准的分支机构，主要研制网络传输协议、音视频编解码等电信领域的国际标准。ITU-T SG16 专注于多媒体方面的国际标准制定，包括区块链、人工智能、沉浸式体验、智能视觉、音视频编解码等，这些技术都与元宇宙密切相关。2022 年 1 月底，我国牵头在 ITU-T SG16 成立元宇宙联络组，主要从事元宇宙的关键技术研究、标准化方向分析、孵化潜在的标准项目、与其他组织进行协调等。

IEC（国际电工委员会）主要负责有关电气工程和电子工程领域的国际标准化制定工作，在元宇宙领域主要关注虚拟现实硬件设备标准研制。目前正在开展虚拟现实头戴设备的接口规范相关标准研究，IEC 63145-20-10 是眼戴显示（VR/AR）第一个虚拟现实领域的国际标准。

在美国注册的电气与电子工程师协会（IEEE）下设的标准协会（IEEE-SA）是电子技术领域先进的标准化制定部门。目前在区块链、人工智能、云计算、AR/VR 等元宇宙相关技术领域均开展了标准化研制项目。IEEE 计算机协会成立了元宇宙研究组，旨在开展标准化研究，明确元宇宙标准化范围，以及与其他标准委员会或工作组的技术边界。

（二）主要国家和地区标准化组织保持观望

美国国家标准协会（ANSI）主要负责统筹美国社会各界标准化活动，整合美国分散的标准化研究体制中的成果。目前，ANSI 暂未启动研制元宇宙相关标准，主要以区块链、人工智能等技术标准和研究报告作为元宇宙研究基础。

英国标准协会（BSI）是英国国家标准机构，成立于 1901 年，是国际标准化组织、欧洲标准化委员会等国际知名标准化组织的高级常任成员，是国际标准化组织五大秘书处之一。BSI 重点关注信息技术、区块链、隐私数据等优势领域，是欧洲著名的国际标准服务提供商。BSI 对不够成熟的新兴技术持保守态度，暂无元宇宙相关标准的研究计划，但其在基础技术领域的研究成果将为未来研究元宇宙奠定良好的基础。

韩国标准协会（KSA）成立于 1962 年，是支持企业实现创新性成长的全球标准、质量知识专业机构，研究重点是人工智能、云计算、半导体等强创新领域。KSA 标准研制以政策导向为先决条件，将长期规划元宇宙标准研制工作。2021 年 11 月，韩国政府成立了"元宇宙联盟"，就政策出台、规划制定等内容开展研讨，意在推动元宇宙技术和生态系统的发展。KSA 作为韩国国家标准化机构，暂未公布元宇宙技术标准研制计划，但从长远来看，KSA 将结合韩国政府政策方向和国内元宇宙产业发展情况，积极开展元宇宙标准化研制工作。

（三）我国元宇宙团标初现，多点位抢先关注产业发展前景

中国电子工业标准化技术协会元宇宙工作委员会（以下称元宇宙工委会）于 2022 年 2 月正式成立。元宇宙工委会由中国电子技术标准化研究院担任理事长单位，联合一批优势企业，开展元宇宙相关领域标准研制、案例征集、创新大赛、技术研讨会等工作。目前，理事长单位中国电子技术标准化研究院正在组织理事会成员单位启动《元宇宙　参考架构》《工业元宇宙　建设指南》两项团体标准的研究工作。其中，《元宇宙　参考架构》将详细描述元宇宙技术框架、功能模块、跨层功能等；《工业元宇宙　建设指南》将提出工业元宇宙功能架构、技术要求、建设路径，为工业领域部署元宇宙提供参

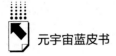

考。截至目前，已发布《元宇宙　术语及传播规范》《基于区块链技术的元宇宙身份认证体系》《基于区块链技术的元宇宙支付清算体系》三项团体标准，无在研行标或国标。

整体来看，我国元宇宙研究起步早，标准研究团体呈散点式分布，形成的团体标准主要涉及元宇宙技术标准，主要包括参考架构、术语和定义等基础类标准；少数内容和资产类标准，包括数字人系统、身份认证等；工业、金融等重点应用场景和服务类标准数量较少，呈多点位发散化分布状态；技术和平台类标准、治理和监管类标准研制工作尚处于空白状态，需在未来的元宇宙标准化工作中重点关注。

表1列出了元宇宙在研标准化项目。

表1　元宇宙在研标准化项目

种类	名称	主要内容	发起单位
团体标准(在研)	《元宇宙　参考架构》	提出了元宇宙用户视图和功能模块,属于基础类标准	中电标协元宇宙工委会
团体标准(在研)	《工业元宇宙建设指南》	提出了工业元宇宙功能架构、技术要求、建设路径,提供了在工业领域部署实现元宇宙的方式方法	中国电子技术标准化研究院/中电标协元宇宙工委会
团体标准(立项)	《元宇宙产业基地建设与运营指南》	为元宇宙产业基地建设提供参考	中关村数字媒体产业联盟
团体标准(立项)	《数字人系统基础能力要及评估方法》	提供数字人基础能力、基础工程能力、基础安全能力保障	中国信息通信研究院
团体标准(发布)	《元宇宙　术语及传播规范》	规定了元宇宙中相关术语及定义	中国传媒大学互联网信息研究院
团体标准(发布)	《基于区块链技术的元宇宙身份认证体系》	规定了基于区块链的元宇宙身份认证规范体系的术语和定义、技术要求、基本要求	深圳市信息服务业区块链协会

种类	名称	主要内容	发起单位
团体标准(发布)	《基于区块链技术的元宇宙支付清算体系》	规定了基于区块链的元宇宙支付清算规范体系的术语和定义、基本原则、体系架构、性能要求和安全要求。适用于基于区块链的元宇宙支付清算规范体系	深圳市信息服务业区块链协会

三　元宇宙标准化分析

标准可以为促进技术进步和经济社会发展做出巨大的贡献。对于监管部门而言，标准是制定政策和加强市场监管的重要依据，对提高政策水平有着重要的作用。对于产业来说，标准是推进商业化的有效战略工具和指南，并能确保业务高效运营，提高生产率和帮助企业拓展新的市场。对于元宇宙用户来说，标准将降低用户的使用门槛，保障用户的权益。

元宇宙的发展必然是长期、循序渐进的过程，此过程离不开标准化的支持。当前，全球元宇宙发展尚处于起步阶段，相关标准化工作主要集中在已开展的人机交互、区块链、人工智能、5G 等分散的技术领域。一方面，已有技术领域标准尚不健全，如区块链等技术还属新兴技术，标准体系规划出台时间尚短，单一领域标准发展仍存在较多问题；另一方面，融合技术标准缺失，相关技术发展缺乏标准化引导。在推动元宇宙标准化的工作中，应积极开展标准化预研和需求分析工作。

（一）标准化预研

开展元宇宙标准体系研究前，需把元宇宙及其相关要素作为一个

系统开展标准化研究，结合技术、经济、社会等方面的综合最佳效益，以保证标准体系内各项标准的制定和实施能够相互配合和支撑。元宇宙标准化需求分析可以分为四步。

首先，识别元宇宙产业的相关方，确定元宇宙产业的重点方向。明确终端用户、服务提供方、技术提供方、监管和审计方等相关方的视角，从政策、标准、技术、产业、业务、应用、安全等方面，对元宇宙标准化现状和存在的问题进行分析。

其次，根据元宇宙的活动、内容、资产和身份等关键要素综合梳理和分析不同要素的侧重点，以及我国在元宇宙关键技术和平台方面存在的共性问题和需求。

再次，归纳汇总标准化需求，将标准化需求转化为元宇宙"是什么""如何搭建""如何使用""如何互联互通""如何提供服务""如何保障安全"六大需求。

最后，分析和提炼标准化重点方向，元宇宙标准化重点方向可以提炼为基础类、技术和平台类、内容和资产类、应用和服务类、数据和协议类、治理和监管类标准。

（二）标准化需求

如图1所示，通过对相关政策和法律法规、标准、技术、产业等的分析，可以将我国国内元宇宙领域的标准化需求转化为区块链"是什么""如何搭建""如何使用""如何互联互通""如何提供服务""如何保障安全"六大需求（见图1）。

解决"是什么"的问题，需要通过基础类标准，构建元宇宙的标准化语言，统一对元宇宙的认识。

解决"如何搭建"和不同链间"如何互联互通"的问题，需要通过技术和平台类、数据和协议类标准，统一元宇宙底层开发平台和应用编程接口，统一不同元宇宙间的链接。

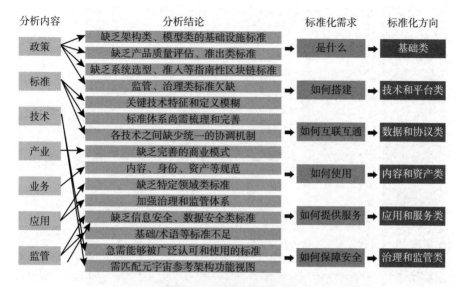

图1 标准化需求汇总

解决应用元宇宙技术"如何提供服务"的问题，需要通过内容和资产类标准，为创建元宇宙内的内容和资产提供支撑。

解决"如何使用"的问题，需要通过应用和服务类标准，指导不同行业、不同领域的元宇宙应用开发，加快元宇宙应用落地。

解决"如何保障安全"的问题，需要通过治理和监管类保障类标准，构建安全和可信环境，保障信息、数据、网络安全可靠。

（三）标准体系的构建

标准体系框架是特定标准化系统为了实现本系统的目标，必须具备的一整套具有内在联系的、科学的、由标准组成的有机整体。标准体系是一个概念系统，应该具有发现问题、解决问题，以及指导标准研制和应用等作用。基于元宇宙标准化需求，及对元宇宙发展情况和国内相关技术标准体系的分析与提炼，可以提出如图2所示的元宇宙标准体系框架设想。

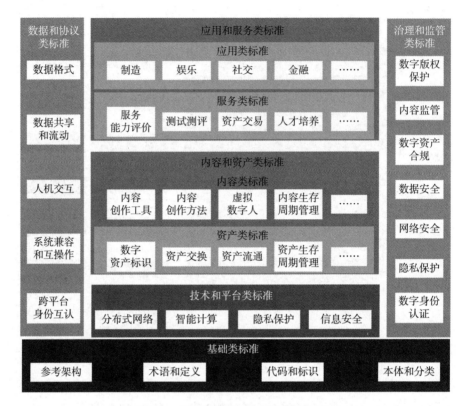

图2 元宇宙标准体系框架设想

元宇宙标准可分为基础类、技术和平台类、数据和协议类、内容和资产类、应用和服务类、治理和监管类六大类。

基础类标准为其他标准建立共同的语言环境，包括术语和定义、本体和分类、代码和标识、参考架构等内容。

技术和平台类标准主要规范技术系统的分布式网络、智能计算、信息安全和隐私保护等。

数据和协议类标准主要规范数据格式、数据共享和流动、人机交互、系统兼容和互操作、跨平台身份互认等。

内容和资产类标准主要规范内容创作工具和方法、虚拟数字人呈现引擎、内容生存周期管理等，以及与资产相关的数字资产标识、资产生存周期管理、资产交换和流通等。

应用和服务类标准主要规范元宇宙中的具体应用场景和服务要求，包括制造、娱乐、社交、金融等典型场景应用，及服务能力评价、测试测评、资产交易、人才培养等相关规范要求。

治理和监管类标准主要包括数字版权保护、数据安全、网络安全、隐私保护、数字身份认证、内容监管、数字资产合规等内容。

四　标准化建议

元宇宙是集软件、硬件、内容和资产为一体的综合数字产业，对于未来社会经济发展、各行业数字化转型具有重要意义，我国应重视元宇宙产业发展，营造良好的发展环境，实现信息技术领域的超越和领先。

一是夯实技术基础，突破以区块链为核心的元宇宙 Web 3.0 数字生态。推动以区块链为核心的元宇宙基础理论研究，鼓励骨干企业开展协同攻关，着力突破智能合约、共识机制、跨链等元宇宙内在核心技术，加大布局 VR/AR、脑机接口、全息影像等外围人机交互技术。同时，加速构建区块链开源社区，不断丰富行业应用，通过开源重塑软件发展新生态，推动产业加速向价值链中高端迈进。

二是重视应用推广，激发数字产业市场活力。鼓励企业加快探索步伐，开展跨界融合创新，积极探索元宇宙在社交、游戏、电子商务等领域的应用落地，拓展产业发展的新空间。鼓励汇聚数字内容基础设施、技术平台、应用服务、终端用户等产业相关方，组织治理监管、数字资产、经济体系、版权保护相关研讨会和学术沙龙。鼓励联盟等产业载体举办产业峰会，宣讲技术和应用成果。

三是推动标准化制定进程，夯实产业发展基础。依托各类协会、机构，加快成立元宇宙标准化相关组织，统筹推进标准化制定进程。

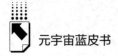

启动元宇宙标准体系研究，加强标准的顶层设计规划。加快开展元宇宙术语、参考架构等重点标准研制，统一业界共识。推动技术要求、测试方法、实施指南、安全合规等标准制定，有效指导元宇宙应用的各个环节，推动元宇宙规范化、合规化发展。

四是加强监管治理，优化产业发展环境。对元宇宙潜在内容风险、金融风险以及法律风险进行追踪，推进不良内容预警与监管、金融风险的防范与处置。探索具有包容性的创新管理机制，利用人工智能、区块链等技术探索监管新模式。建立统一监管平台，构建递进式监管体系。同时，推动出台相关法律法规制度，在法律层面保障消费者、创作者的权益，促进元宇宙行业健康有序发展。

参考文献

［1］长铗、刘秋杉：《元宇宙：通往无线游戏之路》，中信出版社，2022。

［2］李鸣等：《区块链：元宇宙的核心基础设施》，《计算机工程》2022 年第 6 期。

［3］李鸣：《元宇宙：以区块链为核心的 Web 3.0 数字生态》，《链新》2022 年第 1 期。

［4］李鸣：《元宇宙是数字共识生态的集成逻辑表达》，《链新》2022 年第 2 期。

B.7

元宇宙基础设施建设研究

邓伟平　杨群　吴高斌　郑海洋　刘 瑄*

摘　要： 本文首先对元宇宙的基本概念、技术特征和产业生态进行了简单的梳理；其次，重点围绕网络通信基础设施、算力基础设施和新技术基础设施三个方面，对元宇宙基础设施建设的发展现状进行了分析；再次，从网络通信技术、数据安全和隐私保护、可持续的能源和储能基础设施角度，研究了元宇宙基础设施发展的趋势和未来的挑战；最后，从发展数字经济的角度，总结了元宇宙产业发展的意义，并且给出了完善元宇宙基础设施的政策建议。

关键词： 元宇宙　基础设施　技术特征　产业生态

一　背景

（一）元宇宙的基本概念

2021 年被喻为"元宇宙元年"。2021 年 3 月，美国 Roblox 公司首次将"元宇宙"写进招股说明书，迅速引发社会各界的广泛关注；

---

* 邓伟平、吴高斌，中国民营科技实业家协会元宇宙工作委员会；杨群，智链信达（深圳）科技有限公司；郑海洋，北京大学汇丰商学院；刘瑄，北京区块链技术应用协会。本文仅代表个人学术观点，不代表所在机构意见。

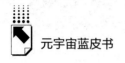

同年 10 月，扎克伯格宣布全球社交网络巨头 Facebook 将更名为 Meta，引发了"元宇宙"概念的新一轮热潮。

国内外科技企业巨头纷纷布局元宇宙领域。我国众多地方政府也积极推出元宇宙产业支持政策，上海、武汉、合肥、无锡、杭州、南昌、厦门等地先后提出将元宇宙相关产业作为数字经济的重点发展领域。

目前，社会各界对元宇宙的概念，尚未形成广泛共识。维基百科对这个概念的定义是：一个聚合虚拟共享空间，由虚拟增强的物理现实和物理持久的虚拟空间聚合而成，包括虚拟世界、增强现实和互联网的总和。

此外，国内外的科技企业结合自身行业背景和业务发展布局，也对元宇宙提出了各自不同的定义，举例如表 1 所示。

表 1　2021 年国内外企业对元宇宙的定义

公　司	元宇宙定义
Roblox	一个让用户能尽情创作内容，并在虚拟社区中交流和成长的在线游戏
Meta	一个融合虚拟现实技术，用专属硬件设施打造的具有超级沉浸感的社交平台。移动互联网之后的下一代平台，具象化的互联网
腾讯	一个独立于现实世界的虚拟数字世界——全真互联网。用户进入这个世界后，可以用新的数字身份开启全新自由生活
阿里巴巴	允许商家自行搭建 3D 购物空间，让顾客进入店铺后，可以有一种云逛街的全新购物感受

（二）元宇宙的技术特征

元宇宙具有虚实互动、去中心化、多元开放、持续演进等特征。随着基础技术的更新迭代和元宇宙商业模式的融合创新，"元宇宙"的概念、特征也在不断地演进。

基础数字技术的发展，为元宇宙提供了技术支撑。物联网、5G/6G 网络、卫星通信等网络设施和技术，为元宇宙的沉浸式体验、虚拟互动提供了海量数据传输的基础设施。在大数据中心、智能算力中心、边缘计算中心等算力基础设施的基础之上，元宇宙对现实宇宙进行建模、计算和再创造，达到虚实融合。元宇宙融合以云计算、人工智能、区块链、大数据、数字孪生、隐私计算等为代表的新一代数字化技术，将现实世界数字化，生成一个映射的虚拟宇宙，具有和现实世界的经济系统互联互通但是又相互独立的新型经济系统[1]。

（三）元宇宙的产业生态

元宇宙的产业生态分为基础设施层、核心技术层和应用服务层，如图 1 所示[2]。

基础设施层包含网络通信基础设施、算力基础设施和新技术基础设施，主要支撑元宇宙中虚实互动产生的海量数据的实时存储、挖掘、建模与分析计算。

核心技术层由终端入口、时空生成、虚实交互、内容平台和经济系统组成。终端入口包括智能可穿戴设备、XR 终端等各种元宇宙终端设备，以及终端设备运行所依赖的基础软硬件设施；时空生成包括数字孪生等将物理世界数字化所需要的技术工具；虚实交互包括元宇宙中"人-机"、"机-机"和"人-人"交互所需要的脑机接口等接口技术；内容平台则包括游戏平台、动漫平台、办公平台、社交平台等元宇宙内容载体；经济系统主要包括身份系统、安全体系、信用体系和交易平台。

基于基础设施层和核心技术层提供的元宇宙核心能力，应用服务层提供面向消费端、企业端和政府端的应用服务，形成"元宇宙+行业"的元宇宙产业应用生态，用元宇宙的底层技术，赋能工业、教

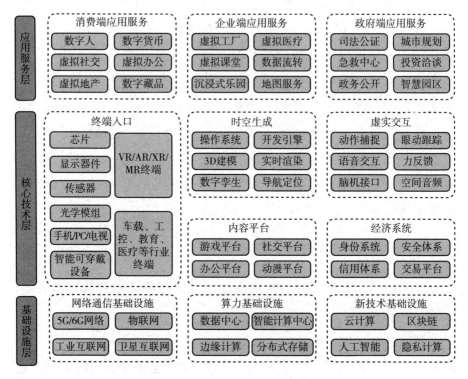

图1　元宇宙产业生态全景图

育、医疗、政务、金融、文化、消费等传统行业，创新数字科技的业务和模式，形成新一代价值互联网络体系。

二　元宇宙基础设施建设现状

元宇宙，作为数字经济的一个新场景、新模式和新业态，需要安全、稳定、可靠的基础设施做支撑。总体而言，元宇宙的基础设施建设还在快速发展当中，但是已经初步成型，未来可以支撑丰富的元宇宙应用服务场景的落地。

（一）网络通信基础设施

网络通信基础设施，被视为元宇宙的"血液循环系统"，为元宇宙虚实交互的海量元素提供高速互联、实时互动的网络通信保障。

以 5G、千兆光网为代表的"双千兆"网络是当前元宇宙重要的通信基础设施，而以卫星互联网为代表的前沿通信技术，则是事关国家网络强国、航天强国战略实施的下一代元宇宙通信基础设施。因此，本节以 5G 和卫星互联网为代表，分析元宇宙通信基础设施建设的现状和特点。

5G 网络建设的深度、广度实现双突破，正在构建元宇宙的通信基础设施底座。根据《"十四五"信息通信行业发展规划》，到 2025 年，每万人拥有 5G 基站数将达 26 个，如果以 14 亿人口来折算，2020 年 5G 基站 60 万个，2023 年将达到 250 多万个，2025 年就是360 多万个[1]。元宇宙旨在打造一个庞大的虚实共生的世界，数以千万计的人在其中互动，这将对网络传输的高带宽、超低延时、超高可靠性和安全性提出更高要求。在元宇宙的智能网络技术中，5G/6G技术是为元宇宙提供流畅、实时的沉浸式交互体验的技术基石。正在快速发展的 5G/6G 通信网络，正在逐步成为元宇宙中在线游戏、社交网络、产业互联等场景的数字通信底座基础设施[3]。

卫星互联网建设提速，未来将和地面 5G/6G 网络相互补充、融合，构成下一代元宇宙通信基础设施的重要组成部分。近年来，国际相关标准组织正在制定卫星互联网与地面 5G/6G 网络的融合标准和模式。我国陆续出台多项相关产业政策和指导意见，国内相关机构也在积极探索，我国天地一体化信息网络正在跨越式发展。2020 年 4月，国家发改委首次明确将卫星互联网纳入通信网络基础设施"新基建"范围；2021 年，中国卫通联合中国信通院开展了 5G 体制信号在高通量卫星中的传输试验，验证了卫星与 5G 在通信体制方面融合的可能性；2021 年 7 月 25 日，中国信通院、北京邮电大学与银河航天等单位联合开展了我国首次低轨宽带卫星与 5G 专网融合试验；2022 年，全球低轨卫星互联网将进一步商用化，下一代中轨和高轨高通量卫星将集中登上历史舞台，中国卫通容量达百兆级的"中星26"也将在 2022 年底前后登台亮相。卫星互联网与地面互联网具有天然的互补性。未来，这种卫星互联网与 5G/6G 网络融合的应用模式，可以为偏远地区和极端条件下的元宇宙应用服务场景提供无线通信保障，空天地海一体化的信息网络将是下一代元宇宙通信基础设施的重要特征。

此外，物联网和工业互联网链接真实宇宙与虚拟宇宙，成为提升元宇宙沉浸感体验的关键桥梁，和 5G/6G 网络、卫星互联网、光纤通信、Wi-Fi 6 等技术融合，一起构成完整的元宇宙通信基础设施。

（二）算力基础设施

算力基础设施是元宇宙重要的基础设施，包括数据中心、智能计算中心、边缘计算和分布式存储。构成元宇宙的虚拟现实内容、数字人等应用都离不开算力基础设施的支撑，虽然元宇宙并不等于网络游戏，但是与网络游戏类似的是，元宇宙是一个联结了现实世界活动的虚拟世界，在算力基础设施上进行海量数据的存储、挖掘、分析与运算，实现了元宇宙虚拟内容的创作与体验。

算力的获得具有高投入、高风险、强外部性和高垄断特征，这决定了元宇宙算力的国际竞争是以大国和大企业为主的竞争。英伟达凭借在 GPU、AI 软件等领域的技术积累，快速布局元宇宙领域。2020年，公司首次推出 Omniverse，主要用于仿真领域，超过 17000 名客户进行了测试体验。2021 年，公司先后推出 Omniverse Enterprise 版本、Omniverse Avatar，致力于打造以 Omniverse 为平台的元宇宙生态。Meta 公司则认为，公司为元宇宙构建的体验需要巨大的计算能力。2022 年 1 月 25 日，Meta 公司表示其研究团队已经在打造新的人工智能超级电脑，它将是世界上最快的超级电脑。Meta 深知算力对于元宇宙的重要性，因此除了与 AMD 共建数据中心之外，也与英伟达等团队合作打造超级电脑。中国运营商也积极抢滩布局元宇宙算力基础设施。以中国移动为例，未来将以算力为中心、以网络为根基，打造网、云、数、智、安、边、端、链等多要素融合的新型信息基础设施，推动算力成为与水电一样的社会级服务[4]。

国内算力基础设施建设逐步呈现区域协同、绿色集约、安全可信的特点。国家发改委牵头联合多个部门正在全国推进"东数西算"工程，旨在加快数据中心绿色高素质发展，建设全国算力枢纽体系；其主要目的是布局全国一体化的算力网络国家枢纽节点，发展数据中心集群，引导数据中心集约化、数字化发展，以及提升跨区域算力调度水平[5]。因此，在"东数西算"工程等国家政策的驱动下，元宇宙的算力基础设施布局日趋优化。

元宇宙算力基础设施的发展，离不开边缘计算。元宇宙核心层能力的发展，关键在于底层技术的迭代更新，而边缘技术作为元宇宙算力核心技术之一，已成为元宇宙算力基础设施发展的重要臂膀。目前，超大规模数据中心、智能计算中心和分布式存储能力正下沉到边缘计算节点，边缘计算可根据数据处理能力、业务形态以及落地形态，构建不同细分品类，打造差异化算力网络。目前，中国边缘计算市场规模已超百亿元，以年复合增长率为 30.2% 进行测算，未来数年将持续高速增长，到 2026 年市场规模将达千亿元级别[6]。

（三）新技术基础设施

以云计算、区块链、人工智能、隐私计算等为代表的新技术基础设施，是元宇宙实现沉浸式体验和虚实交互、去中心化的开放式体验的核心技术，它们与网络通信基础设施和算力基础设施一起为元宇宙

的场景应用落地提供基础支撑。

云计算是元宇宙技术架构中底层核心科技的重要组成部分，通过提供软件定义的基础设施让元宇宙生态运作起来，向元宇宙用户交付服务器、存储空间、数据库等。根据彭博资讯分析，全球元宇宙市场将于 2024 年达到 8000 亿美元的规模。元宇宙中虚拟世界的运行离不开强大的运算能力，因此云计算会因为人们持续建设元宇宙而得到极大的发展。亚马逊、微软、阿里云、腾讯云、华为云等云计算厂商，均具有针对元宇宙的云解决方案。以亚马逊为例，在元宇宙方面，亚马逊更聚焦于技术底层的能力建设，形成了较为丰富的元宇宙开发工具矩阵。例如，亚马逊与 Meta、Epic games 等公司展开深度合作，为其提供云计算服务支持。Meta 使用亚马逊云科技的计算服务来加速 Meta AI 部门人工智能项目的研发工作。

区块链技术是打造元宇宙独立经济系统的核心技术。区块链技术具有不可篡改、可追溯、智能合约、去中心化等特征，可用于搭建元宇宙内部的经济系统。元宇宙之所以不是简单的类似游戏的虚拟世界，很重要的一个原因就是其具有独立的经济系统，每个人可以在元宇宙内有 1 个或者多个分布式身份，元宇宙内部产生的数字资产完全归个人所有、可以在虚拟世界内自由流通，并且这个经济系统也可以和现实世界的经济系统产生联动，区块链的技术特点能让这种想法真正落地。目前，在国内支撑元宇宙发展的安全、可信、合规的区块链基础设施逐步成型。人民网、光明网、百信银行、中国银联、中青宝、迅雷、科大讯飞等主流媒体、金融机构、上市公司纷纷进行了数字藏品（NFT）的探索与尝试，数字藏品市场持续火爆，标志着支持元宇宙的区块链技术已经发展到了数字藏品阶段。数字藏品也被喻为通往元宇宙的"门票"，受到大量巨头追捧和资金注入。

人工智能技术为元宇宙提供了强大的驱动力，为元宇宙的大量应用场景提供了支持。建立在云计算平台上，基于对大数据的充分挖掘而形成的智能支撑系统，将是未来元宇宙对实体经济赋能的强大动力[7]。

此外，数据安全与隐私保护技术也是元宇宙的新技术基础设施，正在快速发展之中。

三　元宇宙基础设施的发展趋势和挑战

（一）元宇宙的丰富终端体验对网络通信技术提出更高要求

元宇宙是构建在 VR/AR 眼镜基础上的新一代互联网形态。回顾互联网的发展历史，无论是 PC 还是手机，其屏幕均是二维显示和交互的，而 VR/AR 眼镜则具有三维显示和交互功能。当元宇宙的终端具备了上一代互联网接入终端不具备的优势的时候，元宇宙就会掀起一场新的互联网革命。

目前的互联网应用，满足了人类的消费、社交、娱乐和购物等需求，端到端带宽需求是在几十兆到几百兆之间，时延需求是几十毫秒到几百毫秒之间。如果交互时延低于 10 毫秒，人的感官一般是无感；交互时延超过 300 毫秒，人的感官就难以接受。目前的网络通信技术，基本上是端到端几十毫秒或者一二百毫秒的时延，所以可以很好地适应 PC 和智能手机时代的二维显示和交互需求。但是，构建在 VR/AR 眼镜基础上的元宇宙交互终端，需要 10 毫秒以内的交互时延，否则会出现头晕等不适的体验，这就对当前的网络通信技术提出了巨大的挑战。

包括"双千兆"网络在内，元宇宙网络通信基础设施的建设和完善还需要较长时间。未来，仍需稳步推进网络基础设施部署，夯实元宇宙应用发展底座支撑能力，以适应和满足元宇宙的丰富终端体验对网络通信技术提出的更高要求。

（二）元宇宙的基础设施建设面临数据安全和隐私保护的挑战

近年来，欧盟的 GDPR、中国的《数据安全法》和《个人信息保护法》等法律法规出台，明确要求数据使用过程中不能侵犯和泄露用户隐私。因此，为了实现多方数据要素的融合与价值流转，需要使用更加安全可信的方法，合法合规地实现数据要素的流通，既不允许数据离开本地，未经授权也不能使用个人数据。

元宇宙强调虚实互动，现实世界和虚拟世界有交互和联动。相对于传统互联网，元宇宙具有实时（real-time）、沉浸感（immersive）特征，收集和存储的个人、企业数据种类更多、维度更全面，也更敏感。例如，用户穿戴上智能可穿戴设备之后，个人细微的表情、眼睛动作等都会被捕捉到，用户还会用手势等动作控制虚拟空间中的社交、购物等行为，个人的数字藏品等数字资产也会在虚拟世界和现实世界直接交互和流动。这些数据不仅是实时同步的，而且是属于个人或企业的敏感信息，基于这些信息进行数据分析和挖掘，可以对个人或企业的特征进行精确的分析。因此，元宇宙的实时和沉浸感体验，带来了海量数据的存储、传输和价值流转场景，如何在保护数据安全和隐私的前提下，安全、可信、合规地实现元宇宙数据的共享流转，是元宇宙基础设施建设面临的挑战。

近年来，隐私计算技术的发展，正在试图破解元宇宙中海量数据保护与融合应用的难题。隐私计算是指多个参与方在保护数据本身不被泄露的前提下实现数据协作与分析计算的若干技术的集合。在隐私计算框架下，可以充分保护数据和隐私安全，实现数据要素价值的流转和释放，结合区块链等技术可以实现数据"可信可用不可见"的效果。通常认为，隐私计算包括联邦学习、安全多方计算、可信计算等多种技术路线；区块链融合隐私计算实现数据安全和隐私保护，也是目前元宇宙基础设施发展的一个重要趋势。

（三）碳中和背景下元宇宙需要更多可持续能源和储能基础设施

为保障元宇宙的长期稳定运作，充足的能源供应是必要条件之一。这是因为，元宇宙要创造堪比真实世界的平行世界，需要通过各类传感器和物联网设备实现对物理世界的模拟和仿真，几乎维持元宇宙运行的每一个设备都离不开能源的支持。

元宇宙基础设施能源消耗高。以5G基站为例，5G单站的功耗约为4G单站的2.5~3.5倍，且5G基站覆盖面积远小于4G基站，以4G基站3倍数量估算，5G基站耗电量将达4G基站的9倍。随着元宇宙的不断发展，各类数据的规模也将激增，从而推动更大规模的数据中心建设，这将给能源供应和"双碳"目标的达成带来巨大挑战。

"碳中和"是一场广泛而深刻的系统性社会经济变革。实现元宇宙产业发展碳中和目标，不但要靠政府决心，更要靠市场机制和技术进步，要走出一条符合中国国情的碳中和道路。一方面，能源产业各界要加强技术攻关合作，加强对清洁能源技术和分布式可再生能源系统的技术攻关，积极研发和探索元宇宙可持续发展的能源基础设施解决方案；另一方面，在无法实现清洁能源大规模稳定供给之前，政府部门应出台法律法规，约束元宇宙企业的不当能源消费，鼓励相关企业根据自身发展需求，以多种方式积极采购可再生能源，通过节能获取额外收益和奖励。

四　结论和展望

元宇宙的发展是一个动态演进、循序渐进的过程，不是一天或两天发生，而是要花很长时间慢慢去实现那个未来全新虚实融合的世界。因此，元宇宙基础设施的发展，同样还在持续演进之中。

本文虽然对元宇宙基础设施的概念、特征、现状、趋势和挑战做了一些梳理和研究，但是因为元宇宙基础设施涉及的技术体系庞杂，本文只能算是一个概览式总结。

当前，数字经济已经成为国民经济发展的重要组成部分，发展元宇宙产业是发展数字经济的重要内容。虽然元宇宙基础设施发展面临诸多挑战，但是元宇宙或将为数字经济带来新的发展机遇，我们应该将挑战转化为促进数字经济新一轮快速发展的驱动力，通过元宇宙基础设施相关技术的突破，使元宇宙产业成为数字经济的新引擎。

此外，在梳理元宇宙基础设施相关技术和产业体系的过程中，我们也发现元宇宙基础设施相关的技术规范标准尚不完善，在一定程度上阻碍了元宇宙基础设施的建设进程。与元宇宙基础设施技术标准相配套的人才培养体系也不健全，能对元宇宙基础设施建设进行系统规划和设计的人才缺乏。例如，大数据中心的建设标准尚不完善，运维管理能力相对滞后；许多地方政府盲目上项目，缺乏科学完整的规划，没有形成完整产业生态链条，机架租用率陷入低迷，无法带动产业发展。同时，随着元宇宙产业的快速发展，掌握数据中心、算力中心等元宇宙基础设施技术运维和业务治理的专业化人才越发匮乏。

因此，行业相关标准组织、元宇宙相关企业、高校和科研院所等单位，需要加强交流与合作，尽快制定和完善相关的技术和人才培养标准，逐步形成全国统一、协同、高效的元宇宙基础设施建设环境。

参考文献

［1］龚才春主编《中国元宇宙白皮书（2022）》。

［2］中国电子信息产业发展研究院、江苏省通信学会：《元宇宙产业链生态白皮书》，2022。

［3］ 工业和信息化部：《"十四五"信息通信行业发展规划》，2021。

［4］ 中国移动通信集团有限公司：《算力网络技术白皮书》，2022。

［5］ 国家发展改革委：《全国一体化大数据中心协同创新体系算力枢纽实施方案》，2021。

［6］ 边缘计算产业联盟、绿色计算产业联盟：《边缘计算IT基础设施白皮书》，2019。

［7］ 尚普研究院：《2022年全球人工智能产业研究报告》，2022。

B.8
数字孪生问题研究

陈袁　周训飞　王甦　吴萌　毛方元*

摘　要： 数字孪生技术作为推动数字化转型、促进数字经济发展的重要抓手，已建立了普遍适用的理论技术体系，并在产品设计制造、工程建设、城市管理等领域有较为深入的应用。本文梳理了数字孪生技术的发展现状，总结出目前数字孪生技术上的不足，包括数据获取、数据融合、信息安全和多系统交互上存在的问题，并针对这些不足分析整理了各行业现有的解决方案。

关键词： 元宇宙　数字孪生　实景三维

一　元宇宙与数字孪生

（一）元宇宙

元宇宙的基本概念是一个将物理现实与数字虚拟相结合的后现实世界，它通过多用户的实时动态交互实现用户间的无缝通信，在多用户平台之间提供一个社交型、网络化、沉浸式的互联网络[1]。现代信息技术的飞速发展使得现实世界与虚拟环境、数字对象的多感官交

---

* 陈袁、周训飞、王甦、吴萌、毛方元，丰图科技（深圳）有限公司。

互成为可能，这些技术的充分融合是实现元宇宙的基础。

目前，元宇宙的发展还处于初级阶段，如何利用图形、交互和可视化技术支持虚拟世界的视觉构建和以用户为中心的应用开发依然是元宇宙的核心技术问题之一。同时，元宇宙对应用程序实时交互性的需求使它对数据安全、存储和传输等底层信息技术提出了更高的要求。

现在普遍认为，在元宇宙中应用数字孪生的设计思想，可以为用户在基于元宇宙的数字世界中创造自然真实的环境和事物，使元宇宙更具有吸引力和用户友好性[2]。数字孪生技术有助于实现在虚拟世界中复刻真实世界的环境及社会关系，为在元宇宙中实现虚拟与现实的实时动态交互提供数据底座和运行基础。同时，元宇宙的发展对数字孪生技术提出了更高的要求，促进数字孪生技术不断完善。由此看来，数字孪生与元宇宙是相辅相成、互相促进的。

（二）数字孪生

数字孪生的概念源于 Michael Grieves 在 2003 年所做的关于产品生命周期管理的演示文稿，他提出数字孪生由三个部分组成：一个现实空间中的物理产品，该产品在虚拟空间中的虚拟表达，以及将虚拟和现实产品绑定在一起的数据和信息之间的连接[3]。

在接下来的 20 年中，数字孪生得到越来越广泛的传播，并且，随着各行各业对数字孪生兴趣和需求的快速增长，对数字孪生的理解也发生了不同程度的变化[4]。基于对现有的数字孪生的各种定义，Van Der Horn 和 Mahadevan 提出了数字孪生的普遍性解释：数字孪生是一个现实系统（及其相关的环境和过程）的虚拟再现，并通过在现实和虚拟系统之间的信息交换实现系统更新[5]。

近年来，得益于物联网、大数据、云计算、人工智能等新一代信息技术的发展，航空航天、智能制造、医药健康、电力能源、汽车、

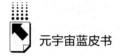

智慧城市、海事航运、矿业、农业、教育等行业对数字孪生开展了广泛研究并取得了初步成果[6]。其中，数字孪生城市是数字孪生概念在城市级范围的广泛应用，也是数字孪生技术发展最迅速、效益最突出、关联性最强的行业，并且数字孪生被认为是一种实现城市信息世界与物理世界交互融合的有效手段[7]。

二　数字孪生技术的问题与解决

数字孪生在商业化应用的道路上依然困难重重，想要突破现在的瓶颈，必须从数字孪生技术本身上找到突破口，以实现数字孪生在多行业、多领域的广泛应用。

（一）基础设施薄弱，云架构实现突破

人工智能和物联网技术是数字孪生的基础技术支撑，因此数字孪生面临的第一个重大挑战，也是人工智能和物联网的重大挑战，就是通用 IT 基础设施薄弱[8]。人工智能的快速发展需要以最新硬件和软件的形式来满足高性能基础设施的需求，以便正确高效地执行算法。然而，目前的 IT 基础设施面临高昂的系统安装和运行成本，如可以执行机器学习和深度学习算法的高性能图形处理单元（GPU）的成本高达数千美元。

将 GPU 的使用视为一种服务，通过云以成本价按需提供这种服务，可以在一定程度上缓解这个问题。目前，亚马逊、谷歌、微软和英伟达等都在提供类似的 GPU 按需服务。这种方式虽然打破了需求障碍，但基础设施薄弱和成本高昂的问题依然存在。并且，使用云进行数据分析和数字孪生的方式难以确保云基础设施能够提供强大的安全性以保证数据和应用的安全。另外，现有的更新的物联网基础设施提供了利用最新技术以及云中可用的应用程序和服务的机会，这样就

无须对现有系统和技术进行昂贵的更新，以节约开发数字孪生应用的成本。

（二）数据采集不规范，生产体系在完善

数字孪生的核心是模型和数据，而数据的数量和质量是数字孪生模型的基础。数字孪生需要对对象或系统的整体或局部进行建模，因而需要收集和合并各种类型的大数据，包括结构化、半结构化以及非结构化的数据[9]。目前，能够进行快速网络连接、拥有物联网和传感器技术的数字基础设施已经到处都是，它们已经能够从现实世界的实体收集实时数据，尤其是在数字孪生城市领域，通过摄像头、感知设备等，二、三维空间数据以及城市运行的各类业务数据每天都在数以亿级地增长着。但是数据采集的过程中常常存在以下问题：多维度、多尺度数据采集的一致性较难实现；数据的准确性不能保障；通信接口协议及相关数据标准不统一；海量数据的存储与处理能力欠缺。

随着数字孪生城市从概念培育逐步走向建设实施，其各项支撑技术日渐成熟，数据采集生产体系也日益完善。由于数字孪生城市需要海量城市数据资源的支撑，单家企业难以完成整条数据生产链的建设，因此市场上形成了多家企业合力的局面，通过聚合各企业在数据采集、处理、分析等方面的优势，以倾斜摄影和激光点云方式为主获取城市空间数据，共同完善城市实景三维数据生产体系，促进城市基础设施数字化以及动态数据的应用。例如，丰图科技与华正科技达成战略合作，由华正公司进行倾斜摄影的航飞和普修工作，而丰图科技则利用其在空间数据处理和分析上的独特优势，通过对倾斜模型的精修和超精修来完善整条数据生产工艺链，以支撑城市实景三维的建设，构建数字孪生城市的数据基座。

（三）数据分散难融合，统一地址做纽带

数字孪生需要将物理空间的所有数据和信息进行数字化表达，形成统一的数据载体，并实现数据挖掘分析和决策。这些数据涉及空间模型、互联网信息、物联网实时感知、专业知识、音频、视频、文本等，如何将这些多源异构数据进行集成、融合和统一管理，是数字孪生首要解决的问题之一。

目前以丰图科技为典型的时空大数据运营公司已经开发了成熟的多源异构数据融合平台。其理念在于：以标准地址为纽带，实现城市各类业务数据与地址的关联，根据不同的城市业务主题对多源异构数据进行数据融合入块，并基于语义化实景三维模型，将业务主题块数据与三维地理实体进行关联融合，实现各主题块数据落图，最终完成城市多源异构数据的深度融合，为城市规划、建设与管理的各个领域提供统一的数据基座。

（四）数据安全难保障，主动防御来加强

数字孪生技术实现了虚拟空间与物理空间的深度交互与融合，其连接关系都是建立在网络数据传输的基础之上，因此，数字孪生不可避免地面临一系列网络安全挑战，当前挑战主要在数据传输与数据存储方面。在数据传输过程中，存在数据丢失和网络攻击等问题；在数据存储过程中，数字孪生系统在应用过程中会产生和存储海量的生产管理数据、生产操作数据和工厂外部数据等，这些数据可以通过云端、生产终端和服务器等方式存储，任何一个存储形式的安全问题都可能引发数据泄密风险。

当前数字孪生信息安全技术的研究重点集中在：①ICS 和 IIoT 系统的安全评估、防御与保护；②CPS 和数字孪生的网络安全和数据安全、攻击检测与识别、安全测试与监视。

目前已有研究提出构建基于仿生的数字孪生系统信息安全主动防御框架，该框架以数字孪生安全大脑为核心，运用五类关键技术：基于云边协同的安全数据交互及协同防御技术；仿生的平行数字孪生系统主动防御技术；仿生的平行数字孪生系统安全态势感知技术；基于免疫系统的数字孪生系统主动防控技术；基于 AI 的数字孪生系统的反攻击智能识别技术[10]。该框架能够推动工业信息安全防御模式从静态的被动防御向主动防御转变，缓解安全专家严重不足与陡增的信息安全需求之间的矛盾。

（五）数据共享难实现，安全及时区块链

随着数字孪生技术的快速发展，无论是在设备还是在城市的生命周期中，均产生了大量的数字孪生数据，在数字孪生项目的建设实施过程中，缺乏数据安全性和设备利益相关者之间的信任而导致的大数据共享问题，极大地限制了数据的使用价值。

将区块链技术引入数字孪生领域是解决该问题的一种新颖的方法。然而，随着数字孪生大数据指数级的增长和及时共享要求的提升，以前的共享架构越来越难以为继，于是一种基于区块链的数字孪生大数据安全共享框架被提出[11]。通过该框架，数字孪生大数据可以实现每秒多次安全共享，既提高了数据的安全性，又满足了数据及时共享的需求。

（六）系统众多难交互，生态共融产业树

数字孪生的多系统特性既反映在物理空间，也反映在虚拟空间，在数据、模型和交互各环节均有表达。数字孪生融合物理世界与数字世界，是一个多维系统的融合。据不完全统计，制造业现在的设备数字化率约为47%，局域联网率只有40%，可接入公网的只有20%左右，底层 OT 跟 IT 的融合仍然是极其核心的基础性问题。企业管理及

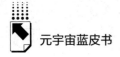

其架构也是制约因素。企业内部业务的全面集成管控水平不高，跨企业协同难度较大，上云以后无法进行资源综合优化配置，进一步制约了数字孪生技术的深入应用。系统无法连接体现在数据采集、数据传输、模型构建、模型交互的各个环节。

围绕城市数字孪生建设，跨行业协作、生态共融已成为必然趋势，数据融合、技术融合和业务融合推动数字孪生城市产业链上下游的多元主体在竞争中发展出共生关系。城市数字孪生以推进城市精细化治理为总体目标，融合社会各方的制度力量、技术力量、人才力量，通过政府、企业、社会合作，共同构建数字孪生产业联盟，打造集约化平台，形成可复制的智慧城市一体化解决方案，培育数字孪生生态圈。一般而言，政府搭建开放合作平台，各大 ICT 企业及互联网巨头主导生态建设，空间信息、BIM 模型、模拟仿真、人工智能等各环节技术服务企业积极参与，同时，运营商、技术提供商、集成商、设备供应商等产业链上下游企业及其他行业伙伴联合打造数字孪生城市场景应用，初步形成共建数字孪生城市底座与开放能力平台的生态化发展模式，用技术进步带动科技产业发展，推动整个社会参与数字孪生下的城市治理，服务数字经济发展。

三 数字孪生的展望

数字孪生的当前工作在于突破数字孪生基础理论及关键核心技术瓶颈，以算法为核心，以数据和硬件为基础，以大规模知识库、模型库、算法库的构建与应用为导向，实施重大关键技术攻关工程，制定数字孪生共性技术开发路线图，重点提升数字孪生关键技术，形成开放兼容、稳定成熟的技术体系。

同时，数字孪生相关的各个行业、各个领域都应开放心态、共享成果，基于自有独立的解决方案提取出适用于其他行业的共性解决方案，从而推动数字孪生在智能制造、智慧城市、智慧交通、智慧能源、智慧建筑、智慧健康等领域的持续健康发展。

除了应对当前与数字孪生相关的挑战，还需要拓宽我们的视野并确定数字孪生作为一种新兴信息技术在未来可能面临或产生的问题。数字孪生技术与增强现实、虚拟现实、混合现实、增材制造、3D 打印等其他技术相结合，将为新的应用打开大门，释放真正的技术潜力，从而为元宇宙的实现提供基础技术支撑，助力各行各业以及政府管理的数字化转型，推动新信息时代的改革。

参考文献

［1］ Mystakidis, S. ,"Metaverse", *Encyclopedia*, 2022, 2 (1): 486-497.

［2］ Far, S. B. , Rad, A. I. , "Applying Digital Twins in Metaverse: User Interface, Security and Privacy Challenges", *Journal of Metaverse*, 2022, 2 (1): 8-16.

［3］ Grieves, M.,"Digital Twin: Manufacturing Excellence through Virtual Factory Replication", *White Paper*, 2014, 1: 1-7.

［4］ Liu, M. , Fang, S. , Dong, H. , Xu, C. , "Review of Digital Twin about Concepts, Technologies, and Industrial Applications", *Journal of Manufacturing Systems*, 2021, 58: 346-361.

［5］ Van Der Horn, E. , Mahadevan, S. , "Digital Twin: Generalization, Characterization and Implementation", *Decision Support Systems*, 2021, 145: 113524.

［6］ Singh, M. , Srivastava, R. , Fuenmayor, E. , Kuts, V. , Qiao, Y. , Murray, N. , Devine, D. , "Applications of Digital Twin across Industries: A Review", *Applied Sciences*, 2022, 12 (11): 5727.

［7］ Deren, L. , Wenbo, Y. , Zhenfeng, S. , "Smart City based on Digital Twins", *Computational Urban Science*, 2021, 1 (1): 1-11.

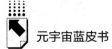
［8］ Fuller, A., Fan, Z., Day, C., Barlow, C.,"Digital Twin: Enabling Technologies, Challenges and Open Research", *IEEE Access*, 2020, 8: 108952-108971.

［9］ Boje, C., Guerriero, A., Kubicki, S., Rezgui, Y.,"Towards a Semantic Construction Digital Twin: Directions for Future Research", *Automation in Construction*, 2020, 114: 103179.

［10］李琳利、顾复、李浩、顾新建、罗国富、武志强、刚轶金：《仿生视角的数字孪生系统信息安全框架及技术》,《浙江大学学报》（工学版）2022 年第 3 期。

［11］ Shen, W., Hu, T., Zhang, C., Ma, S.,"Secure Sharing of Big Digital Twin Data for Smart Manufacturing based on Blockchain", *Journal of Manufacturing Systems*, 2021, 61: 338-350.

B.9
区块链技术在元宇宙发展中的应用

张小军 *

摘　要： 2021 年是元宇宙元年，区块链成为元宇宙发展的关键技术之一。本文主要研究区块链为何成为元宇宙发展的底层技术基础设施，同时探讨区块链与元宇宙的关系，以及区块链在哪些方面支撑元宇宙的发展。

关键词： 沉浸感　HMI　HCI　分布式数字身份

元宇宙在 2021 年悄然来临，2021 年被业界定位为元宇宙元年。随着信息技术的发展，分布式思维正在快速成为新的商业思维，元宇宙时代正在逐步到来。

一　元宇宙与区块链的关系

从元宇宙概念中我们看到元宇宙总体上可以被看作当前应用场景的延伸，在传统物理世界存在的同时，建立与之平行、相互影响的在线虚拟世界，同时引入 Web 3.0 作为互联网下一个阶段的发展方向。人们可以在元宇宙的虚拟环境中工作、生活，形成跟物理世界一致的，具备完整的经济、社交的社会系统。因此，元宇宙就是基于现实

---

* 张小军，华为技术有限公司。

世界的虚拟空间，在虚拟世界中搭建社交、生活甚至经济系统，实现现实世界和虚拟世界的融合的体系。

（一）元宇宙元年

从整体技术发展来看，元宇宙具有以下四个要素：社交、商务、虚拟世界、去中心化技术。在这四个要素中，社交、商务和虚拟世界需要5G、AI、视频等技术的依托，而这些技术在2020年前基本准备完成，我们熟知的移动互联网所催生的微博等社交媒体，京东和淘宝的商务模型，AR、VR以及XR的虚拟影像应用，都为元宇宙做好了前期的技术准备，而元宇宙四个要素中的关键要素是去中心化技术，这就是我们熟知的区块链技术。众所周知，区块链是一个利用现代密码学、分布式账本、智能合约以及共识算法等多种技术形成的组合性技术模式。区块链技术依托其透明性、防篡改性、可追溯性等特点，有可有效保障交易或数据的真实性。依据比特币的发展特性，2018年区块链技术逐渐进入2B和2G行业，逐渐趋向于实体经济应用发展，同时区块链技术也在从单链向多链协同性发展演进。2020年以后，区块链技术着重发展隐私计算技术和跨链技术。隐私计算技术主要是为了解决隐私保护问题，而跨链技术主要是为了避免区块链的单链孤立，打通链与链的"孤岛"，实现业务间的可信互通。由此可以看出，区块链技术的逐步完善，不仅可实现现实世界数据的可信互联互通，同时也能满足虚拟世界的数据互通诉求。区块链技术的成熟成为元宇宙发展的推动力，因此2021年被称为元宇宙元年。

（二）元宇宙的主要要素与区块链的关系

微软CEO萨提亚·纳德拉（Satya Nadella）认为，"元宇宙是随着数字和物理世界的融合而产生的基础设施堆栈的新层，是数字孪生、物联网和混合现实的结合"。扎克伯格认为，"元宇宙可被视为一个实体互联网，你不仅可以在其中查看内容，还可以置身其中，这大概会是一种混合环境，它包含我们当今看到的社交平台，却可以让我们以具象化的方式置身其中"。Roblox 在其招股书中对元宇宙提出八大要素，如图 1 所示。

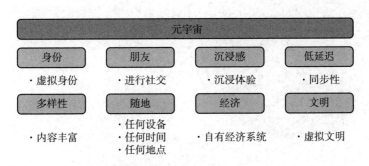

图 1　Roblox 提出的元宇宙八大要素

Roblox 列出的元宇宙八大要素，可以归类为"1+5+2"。1 代表基础要求，核心是身份；5 代表应用要求，通过朋友、沉浸感、多样性、经济、文明，形成元宇宙的主要应用方面；2 代表其他技术支撑，包括低延迟和随地两个维度。不难看出，区块链成为元宇宙的基础，一个可信身份的基础，以及一个数据可信共享的基础。

二　区块链技术在元宇宙中的价值

元宇宙需要打破单个价值体的封闭性，而数据的安全可信成为元宇宙后期发展的关键，区块链技术成为元宇宙底层关键技术。

（一）元宇宙的生态系统

美国社交和移动游戏开发商 Disruptor Beam 的创始人兼 CEO Jon Radoff 将元宇宙生态系统分为七层，如图 2 所示。

基础设施层：支撑元宇宙运行系统，涵盖 5G、Wi-Fi、6G 等多

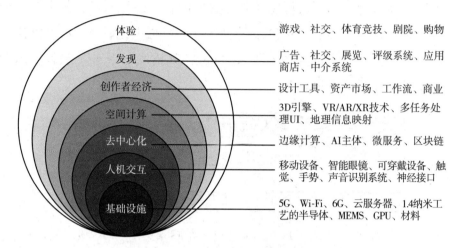

体验 —————— 游戏、社交、体育竞技、剧院、购物

发现 —————— 广告、社交、展览、评级系统、应用商店、中介系统

创作者经济 —————— 设计工具、资产市场、工作流、商业

空间计算 —————— 3D引擎、VR/AR/XR技术、多任务处理UI、地理信息映射

去中心化 —————— 边缘计算、AI主体、微服务、区块链

人机交互 —————— 移动设备、智能眼镜、可穿戴设备、触觉、手势、声音识别系统、神经接口

基础设施 —————— 5G、Wi-Fi、6G、云服务器、1.4纳米工艺的半导体、MEMS、GPU、材料

图 2　元宇宙七层产业链

类型系统设施，为元宇宙的海量元素提供互联及交互的保障。其中5G、Wi-Fi、6G为元宇宙建设提供低延时的带宽保障，1.4纳米工艺的半导体和材料提供硬件能力，成为元宇宙的硬件支撑。

人机交互层：作为访问虚拟世界入口的硬件设备。这里的人机交互不是 Human-Machine Interaction（HMI），而是 Human-Computer Interaction（HCI）。

去中心化层：围绕区块链技术，搭建分布式结构。区块链技术是元宇宙运行的核心技术，并且重塑了元宇宙内部的经济系统。防篡改、可追溯、透明性作为区块链的基本特征，有效助力元宇宙内部经济系统的搭建和运行。

空间计算层：包括 3D 引擎、VR/AR/XR 技术等，作为元宇宙应用中大规模的数据要素挖掘、分析、应用的算力底座，依托 IDC（数据中心）、算力中心实现对 3D、VR/AR/XR 等的支撑。

创作者经济层：主要为内容创作平台和工具，包括设计工具、资产市场、工作流等。

发现层：包括广告、社交等。元宇宙中的交互方式包括语音交互、手势交互等，但单一交互方式只可实现部分沉浸，多模态融合交互方式才能保障全场景交互体验。多模态融合交互的核心是将物理人投射到元宇宙中，从而实现虚拟化的感官交互，增强交互体验，为元宇宙全场景落地提供技术基础。

体验层：主要为游戏、社交等。用户的角色在发生变化，从原有的消费者变成内容创作者。同时内容将不再是简单地由人们"创作"而成，而是会基于他们的互动行为形成"飞轮效应"，内容自身将引发更多内容。

（二）区块链作为元宇宙下虚实结合的桥梁

如图 3 所示，众所周知，区块链技术的优势在于对数据的确权能力。区块链技术在现实世界以数据要素为基础，围绕数据要素的可信流转，在医疗健康、政务服务、智慧金融、数字身份、智能物流、智能制造等领域逐步开展应用，区块链在现实世界的应用方向是明确的，目标是清晰的，区块链服务 2B 和 2G 行业的应用价值也获得了认可。虚拟世界相比于现实世界的最大问题就是身份的确权问题。在现实世界，我们可以通过身份证、户口本、护照等唯一身份信息对人的身份进行界定，而对于物则通过信息码进行唯一确权。在虚拟世界，无论是人还是物，前期并没有唯一性，在虚拟世界我们可以拥有十个、百个甚至千个不同的身份，从而导致虚拟世界的身份或标识混乱、信息打通难的问题。

区块链在虚拟世界中重点围绕两点展开应用：其一，基于区块链分布式数字身份，重构虚拟世界的身份信息，实现虚拟身份归一，将虚拟世界的身份信息与现实世界的身份信息进行打通；其二，利用区块链防篡改、可追溯的特性，实现交易的真实性，将虚拟世界的经济账户与现实世界中的经济账户进行对接，从而盘活虚拟世界中的

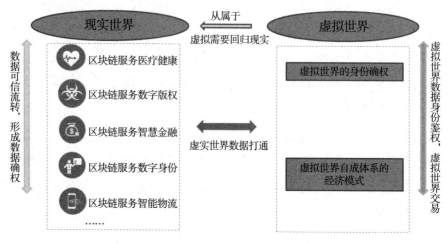

图3 区块链作为元宇宙下现实世界与虚拟世界的桥梁

经济。

总的来说，虚拟要回归现实，数据信息的安全可信是根本，依托区块链技术不仅可实现现实世界和虚拟世界两个平行世界内数据的可信和共享，同时也可实现两个世界数据信息的互通，形成虚实结合的元宇宙架构。

（三）元宇宙下对区块链的技术要求

1. 区块链分布式数字身份解决元宇宙身份确权问题

中心化身份的数据由单一的主体负责生成、控制、管理和维护，如我们熟悉的支付宝、微信等账号。显然，中心化身份的使用权由中心主体和用户共同享有，但身份的生成权、解释权、存储权都集中在身份提供商，由此带来了身份不自主可控、隐私泄漏、可移植性差、互操作性差等一系列问题。分布式身份系统不依赖于中心身份提供商，真正具备了自主可控性、安全性、自解释性、可移植性、互操作性。在分布式场景下，每个用户被赋予了自主控制并使用数字身份的能力，并针对身份数据等敏感信息进行隐私保护。

分布式身份的技术架构包括分布式账本、标准的 DID 协议、标准的可验证凭证协议和以此构建的应用生态。

如图 4 所示，系统主要有三类实体，包括签发者、持有者和验证者，其中每个实体都可以是设备、应用、个人或者组织。

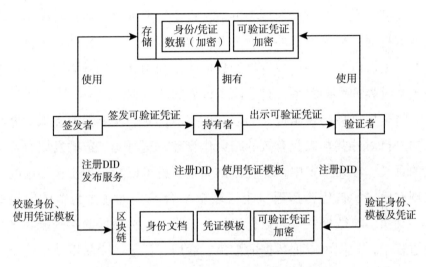

图 4　DID 系统基本运转流程和使用方式

首先，各实体通过简单的密码学工具或者 DID SDK 生成完全由自己控制的身份文档，并发布到区块链上完成身份的注册。DID 文档中还可以包含其所能提供的服务信息，以支持企业用户多样的应用场景。例如，签发者可以是高校，在其身份文档中可以发布电子学历认证服务。

其次，具备基础的身份标识之后，可以通过可验证凭证架设起身份与身份之间的认证体系。凭证的模板会由相关主体注册发布到区块链上，并持续维护。接着，持有者便可以向签发者发起认证申请，获得凭证后组合加工出示给验证者完成校验。例如，小为（持有者）

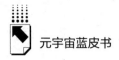

需要向企业（验证者）发布的工作岗位发起申请，职位要求申请者具备本科学历。小为可以将从高校申请到的凭证出示给企业完成职位申请。

最后，可以基于 DID 体系完成上层应用的构建。用户之间无须有信任关系，利用凭证开展业务。

2. 构建元宇宙下的区块链共享平台，解决虚实世界的信息互通问题

元宇宙在数据方面的核心诉求，是把虚拟世界的数据与现实世界的数据打通。从区块链的角度来看，需要构建两条链，即一条物理世界的数据链以及一条虚拟世界的数据链，利用这两条链实现虚拟世界与现实世界的跨链关系，打通两个世界间的数据。

将虚拟世界与现实世界的数据连接后，我们才能够对虚拟世界的数据进行对外共享以及有效的归集化管理，这对元宇宙的发展有着重大的意义。在元宇宙中，实现数据共享，也可以套用现实世界中的一些现有模式。首先，搭建一个区块链平台，并将它作为整体数据共享；其次，将数据共享与数据确权合二为一。在数据的端到端共享交换过程中，我们可以把数据的汇集、通用、记录、交易以及审核全部置于区块链中，而真正的数据交换则会在单独的大数据交换平台进行，这样虚拟世界与现实世界的数据便能够由割裂关系变为打通关系，这对于元宇宙的发展有着很大的意义。元宇宙区块链数据共享框架模型如图 5 所示。

3. 高弹性的区块链网络解决元宇宙的网络稳定性问题

元宇宙面临数据量大且时延低的诉求，这对区块链网络提出了很高的要求。我们知道网络是区块链进行数据流转过程中的一个必需点，它的时延和抖动将会影响区块链的出块效率。

同时，网络要具备内生安全性，将区块链的链上安全与网络安全相结合，形成链网一体的安全模式（见图 6）。

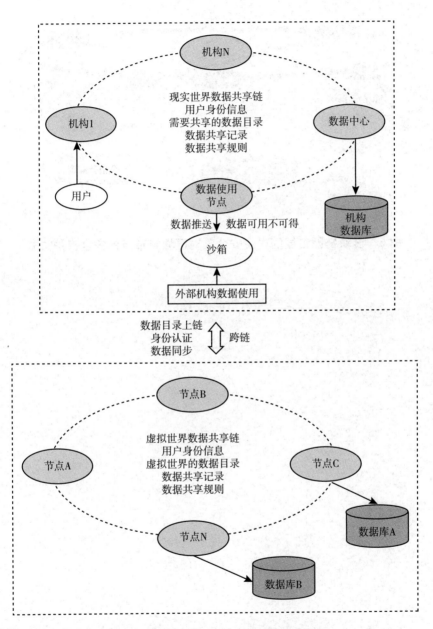

图 5 元宇宙区块链数据共享框架模型

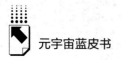

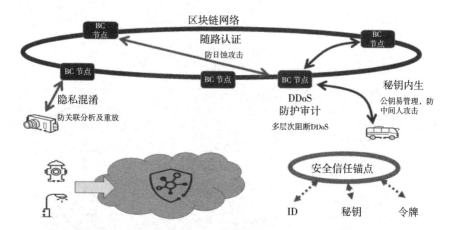

图6　区块链网络层的内生安全性对区块链节点的安全保护方式

隐私计算与元宇宙结合的应用

梁 栋*

摘 要: 元宇宙是未来虚拟世界和现实社会交互的重要平台,是数字经济新的表现形态,潜力巨大。保护用户隐私和数据安全是元宇宙产业健康发展的重要前提条件,为此,元宇宙平台应实现三个基本要求:数据的全生命周期安全可信;用户有能力自主控制数据;支持各方进行分布式协同治理。为实现上述三大基本要求,以隐私计算为代表的安全保障技术体系是元宇宙的重要基础,构成元宇宙隐私保护的关键技术路径。元宇宙所涉及的技术体系可以用"BIGANT"概括:"B"指区块链技术(Blockchain),包含加密算法、共识机制、智能合约、去中心化存储等;"I"指交互技术(Interactivity),包含 XR、全息影像、人机交互等;"G"指电子游戏技术(Game),包含游戏引擎、3D 建模、实时渲染等;"A"指人工智能技术(Artificial Intelligence),包含机器学习、自然语言处理、AI 代理等;"N"指网络及运算技术(Network),包含5G/6G 网络、云计算、边缘计算等;"T"指物联网技术(Internet of Things),包含各类传感器技术。本文将从隐私保护交易、隐私保护应用、隐私保护建模、隐私计算网络、隐私边缘计算五个方面对隐私计算与元宇宙结合的应

---

* 梁栋,北京原语科技有限公司。

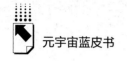
用和前景进行阐述。

关键词： 元宇宙　隐私计算　区块链

一　与区块链技术结合的隐私保护交易

（一）区块链技术在元宇宙中的核心作用

在元宇宙内，用户的身份、资产、行为等数据都要求自主掌握而不是寄存于某个中心化平台。元宇宙中每个用户都需要有虚拟身份，用户之间匿名交流，同时元宇宙中广泛分布着数字产品而非现实世界中的实际产品。最重要的是，在元宇宙中，实现交易的基础是存在货币体系，货币相当于交易的中介。因此，元宇宙中用户与用户、用户与机构之间构成了多层次、多样化的分布式网络。为可靠地在这个网络里完成虚拟身份认证、数字资产交易、数据安全分享等行为，区块链就有了天然的用武之地。

区块链的基本形式是多节点共同组网、共同维护数据，天然地构建了多中心的协作模式。所有节点共享透明和无法篡改的信息，不依赖于某个中介，通过共识规则和智能合约集体维护系统的运转，链上的多种通证手段有助于激励用户积极参与。而且，基于密码学技术，用户身份得到了有效的保护，数据一旦上链后就极难篡改，从而实现可靠的存证和数据确权，数据的后续流转过程也能全程留痕、可追踪。

（二）隐私计算实现元宇宙的隐私保护交易

人类在元宇宙这个虚拟空间的所有个体信息都是以数字形态而存

在的，用户个体信息数据在本质上也是个人权利的重要组成部分。在由传统游戏公司打造的中心化游戏虚拟空间中，个人的虚拟财产尚未在真正意义上属于个人，游戏公司甚至对用户的虚拟财产拥有绝对处置权。在元宇宙中，所有的虚拟元素或产品都需要通过区块链技术资产化，一般称之为 NFT（Non-Fungible Token，非同质化代币）技术，NFT 可以实现产品的确权、验真、保存等功能，具有不可分割、不可替代、独一无二等特点，可以确保每个虚拟的数字产品都是唯一的且有明确归属权。元宇宙若要存续和发展，个人在虚拟空间的财产权利也必须得到确立和保护，元宇宙必须以可信的方式承载每个人的社交身份和资产权益。

隐私计算与区块链相互融合、相互补充，可以为元宇宙中的可信交易提供保障。一方面，隐私计算可以保证数据在"计算"环节的安全可靠，数据全流程的其他环节（数据确权、源头追溯、过程记录）需要区块链来保证可靠性，因此区块链成为隐私计算所需数据的"底座"，不仅能成为数据存储的可靠账本，还能记录和追溯多方协作中的数据集和数据流通过程，以便于各方评估和衡量在协作中的贡献；另一方面，在某些数据存在多级别的敏感性和重要性的应用场景中，区块链的解决方法会显得比较"笨重"，而隐私计算则比较合适。在区块链建构的资产交易场景中，机构不希望自己的经营信息和用户信息在链上公开，不同的信息都有不同的秘密程度。但链上交易和成块需要"打包"节点核验，核验的过程可能会泄露信息。为此，传统的做法是依靠某个权威机构来维护全账本，而普通机构、普通用户则分层分片加入区块链，区分权限，但这样系统会比较复杂。引入隐私计算后，链上数据的保密性增强，可选择性披露让信息泄露风险最小化。这样系统就不必那么复杂，不一定需要中心化权威机构，符合元宇宙自主控制隐私数据的要求。

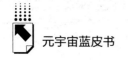

二 与交互技术、电子游戏技术结合的隐私保护应用

（一）交互技术在元宇宙中的基础作用

交互技术是人们进入元宇宙的入口技术，直接影响我们进入元宇宙后的体验。目前的主流交互设备以虚拟现实眼镜、头盔显示、脑机接口等为主。理想的元宇宙交互技术是人置身于虚拟世界中，可以如现实世界中一般和各种物品自然交互，当前被广泛研究的交互技术有虚拟现实技术（VR）、增强现实技术（AR）、混合现实技术（MR）、全息影像技术、脑机交互技术、传感技术等。为方便接入元宇宙，还需要场景端设备的辅助，主要包括无线定位技术、定位定姿技术等。有了交互技术的支撑，人们才能真的通向元宇宙，获得沉浸式的体验，交互技术的不足是影响当前元宇宙参与感、体验感的最严重的瓶颈。

（二）电子游戏技术在元宇宙中的基础作用

电子游戏技术既包括与游戏引擎相关的 3D 建模和实时渲染，也包括与数字孪生相关的 3D 引擎和仿真技术。前者是虚拟世界大开发解放大众生产力的关键性技术，只有把复杂的 3D 技术的门槛降低到普罗大众都能操作的程度，才能实现元宇宙创作者经济的大繁荣。后者是物理世界虚拟化、数字化的关键工具，同样需要大幅把门槛降低到普通民众都能操作的程度，才能极大加速真实世界数字化的进程。其中最大的技术门槛在于仿真技术，即必须让数字孪生后的事物遵守物理定律。

（三）隐私计算实现元宇宙的隐私保护应用

元宇宙社区群组、元宇宙即时通信等应用为用户带来全新的社交感受，社交场景将更加丰富，社交入口也将更为多元化。用户能够依据自身需求，定制虚拟与实体形象，情感和行为体验更为丰富，获得数字归属感。用户可以选择进入不同的元宇宙场景，体验不同的人生，与古今中外不同领域的人社交。

真假难辨的沉浸式体验是元宇宙的核心特征，人们能够在真实世界和虚拟世界中交替穿梭，这同时带来了严重的隐私保护问题。一项调查强调了人们是如何关注元宇宙对隐私的影响的。在被调查者中，50%的人担心用户身份问题，47%的人担心用户可能要经历强制监控，45%的人担心个人信息可能被滥用。元宇宙可能影响用户数据隐私的一些方式如下。

①钓鱼网站的攻击。这些攻击可能是以恶意合同的形式出现，旨在窃取用户信息。

②脆弱的交互设备成为恶意软件入侵和数据泄露的门户。

③缺乏保护用户身份的法律文件。虚拟化身的使用产生了虚拟身份的概念，黑客可以轻易将其窃取，广告商将通过收集个人数据的虚拟化身来收集用户信息。

④由于元宇宙将模仿现实，它很可能会收集大量的个人信息，包括脑电波、生物识别数据、健康信息、偏好等。

因此，在强烈依赖个人信息的应用场景下，引入隐私计算技术体系来保护元宇宙中的用户隐私非常有必要。元宇宙中的应用大多需要有一个账户，出于自主控制隐私数据的基本要求，可通过隐私计算的分布式身份技术进行体系化的编码，实现对用户身份的唯一表示，用户可以通过一个自主管理的数字"身份"来统合多个应用的账户。同时利用密码学要素，通过引入私钥、公钥等方式，将用户信息数据的使用权与所有

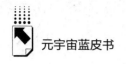

权相分离，从而将用户数字身份完全交由自己进行控制和管理。用户能凭借这个数字身份在不同场景里切换，身份所对应的数据则存储于区块链等分布式存储基础设施上。用户通过数字身份来统一、自主地管理自己在不同场景中产生的行为和资产数据，不必将控制权交给其他机构。只有用户授权，其他机构才能去查验身份所对应的数据。

三 与人工智能技术结合的隐私保护建模

（一）人工智能技术在元宇宙中的关键作用

作为囊括现今几乎所有数字技术的终极产物，元宇宙概念实现的基点便是高度发达的数字交互技术与人工智能技术。人工智能技术在元宇宙的各个层面、各种应用、各个场景下无处不在，元宇宙需要大量人工智能技术来实现基础的交互与管理，这为人工智能提供了更加广阔的发展空间和更加丰富的技术维度。随着元宇宙的逐步发展壮大，用户对数字内容的消费和交互的需求不断提高，如果没有人工智能的协助，这些需求很难被高效地满足。在内容生产方面，人工智能为元宇宙自动生成不重复的海量内容，大幅缩短了构建元宇宙的周期，节省了人力，实现了元宇宙的自发性生长。在内容呈现方面，人工智能驱动的数字虚拟人 NPC 将元宇宙的内容有组织地呈现给用户，这被称为"人工智能生成内容"。

（二）隐私计算实现元宇宙的隐私保护建模

与现实世界一样，在元宇宙中，用户的数据仍然需要被保护，同时也需要满足模型的建立和使用需求。隐私计算可以让多方更可靠地互相协同，分享数据价值。根据实际用途不同，具体技术路线包括安全多方计算（Secure Multi-party Computation）、联邦学习（Federated

Learning）、可信计算（Confidential Computation）等。

安全多方计算是利用密码学和分布式技术让多方交互来检验或计算数据，但不披露数据明文信息；联邦学习是指对分布在多个机构的数据在不出库的情况下进行联合机器学习、建模和预测；可信计算是指把数据放在具有防护能力的硬件环境中隔离计算，以保证数据安全。隐私计算可以在分析计算数据的过程中保持数据不透明、不泄露、无法被计算方以及其他非授权方获取。这样，拥有独特数据的各个参与方能够以数据不出本地或加密传递的新颖形式分享"价值"、"知识"和"信息"而不是原始数据，做到数据"可用不可见"。由此，潜在的数据价值被挖掘释放，但又不损害数据所有者的权益和隐私权。元宇宙的分布式协同治理离不开多方之间共享数据，同时又要保证所分享数据的安全，这就无法离开隐私计算。

以联邦学习为例，联邦学习是一种区别于传统的集中化学习的机器学习算法。联邦学习的长期目标是：在不暴露数据的情况下，分析和学习多个数据拥有者（客户端或者独立的设备）的数据。它不需要预先采集用户数据，汇总之后再进行分析，而可以把程序派到本地，直接返回学习的结果。分析者只需要将这些返回的结果汇总，就可以得到最终的分析结论。在元宇宙中，各方的数据都有唯一标识，作为数字资产存在，想要统一收集将比现实世界中更加困难，而联邦学习则可以突破这个瓶颈，安全地共享和使用数据，并且可以打破"数据孤岛"，为元宇宙中的价值释放提供更多的渠道和方式。

四　与网络及运算技术结合的隐私计算网络

（一）网络及运算技术在元宇宙中的架构作用

元宇宙要求高同步、低延时，使用户获得实时、流畅的完美体验，这离不开网络及运算技术的支持。VR 设备的一大难题是传输延时造成的眩晕感，其指标为转动头部到转动画面的延迟，网络传输速率的提升能有效缩短延时并降低眩晕感。此外，边缘计算常被认为是元宇宙的关键基础设施，在数据源头附近启用开放平台，就近直接提供最近端的服务，可帮助终端用户补足本地算力，提升处理效率，尽可能降低网络延迟和网络拥堵风险。云计算作为分布式计算的一种，其强大的计算能力有望支撑大量用户同时在线。

（二）隐私计算实现元宇宙的隐私计算网络

元宇宙中的网络被认为应该是去中心化的数据共享和隐私计算基础网络，连接数据所有者、数据使用者、算法开发者和算力提供者。基于区块链构建的隐私计算网络在保证数据可信的基础上，可以实现数据安全、合规、合理、有效的使用，主要体现在三个方面：第一，区块链可以保障隐私计算任务数据端到端的隐私性；第二，区块链可以保障隐私计算中数据全生命周期的安全性；第三，区块链还可以保障隐私计算过程的可追溯性。元宇宙与现实世界一样，是一个自进化世界，它不是按照某种预先设定的程序或者人为设定的固定规则来运行的，每个参与者包括 NPC 都会在不同程度上推动它的演进和成长。任何元宇宙的创新企业或个人都可以在隐私计算网络上进行交互和计算服务共享。

计算的基本要素是数据、算法和计算。隐私计算网络将数据、算法和计算紧密结合在一起，形成完整的计算状态。在私有计算网络中，数据节点和计算节点通过 P2P 协议连接到系统上，进行数据发布和计算。这些数据存储在本地。该算法利用数据和算力，通过安全多方计算、联邦学习等技术实现协同计算。隐私计算网络不仅可以保护数据的隐私，还可以保护计算结果的隐私。数据主体可以在本地启动数据节点，或者加密数据并将其托管到数据节点。在安全多方计算模式下，数据节点通过秘密共享方式将数据分割并分发给随机选择的计算节点。计算节点之间采用安全的多方计算协议进行隐私计算，计算结果通过区块链智能合约返回。在隐私外包计算模式下，数据节点通过同态加密方式对数据进行加密，并将其分发给计算节点进行外包计算。计算节点计算完成后，返回计算结果和计算证书，验证计算的正确性。

五　与物联网技术结合的隐私边缘计算

（一）物联网技术在元宇宙中的重要作用

只有真正实现万物互联，元宇宙才真正有可能实现虚实共生。物联网技术的发展，为数字孪生后的虚拟世界提供了实时、精准、持续的数据供给，使元宇宙虚拟世界里的人"足不出网"就可以明察物理世界的秋毫。

（二）隐私计算实现元宇宙的隐私边缘计算

元宇宙作为承载人类未来现实和虚拟活动的平台，必须建立在先进的算力基础设施之上。可以设想，未来的元宇宙不局限于现有的产品，而是要实现"沉浸式""低延时"等特性，线上、线下融合的沉浸式体验将成为是否实现真正意义上的元宇宙的评判标准之一。元宇宙朝着这个标准发展受到算力的严重限制，边缘计算成为技术变革的方向。

元宇宙中的计算网络具备节点分布广泛、边缘化的特点，隐私计算技术体系中的边缘计算属于分布式计算的范式，能够有效提升网络计算速度。边缘计算是一种分散式运算的架构，将应用模式、数据资料与服务的运算由网络中心节点移到网络逻辑上的边缘节点来处理，

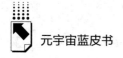

数据在"边缘"被排序、分析和修改。这种技术将有助于提高业务效率，并减少不必要的成本，它还可以减少网络延迟。应用程序在边缘侧发起，网络服务响应速度更快，满足了各行业在实时业务、应用智能、安全与隐私保护等方面的基本需求。在这种架构下，资料的分析与知识的产生更接近于数据资料的来源，因此更适合处理大数据，边缘计算被视为云计算的一种更有效的替代方案。传统的云计算能够非常有效地处理单个数据单元，但是它无法容纳跨数据中心的大量数据，并且中央服务器产生有意义且实时结果的能力很差。

将边缘计算和区块链两种技术有机结合，将为多个垂直行业之间的可信、高效协作打好基础。边缘计算、网络切片等新网络功能满足了特定行业用户自身的业务需求，将区块链引入运营商网络并与边缘计算技术配合，将帮助已经使用这些新功能的节点之间加强协作，实现信息、资源、生产要素的协作共享，促进生产关系的优化和生产力的解放，促进全社会多个产业的协同发展，有助于实现通信产业元宇宙改变社会的愿景。而且，边缘渲染作为边缘计算云平台的计算资源服务，结合云边管理通道和全域智能调度，可为视频直播、云游戏、影视特效等提供主要的渲染算力调度入口。边缘渲染服务是基于边缘基础底座资源，在边缘云原生操作系统之上构建的 PaaS 平台，通过智能调度、任务编排，自定义渲染引擎，配合优化的网络传输和实时音视频通信协议，为直播特效、数字人、云游戏、影视动画制作等提供去中心化的渲染能力。

参考文献

［1］中金研究院：《元宇宙的隐私保护：技术与监管》，2022。
［2］清华大学：《元宇宙发展研究报告 2.0 版》，2022。

［3］罗汉堂：《理解大数据：数字时代的数据和隐私》，2021。

［4］微众银行：《数据新基建白皮书》，2020。

［5］PlatON：《PlatON 2.0 白皮书》，2021。

［6］论道隐私计算：《元宇宙与隐私计算的碰撞，究竟会迸发出多么耀眼的火花?》，2022。

［7］区块链叮当猫：《元宇宙协议 Caduceus：当边缘计算和边缘渲染遇上元宇宙》，2022。

场景应用篇

Scenario Applications

B.11
工业制造中元宇宙的应用与发展

王洪 肖铭 蔡璨 黄庄勤 刘楠*

摘　要： 元宇宙是依赖于现代科技而制造的虚拟空间，它独立于现实世界又能映射现实世界，是未来互联网发展的新方向。元宇宙能够推进行业融合，实现数字经济与实体经济的结合。工业元宇宙是元宇宙技术在工业领域的运用，是工业制造领域发展的新趋势，能够在虚拟环境中完成研发设计、生产制造、营销销售和售后服务等环节，打通虚拟和现实的空间。工业元宇宙具有虚实融合、数据驱动、全要素全流程、全业务集成与融合的特点。元宇宙对于算法的高要求需要核心芯片和基础软件的支撑。本文分析了工业元宇宙领域与 EDA 技术存在的机遇与 EDA 的核心应用场景，为工业制造各个环节及场景赋能，覆盖从研发到售后的产品全生命周期，推动工业流

---

* 王洪、肖铭、蔡璨、黄庄勤、刘楠，北京中祥英科技有限公司。

程优化和效率提升，助力制造业向高度数字化、智能化的方向转型升级，开启万物互联的新篇章。

关键词： 元宇宙　工业元宇宙　EDA　虚实融合

一　元宇宙概念的提出

（一）什么是元宇宙

"元宇宙"已经成为大家耳熟能详的热词，清华大学新媒体研究中心声称：2021年已成为"元宇宙元年"[1]。那么，到底什么是元宇宙？

"元宇宙"一词最早出现在尼尔·斯蒂芬森在1992年创作的科幻小说《雪崩》中[2]，其中提出了"Metaverse"一词，就是我们如今认为的"元宇宙"的概念雏形。"Metaverse"翻译过来就是"超越宇宙"，又称"元宇宙"。在尼尔的书中，他描绘了一个庞大的虚拟世界，现实人类可以通过VR设备与虚拟人共同生活，人们能在这个世界中做除了吃饭和睡觉之外的所有事情，这个虚拟世界与现实世界相互平行却又相互影响。

尽管元宇宙的框架已经建立，但是权威定义并未形成[3]。总的来说，人们的共识在于：元宇宙是利用科技手段进行链接与创造的，与现实世界映射与交互的虚拟世界，是一个具备新型社会体系的数字生活空间[4]。中纪委给出的定义是：元宇宙是基于互联网而生、与现实世界相互打通、平行存在的虚拟世界，是一个可以映射现实世界又独立于现实世界的虚拟空间。它不是一家独大的封闭宇宙，而是由无数虚拟世界、数字内容组成的不断碰撞、膨胀的数字宇宙[5]。目

前来说，元宇宙仍是一个不断发展、演变的概念，不同参与者以自己的方式不断丰富着它的含义。

（二）元宇宙的核心特征

关于元宇宙的核心特征，目前并没有形成统一的观点，一般认为，理想的元宇宙形态具有如下六大特征：沉浸式体验、社交性、开放性、永续性、丰富的生态内容和完备的经济体系。沉浸式体验是人们对元宇宙或者说对未来世界互联网的一个本质追求，作为一个开放的平台，元宇宙除了要有必要的社交环节来替代现实社交，还需要有完备的经济体系与丰富的生态内容，在独立运行的文明规则下，有源源不断的活跃创作者，这样才能使这个虚拟世界实现永续发展。

二 元宇宙行业的发展

（一）元宇宙的市场前景

"元宇宙"概念的走红，离不开互联网公司在背后的推动。Facebook 联合创始人、首席执行官马克·扎克伯格宣布将公司名称由"Facebook"改为"Meta"。在这之后，微软、腾讯、字节跳动等科技大公司纷纷进军元宇宙市场，围绕 VR、AR、虚拟现实平台等内容开拓元宇宙。随着人们对元宇宙的认知逐渐清晰，各行各业开始思考自己行业与元宇宙的适配度。部分企业开始寻求跨行业、跨学科的融合，想要在元宇宙世界抢占先机，完成内容部署。未来，元宇宙将会从现在的"娱乐化"逐渐转为"工具化"，元宇宙高度发达的核心技术有助于推动行业融合，实现数字经济与实体经济的结合。

（二）元宇宙的产业政策支持

元宇宙市场蓬勃发展的背后离不开国家对相关产业的大力支持。互联网的出现为元宇宙奠定了社交场景基础，构建了元宇宙虚拟世界的雏形。新型互联网能够全方位、沉浸式地提升人们的交流体验。随着新一代技术的日渐发展，中国纷纷出台相关政策，为元宇宙的进一步发展保驾护航。

2021 年 3 月，《中华人民共和国国民经济和社会发展第十四个五年规划和 2035 年远景目标纲要》将云计算、大数据、物联网、区块链、人工智能、虚拟现实和增强现实作为数字经济重点产业，要求充分发挥海量数据和丰富应用场景优势，促进数字技术与实体经济深度融合，赋能传统产业转型升级，催生新产业、新业态、新模式，壮大经济发展引擎。

2021 年 7 月，工信部、国家网信办等十部门联合发布《5G 应用"扬帆"行动计划（2021～2023 年）》。计划表示，要着力打通 5G 应用创新链、产业链、供应链，打造 5G 融合应用新产品、新业态、新模式，为经济社会各领域的数字转型、智能升级、融合创新提供坚实支撑。

《5G 应用"扬帆"行动计划（2021～2023 年）》还强调，要推动 VR/AR 等沉浸式设备工程化攻关，重点突破近眼显示、渲染处理、感知交互、内容制作等关键核心技术。

（三）元宇宙的应用领域

早期人们对元宇宙的认知主要围绕游戏展开，游戏元宇宙为玩家提供了一种社交方式，让人们有机会不受限制地创作自己感兴趣的东西。这也是元宇宙最先发展起来的应用场景。社交和娱乐是目前元宇

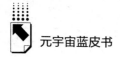

宙应用的核心，用户可以在元宇宙平台进行娱乐、社交等行为，与其他用户进行互动。随着元宇宙产业的定义与监管逐渐到位，元宇宙的边界开始清晰，办公、电商、金融、教育等领域也逐渐涉足元宇宙，每个行业都有可能在元宇宙中找到商业机会。

元宇宙将会成为未来互联网发展的新方向，也可能成为数字经济的新形态，除了游戏之外的其他行业也会参与其中。在这之中，产业元宇宙尤为重要。产业元宇宙将成为元宇宙形态发展的必然趋势，通过数字孪生、工业智能技术实现产业流程再造与产业能效持续提升，从而带动社会效率的提升。

产业元宇宙是指以生产者为中心发展的元宇宙，囊括了工业元宇宙、农业元宇宙和第三产业元宇宙。对我国来说，工业对于国民经济的发展具有不可替代的作用。工业为各行各业的经济发展提供物质产品，没有现代化工业，经济活动就会缺乏相应的物质基础。在元宇宙时代，尽管人们的精神已经进入了虚拟世界，但是整个外部世界的运转仍然离不开工业产品。所以如何将元宇宙与工业相结合，建立工业元宇宙，已经成为当下元宇宙发展面对的关键问题。

三　工业元宇宙

元宇宙是人工智能、区块链、大数据、5G、云计算、物联网、数字孪生等科技的集大成者，元宇宙的成功势必离不开这些技术的进一步发展。布希亚区分了人类仿真历史的三个阶段：仿造、生产和仿真。在前两个阶段，人们更加关注现实世界中的物品，并且进行仿造与生产，而在第三个阶段，人们创造出了"超现实"，真实与虚拟的界限消失[1]。元宇宙构建的虚拟世界，是对物理世界的仿真，既包括自然环境与人造环境，也包括人类社会主体及其行为。

（一）工业元宇宙的应用场景

1. 沉浸式故障处理与设备检修

沉浸式故障处理与设备检修主要依赖于工作人员穿戴的智能设备。智能设备可进行准确定位，显示设备的 3D 图像与自动检测结果，根据反馈分析，现场人员可以第一时间定位故障点，并根据检测结果有针对性进行检修操作。更进一步的是，检修人员能够通过穿戴式沉浸式设备，了解设备存在的问题，得到云计算和人工智能给出的解决方法，在虚拟世界完成操作。检修人员在虚拟世界做出的修改，会通过传感器、机器人等反馈到现实的机器上，实现远距离检修。

在工厂安全巡视等工作领域，安全员佩戴智能设备，通过图像识别和混合现实等技术，能够快速准确地定位每一台设备的位置，并且直观、迅捷地从云端得到设备的参数与状态，看到设备结构、历史数据等信息。

VR、AR 技术和传感器技术在沉浸式工作中的运用，可以强化用户的视觉冲击，云技术和高速通信技术的综合运用，能够让人们从多方面迅速、便捷地了解到每一台设备的详细信息，还能与场景中的虚拟设备进行互动，极大地提升了现实世界中的工作效率，对工厂工作具有很好的辅助作用。

2. 元宇宙典型工业场景设计

工业元宇宙能够覆盖工业的全产业链，联通产业链多环节，对元宇宙的探索将加速传统工厂向高度数字化、智能化的智慧工厂的方向发展。

（1）智慧工厂

智慧工厂是指将机器人、智能设备和信息技术三者在制造业完美融合，是实现智能制造的基础和前提。智慧工厂可以在产品的研发设计、生产制造、物流配送等过程都实现自动化操作，提高工厂效率，

覆盖产品的全生命周期。同时，智慧工厂也能够对厂区内的人员、车辆、设备、厂务等进行统一管理，实现对企业资源的配置效率最大化。

（2）数字孪生模型

数字孪生指的是用数字化的形式在虚拟空间里创建现实对象的模型，并在虚拟空间中模仿对象在现实空间中的变化过程。对于制造业来说，数字孪生能够将生产过程中的全流程导入虚拟空间，实现全过程的数字化。

数字孪生构建的模型可以把现实工厂的车间、生产线、相关设备和工作人员都进行模拟，全方位掌握生产过程，及时发现生产瓶颈，优化管理模式。通过数字孪生，企业可以实现全流程的数字化与可视化，同时可以规避一些可能发生的问题，优化整个生产线，实现生产效率的最大化。

（3）沉浸式数字展厅

沉浸式数字展厅基于区块链、VR/AR、物联网等元宇宙相关技术，通过高仿真、高还原的内容设计，建立现实物体全面、动态的虚拟影像，实现沉浸式产品展出，让客户对产品有更好的了解。沉浸式数字展厅还可以利用人工智能设计虚拟人物形象，给客户介绍不同的产品性能，为客户解答问题，加强与客户的互动，提供全方位的智能化应用服务。将虚拟产品以及纸质化、平面化的使用说明转化成具有高度沉浸感的数字售后服务，围绕使用场景、产业链，搭建"数字化直播间"。这种多样化的沉浸式数字展厅能够极大地丰富工业的业务覆盖范围和场景，打破时间和地域的壁垒，方便客户从多种角度了解工业相关信息，能够拉近与客户之间的距离。

（4）全息工业互联网

全息工业互联网是指基于数字孪生、人工智能等技术，通过全景仿真、传感器等方式，在虚拟世界中模拟建造一比一的全景数字工厂，对生产线和预案进行推演规划，从而指导现实中物理工厂的运行。全息工业互联网打通了工业业务链，促进了技术革新，降低了全环节的生产供应成本，使上下游企业通力合作，提高了工业整体的服务效率。

（二）工业元宇宙的特点

1. 虚实融合

现实世界与仿真世界是相辅相成的。仿真世界是对现实世界的高度还原，通过 VR、AR 等技术，能够在仿真世界重现现实世界的模型，从而再现工业流程。通过不断收集和积累现实世界的数据，仿真世界能够真实地呈现工业产业链上的各个环节。同时，现实世界也会完全地再现仿真世界中推算的生产过程，严格按照仿真世界模拟的生产过程和优化结果进行。

2. 数据驱动

现实世界的各种要素经过数据设备反馈到虚拟世界，同时在虚拟世界进行处理，调整到合适的状态后，虚拟世界会将数据反馈到现实世界，在这些数据的驱动下，虚拟世界能够实时监控显示工厂的运行状态，及时调整，对生产过程做出优化。

3. 全要素、全流程、全业务集成与融合

依靠物联网、5G、大数据等新一代技术，现实世界的人、机、物、环境等都可以被纳入虚拟世界，实现数据互通和内容共享，实现对各要素合理的配置和优化组合，保证生产的顺利进行。通过数据交互，虚拟世界和现实世界形成了一个整体，中间涉及的诸如生产工艺中的所有环节，都能够实现数据共享，从整体上提高了工作效率。

四 工业元宇宙与 EDA

元宇宙是基于多种技术的交叉融合，元宇宙未来的发展也与这些技术的发展息息相关。对于一些技术中可能存在的问题，如何攻克难关，为元宇宙的发展保驾护航成为现在相关领域的重点问题。

（一）工业元宇宙下 EDA 的发展概述

1.背景介绍

工业元宇宙是工业制造领域发展的新趋势，如何构建出丰富的上下游产业应用布局，是当前的核心课题。在工业 4.0 和数字孪生的推动下，智能制造、智慧工厂领域快速发展，推动了制造企业的信息化及智能化进程。智能制造的底层技术是通用性强、影响面广的关键技术、元器件、基础软件，而其中核心芯片和基础软件的发展，直接影响着终端产业的国产自主程度。

大量的图形处理需求与互动反馈对运算量的要求是巨大的，为了保障流畅的用户体验，元宇宙需要对用户的每一个动作进行高速回应。芯片是现代电子产品的"大脑"，凝聚了世界上最顶尖的技术，开发难度非常高。要想实现这样的效果，传统的芯片实在是有心无力。所以我们需要为元宇宙打造专用的芯片，从根本上提高反应的速度。复杂的算法和应用使元宇宙专用的芯片比普通芯片具有更加复杂的架构，这种大规模的设计，如果全部使用人力来进行，是一项不可能完成的任务。一般来说，需要用到 EDA（Electronic Design Automation，电子设计自动化）工具来完成这一工作。

核心芯片作为引领新一轮科技革命和产业变革的关键力量，是支撑国家信息化建设的基础。芯片的诞生需要经历多次循环迭代及测试验证，其制造过程主要分为芯片设计和芯片制造两大环节。EDA 作为芯片设计过程中必备的基础，正是推动软件产业链升级的重要依托。

元宇宙对算法和算力的需求是巨大的，为了使数字空间更加真实，给用户更好的体验，一方面，需要新的硬件来完成对场地、模型的快速搭建；另一方面，也需要对元宇宙应用到的软件进行不断的升级换代。工业元宇宙的发展，需要核心芯片及基础软件的大量支撑。因此，随着元宇宙时代的到来，核心芯片和基础软件也将紧跟其后，为构建工业元宇宙提供技术支撑，成为推动元宇宙发展的基石。

EDA是芯片设计过程中最上游的产业，涉及芯片设计工作中的前端设计、IP复用、系统和功能描述、逻辑设计和仿真等各个关键环节，能够帮助芯片设计人员最大限度地优化芯片设计方式，进而帮助企业缩短研发周期、降低设计成本。工业元宇宙融合云计算、大数据、人工智能等前沿技术，将会推进EDA系统的研发与应用，加速补齐短板，为元宇宙赋能智能制造奠定基础。

元宇宙不是单一存在的技术，而是现有各种技术的组合和升级。从多样化工业生态到沉浸式工业VR、AR，各种工业元素的更新迭代为工业元宇宙的概念提供了源源不断的新内容，而这些发展，有赖于底层EDA软件层面出现的技术演进与变化。

2. 现存难点

元宇宙是在5G、人工智能、虚拟现实等多种新技术的支持下构建的高科技世界，随着更多企业和资本进入市场，元宇宙有望产生新的市场和价值，并最终向3D时空互联网延伸，因此作为元宇宙基础设施的底层技术也将承担更大的压力。

芯片的规模越大，结构越复杂，使用EDA进行仿真编译的时间就会越久，芯片设计成本越高。应加快研发体积小、功耗低、性能高的工业互联网专用人工智能芯片，用于各种可穿戴设备，为不同场合适用的人工智能应用提供算法支持。同时，还要配合工业元宇宙，设

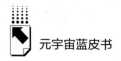

计相关系统专用的芯片，并在不同场景中投入使用。这就需要创新
EDA 的算法，提升 EDA 工具的性能，这样才能更快、更好地设计出
具有更强大算力的芯片。EDA 工具的升级能够带来芯片的提升，好
的芯片又能应用到 EDA 上，两者不断交替，螺旋上升，共同进步，
形成正向反馈。如何利用好现有的 EDA 工具，以及开发下一代更强
大的 EDA，让芯片的设计更快捷、更高效，是现阶段我们面临的主
要问题。

元宇宙的发展给人才队伍的培养和建设带来了新的挑战。EDA
研发人员的培养周期和成长周期相对较长，EDA 工具的复杂性和开
发难度使其对人才质量有着较高要求。而且，EDA 工具的开发需要
和产业链上的其他环节协同推进，不仅需要有数值计算背景的专家团
队进行模型的构建和验证，还需要资深的工程师和工艺工程师团队配
合开发，而软件开发完成后，还需要专业的仿真工程师根据需求学习
和使用软件，这也使相关人才难以获得与行业需求相匹配的实践
经验。

（二）工业元宇宙下 EDA 的主要机遇

1. 半导体行业建设需求

EDA 工具是服务于芯片从设计到封测全流程的工业软件，深度
绑定前沿工业制造工厂的同时，背后还有大量的基础研究科学家和高
校做科研支撑。随着摩尔定律的不断演进，现代芯片上集成的晶体管
数量最高可达百亿级别，EDA 工具能够帮助设计人员在复杂的 IC 设
计环节降低设计难度，减少设计偏差，提高流片的成功率。因此，
EDA 已经成为工业制造中必不可少的工具。全球电子产品和半导体
市场呈倒金字塔分布，顶层是数万亿美元体量的全球电子信息市场以
及数十万亿美元的数字经济市场，而底层的支点则是百亿美元的
EDA 产业，其产值虽小，却决定了整个产业的效率以及产品的质量，

具有巨大的杠杆效应，一旦 EDA 产业受到冲击，整个工业制造业的稳定性将会受到巨大影响。

根据赛迪顾问的数据统计，2020 年全球 EDA 市场规模为 115 亿美元。在中国的 EDA 市场中，国外厂商占据了 95% 的份额，而国内厂商仅占据了 5% 的份额[6]。国外 EDA 产业已经发展近 50 年，其产品矩阵更全、产品支持的工艺更先进且产品的客户黏性更高。因此，作为工业元宇宙的关键基础软件，EDA 有着很强的市场潜力，国产 EDA 的发展势在必行。

2. 泛半导体行业建设需求

数字时代下，从智能手机、家电到各类机械设备，工业电子产品对复杂的嵌入式电子系统的应用持续增加，而汽车、超大规模数据中心等领域的全球系统厂商也先后将芯片研发纳入公司整体业务和差异化战略。泛半导体行业对复杂电子设备以及更小尺寸芯片的需求激增，这推动着集成电路制造商增加研发投资并采用 EDA 工具，而 EDA 厂商也将转变成横跨不同产业的系统供应商。芯片应用范围不断扩展，不同设计需求将长期共存。EDA 工具在工业园区中可协助客户根据数字模型对复杂设计、流程等进行仿真，满足市场对产品功能与功耗的更高要求，从而缩短实验时间、节约实验成本，为工业元宇宙提供新动能。

3. EDA 市场建设需求

从全球来看，EDA 行业已经发展至成熟期，市场规模超过百亿美元，且近年来全球 EDA 市场发展逐渐提速，亚太地区受益于下游产业迁移趋势，市场规模整体增速明显。中国 EDA 需求也在半导体产业蓬勃发展的推动下进入了快速成长期。目前，中国 EDA 市场规模约为百亿元人民币，尽管在全球 EDA 市场中占比较小，但与全球市场增速基本处于同一水平，因此仍有较大的市场潜力释放空间。

虽然当前中国 EDA 行业尚未迎来"爆发"，本土 EDA 厂商的竞

争力仍相对薄弱，但中国本土 EDA 厂商的崛起仍具有必要性和必然性。一方面，我国政府在过去数年陆续出台了《"十三五"国家战略性新兴产业发展规划》《软件和信息技术服务业发展规划（2016~2020 年）》《加强"从 0 到 1"基础研究工作方案》等政策，明确提出要大力发展 EDA，鼓励本土 EDA 行业的发展；另一方面，近年来我国 EDA 厂商在 EDA 细分领域逐步实现突破，华为、海思等头部厂商近年来也在加大对本土 EDA 厂商的支持力度。目前，华大九天在我国 EDA 市场已经占据了一定的市场份额，并超过了另外两大国外企业（Ansys、Keysight）。中国本土 EDA 正处于快速成长期，可以利用政府利好政策、科技研发投资、市场需求缺口等要素，推进工业元宇宙初期阶段的数据孪生发展，对未来的元宇宙全面探索有重要意义。

（三）工业元宇宙下 EDA 的核心应用

通过数字基建、数字交互、硬件设施、底层核心等新的技术突破，工业元宇宙将覆盖从研发到售后的产品全生命周期，推动工业流程优化和效率提升。北京中祥英科技有限公司（以下简称"中祥英"）从智慧工厂、设备及生产服务、虚拟量测、质量闭环管理等多个方面展望工业元宇宙可能的应用场景，基于数字仿真、EDA 等工业元宇宙相关技术，加快传统工业向高度数字化、智能化转变的进程。

1. 应用生态

在智慧工厂方面，中祥英结合物联网、虚拟可视化技术，打通各系统的"数据孤岛"，对厂区内的人员、车辆、设备、厂务等进行统一管理，打造数字可视化的"孪生空间"，通过技术革新，降低全环节试验成本，实现企业资源配置效率最大化。

在设备及生产服务方面，中祥英通过场景可视化和宕机监管，利用虚拟可视化和实时设备监控技术，对企业设备进行 3D/2D 可视化呈现，实现高效协同的人机交互功能。

在虚拟量测方面，中祥英通过设备收集的关键参数来分析和实时预测建模后的测量值，基于预测数据对产品进行量测，帮助工程师精准掌握设备参数和运行状态。

在质量闭环管理方面，中祥英基于 AI 大数据分析预测平台，实现缺陷自动分析及智能预测，建设数字化的全生命周期质量管理体系。

2. 核心产业

EDA 是工业制造业发展的核心动能，是未来工业元宇宙的重要赋能力量。在工业元宇宙时代，数据是极其重要的生产要素和生产力引擎，工业制造业将从数字化升级中获得全新的发展窗口，而 EDA 作为串联整个产业链数据的基础性技术，将为深度赋能工业元宇宙提供关键上游技术支撑，推进自动化转智能化进程，为未来元宇宙的发展提供重要的动力杠杆。

中祥英结合最先进的工艺和过往的生产经验，打造以 EDA 为基础的高端工业软件市场，以仿真为基础，结合数字孪生、AI、大数据技术，打造业界先进的 EDA 平台，为制造业企业提供更多创新应用场景，提高产品生产效率和产品质量，加快工艺开发时间和产品上市速度，延伸工业元宇宙服务内容，为元宇宙创造更多的经济利润。同时，通过减少实验验证的过程，实现更高的运营效率及更低的能耗成本，直接促进碳排放量的减少，为节能减排提供新思路，助推产业的升级转型，为新兴技术产业带来新机遇，实现高效、节能、可持续的全面绿色低碳化发展，助力实现主要工业行业整体产能利用率提高10%的目标，加速产业高质量发展进程。

3. 终端产业

EDA 作为元宇宙至关重要的基础性技术，不仅能够主导芯片的

研发，还能应用于人工智能、智能机器人等领域，提供更高水平的集成、更高性能的计算和更多的内存空间，从硬件方面强化现实与虚拟的连接，为元宇宙的发展带来了新的可能。

（1）工业人工智能

大数据、云计算等新兴技术给人工智能领域带来了新的变革，而人工智能行业的发展，又为新一代信息技术与各领域的融合提供了动力。目前，诸多 EDA 企业都在人工智能方面进行了深入的布局与开发。人工智能市场还面临着一些挑战，主要是算力不能满足需求、市场发展规模受限等。因此，需要专门为人工智能设计芯片架构，让人工智能的芯片有更高的性价比、能效比，从而实现人工智能的规模化发展。

（2）工业智能机器人

工业机器人的普及是实现自动化生产、提高社会生产效率、推动企业和社会生产力发展的有效手段。在制造业中，工业机器人得到了广泛的应用，如在机械加工上下料、装配、检测及仓库堆垛等作业中，机器人都已逐步取代了人工作业。

随着制造业的高速发展，传统机器人无法更好地配合智能工厂等系统，新一代工业智能机器人的研发迫在眉睫。搭载了最新 EDA 研发设计的芯片的工业智能机器人，配以传感器融合、虚拟现实、人机交互等智能化技术，能够提升操作能力。

加快工业智能机器人的研发与生产是使我国从制造业大国走向制造业强国的重要手段和途径。应重点研究工业智能机器人的智能化体系结构，形成新一代工业智能机器人的核心关键技术体系，并在相关行业开展应用示范和推广。

（四）EDA 在工业元宇宙中的战略意义

利用 EDA 工具，从硅片、器件、芯片、系统、软件等层面开展关键创新，能实现更高的设计效率，提供更有竞争力的产品。同时，工业元宇宙的发展，将推动 EDA 产业的升级换代，加快终端应用的需求体验数字化，为工业元宇宙提供数据枢纽和创新力来源，为元宇宙时代提供源源不断的动力。

EDA 的建设，将为国家重点制造业行业数字化、智能化转型提供基础支撑，对积极贯彻落实《"十四五"软件和信息技术服务业发展规划》、实现供给侧结构性改革等战略部署，具有重大意义。EDA 建设与国家发展规划互联互通，在工业元宇宙的推动下可以实现生产资源和服务资源更大范围、更高效率、更加精准的优化升级，推动一二三产业、大中小企业融通发展，成为经济高质量发展和改善民生的重要依托。在元宇宙的浪潮下，全面推进 EDA 领域产业化、规模化应用，坚持应用牵引、整机带动、生态培育，壮大 EDA 技术应用创新体系，使国产 EDA 进入快速成长通道，实现细分领域的国产替代化，在全球市场上占有一席之地。

五　元宇宙未来展望

不断更新变化的社会需求是时代进步的引擎，元宇宙作为连接虚拟世界和现实生活的重要纽带和媒介，基于数字孪生建构现实世界的镜像，并基于底层技术铸造虚拟世界的实体，在经济、社会、生产、科技、教育、生活等领域结合新兴科技建设虚实相融的网络应用和社会形态，其概念的发展和进化必将推动整个人类文明的发展进程。

元宇宙作为人类信息技术的新起点，必将催生出新的机遇，工业元宇宙下的工业制造也会创造出新的生产模式。未来，基于新的科技水平，一方面，随着硬件设备的不断更新，工业元宇宙的平台应用场景将更加丰富，实转虚，虚向实，虚实全面融合，提升工业制造生产力；另一方面，新型基础设施建设将提升云计算、大数据、人工智能

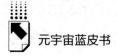

的技术研发水平，促进各个生产环节的技术全覆盖，加速产业聚集，推动产业生态培育，从而为构建安全、稳定、高效、可靠的工业元宇宙平台提供重要基础和支撑环节，最终连接不同制造行业的子宇宙，从而构建出范围更大的工业元宇宙。

作为现实世界的映射，现阶段的元宇宙在法律界定、经济法治体系、科技监管、数据安全与网络安全等方面仍有许多需要完善的内容，如何协调虚拟与现实之间的生态关系，在技术和制度层面仍是一个待解决的问题。未来元宇宙将如何实现又将去往何方，需要用时间来慢慢证明，让我们拭目以待。

参考文献

［1］清华大学新媒体研究中心：《2020~2021 年元宇宙发展研究报告》，2021。

［2］速途元宇宙研究院：《2022 元宇宙产业发展趋势报告》，2022。

［3］Newzoo、伽马数据：《2021 年元宇宙全球发展报告》，2021。

［4］《元宇宙解析》，中国社会科学网，2022。

［5］《深度关注：元宇宙如何改写人类社会生活》，中央纪委国家监委网站，2021。

［6］前瞻产业研究院：《中国 EDA 软件行业市场前瞻与投资规划分析报告》，2021。

B.12
面向证券金融服务的元宇宙探索

宋嘉吉*

摘　要： 随着全球科技巨头纷纷开启元宇宙领域的探索，各行各业逐步关注元宇宙对自身业态的影响。随着 Z 世代逐步登陆资本市场，其对信息获取、投资教育、理财社交等的需求不断进化。元宇宙时代有望打造更为开放、立体的资本市场信息中心，为下一代市场参与者提供更好的服务。

关键词： 元宇宙　Z 世代　金融服务　区块链

一　元宇宙与金融服务融合趋势研判

（一）元宇宙：从概念落到实处

作为 2021 年的年度热词，"元宇宙"受到了广泛的关注与讨论。元宇宙被看作互联网的下一站，作为承载人类活动的虚拟时空，为用户提供更加立体、沉浸、真实的互联网体验。与传统游戏不同，用户可以在元宇宙体验不同的内容，结交不同的好友，创作自己的作品，进行一系列虚拟活动。元宇宙的特点包括：可靠的经济系统、虚拟身份与资产、强社交性、沉浸式体验、开放的内容创作。元宇

---

* 宋嘉吉，国盛证券有限公司。

宙的热度上升离不开外部环境的变化，如新冠肺炎疫情推动的线上化进程、Z 世代对职业生活的态度转变。根据国盛证券区块链研究院的研究，构成元宇宙的技术赛道可归纳为 BAND（区块链、游戏、网络通信、显示技术）四大部分，四大技术赛道迎来可观的边际变化，资源整合将为元宇宙发展带来持续动能，虚拟时空也不再是镜花水月。

在受到资本市场关注的同时，日益升温的元宇宙也越来越受到各地政府、各行各业的重视。多地政府工作报告和产业规划中已出现元宇宙的身影。例如，上海将元宇宙写入产业发展"十四五"规划，杭州成立元宇宙专委会，网易元宇宙产业基地落户三亚，深圳成立元宇宙创新实验室。2022 年 6 月 16 日，在上海举办的全球投资促进大会暨"潮涌浦江"投资上海全球分享季启动仪式上集中发布了元宇宙、绿色低碳、智能终端、数字经济四个新赛道的投资促进方案，预计到 2025 年元宇宙产业规模将突破 3500 亿元，表明上海将通过加快产业前瞻布局，努力构筑未来发展的战略优势。

（二）元宇宙与金融服务:面向 Z 世代的创新服务平台

中国证券业协会发布的《2021 年度证券公司投资者服务与保护报告》显示，截至 2021 年底，我国个人股票投资者已超过 1.97 亿人，基金投资者超过 7.2 亿人，其中"80 后"和"70 后"是主力，"90 后"甚至"00 后"的占比逐步提升。随着 Z 世代逐步登陆资本市场，其对信息获取、投资教育、理财社交等的需求将进化。在过去，东方财富旗下股吧成为众多投资者社交的集中地，也逐步形成了垂直行业的流量，进而发展出东方财富后续多样化的业务，缔造了 3000 亿元的市值，而未来会怎样？近年来我们已经看到了如下现象。

第一，雪球以跨平台、跨市场的数据查询、交流互动和交易服务崛起，获得了越来越多年轻、专业投资者的青睐。年轻一代对金融咨询、投资建议的需求日益旺盛，且专业度越来越高。

第二，虽面临更加严格的监管，但个人财经博主及主播们仍通过短视频平台、知识分享平台，俘获了众多年轻"粉丝"。

第三，作为资本市场的重要参与者，上市公司更加重视投资者关系管理，除了日常信批外，也会通过开放日、年报说明会、投资者问答、官网展示等更多样的方式让投资者认识、理解自身业务和价值。

第四，站在监管角度，投资者教育被放在更加突出的位置，并融入各个业务环节，以加强投资者对投资决策、资产配置、权益保护等方面的了解。

第五，2021年元宇宙概念兴起之后，麦当劳、安踏、李宁等知名品牌纷纷意图以更新潮的营销方式获得Z世代的认可和关注，并涌现出专业的虚拟布展、运营公司。目前，包括上市公司在内的企业多以官网作为推广门户，虽已嵌入视频、图片等多媒体手段，但仍无法与元宇宙时代更为立体的展现方式相比。

基于此，在Web2.0时代面向证券金融市场的各类产品与服务创新层出不穷，而未来，证券金融服务元宇宙平台将是一个以3D形式展现的股票资讯、信息披露与投资教育交流中心。证券金融服务元宇宙平台将基于区块链技术，打造开放、立体的资本市场信息中心。平台以虚拟土地为载体，以建筑与人物的UGC（User Generated Content，用户创造内容）模型为核心内容，让投资者以可操作的角色进入元宇宙中体验。企业可在自己的土地范围内搭建虚拟厂房、产品线、展览馆，进行品牌与产品展示，并能够开展投资者交流、宣讲等多种形式的虚拟活动。投资者用户可以虚拟身份进入其中，与上市公司或其他用户进行实时沟通。平台秉承开放、安全、用户创造的特点，参与者可在合规范围内在平台上自由开展活动。

二 全球元宇宙平台的现状

（一）国外元宇宙项目现状

1. Decentraland

Decentraland 是领先的基于区块链的元宇宙项目之一，旨在创建一个开放世界的元宇宙。依靠底层区块链技术，Decentraland 通过 NFT 实现了虚拟世界的数字资产确权，在元宇宙中引入产权制度保障用户对所创作内容的权益。项目中主要有三种数字资产：虚拟土地 NFT、玩家创建的物品和皮肤 NFT，以及合作项目方推出的特定的 NFT。因为区块链系统具有开放性，NFT 可以脱离项目自由流转，具备较高的金融自由度，用户的虚拟资产不受发行方干预。

越来越多的组织机构和个人在 Decentraland 平台开展不同的活动，稳定开放的经济系统和自由的用户内容创作已展现出元宇宙的雏形：奢侈品拍卖行苏富比将标志性的伦敦画廊搬入该平台，同时在虚拟画廊推出 NFT 促销活动；币安在项目中建立了自己的虚拟总部，用户可在其中注册账户；巴巴多斯外交和对外贸易部与该平台签署一项协议，旨在建立一个数字大使馆。可以看到，从展现形式来看，元宇宙的表现形式更类似于 3D 版的网站，越来越多的商业组织愿意在这方面进行尝试。

国盛区块链研究院在 Decentraland 中建成虚拟总部，包括研究成果展示、直播大厅、问答机器人等多种功能。在虚拟总部中举办过直播交流活动，并有相当多客户参与。用户以虚拟身份莅临直播大厅，并可自由与周边用户交流，与设施进行交互。

缺点：目前只有 PC 版，不支持移动端；对本地显卡要求略高，笔记本电脑显示不佳；建筑搭建门槛较高，不具备专业能力的个人难以完成。

2. Roblox

作为美国元宇宙的代表项目，Roblox 在沙盒游戏的基础上，打造了稳定的经济系统。这使创作者能够通过虚拟创作，获得现实中的收益，沙盒游戏开始迈向 UGC 平台。在经济激励下，用户的创作潜力被激发，目前平台已有超过 1800 万个游戏体验场景。这种以玩家创作为主导的形式带来了沉浸式体验和社交场景，已经展现出元宇宙的雏形。

Roblox 平台有一套运行稳定的经济系统，覆盖内容的创作与消费。Roblox 的经济系统建立在一种名为 Robux 的货币上，可以通过 Roblox 客户和 Roblox 网站购买。Roblox 与多种支付方式和礼品卡发行方达成合作，包括亚马逊、苹果、ePay、PayPal 等。截至 2020 年 9 月 30 日，Robux 的平均价格为 0.01 美元。玩家使用虚拟货币购买游戏和道具，创作者也可以将挣到的 Robux 换成现实货币。

Roblox 为创作者提供的 Roblox Studio 工具集，同时满足了普通用户与专业创作者的创作需求。创作者可以高度定制化地打造游戏宇宙，不仅在地图、剧情层面，在玩法、消费模式上也可以进行深度设计。创作者进行游戏创作时，也可以设计游戏内部的消费，从而实现 Robux 收入。

缺点：以体素建模为基础，用户相对低龄化；以游戏和社交为主，商业用途及价值挖掘较少。

3. Minecraft

Minecraft 是一款风靡全球的沙盒游戏，现隶属于微软 Xbox 游戏工作室。Minecraft 允许玩家自由探索、交互并改变一个动态生成的由许多 $1m^3$ 大小的方块组成的世界。游戏模式本身是开放的，允许玩家在各类多人服务器或单人地图中创造建筑物与艺术作品，目前在 B 站、推特、YouTube 上可以看到各式各样的 Minecraft 作品。Minecraft

目前在全球的总用户数超 5 亿人，是规模最大的沙盒游戏，该平台不仅支持玩家娱乐，更提供社交基础，甚至分工协作的空间，为元宇宙将来的 DAO（Decentralized Autonomous Organization，去中心化自治组织）提供了借鉴。目前国内知名 Minecraft 团队——"国家建筑师"于 2012 年成立，累计参与者超过两万人，经过筛选的社区活跃者 5000 多位，核心创作者 200 多位。作品在全网有 100 万个以上的关注者，播放量的总次数超过 4000 万次。团队参与者主要在 14~25 岁，绝大部分为学生，他们利用周末和节假日参与建筑创作，且不以营利为目的，而以自发的兴趣为主导。这样的创作平台与群体，使Minecraft 成为当今最具活力的沙盒游戏。

缺点：以建筑展示为主，对游戏交互的支持较弱；用户相对低龄化。

（二）国内元宇宙项目现状

1. 百度希壤

百度希壤是一个平行于物理世界的沉浸式虚拟空间，于 2021 年 12 月 27 日在百度 AI 开发者大会上发布。希壤 App 作为首个国产元宇宙产品，打造了一个跨越虚拟与现实、永久续存的多人互动空间。

希壤将在视觉、听觉、交互三大方面实现技术创新。每一个用户都可以创造一个专属的虚拟形象，在个人电脑、手机、可穿戴设备上登录希壤，开会、逛街、交流、看展。

缺点：以广告、展示为主，内容相对单一；缺少 UGC 及社交场景，用户吸引力较低。

2. 虹宇宙

由天下秀打造的虹宇宙是一款基于区块链技术的 3D 虚拟社交产品，该产品主要以 3D 虚拟星球为背景，为用户创造虚拟身份、虚拟形象、虚拟空间、虚拟道具、虚拟社交，联合全球社交红人为用户打造一个沉浸式的泛娱乐虚拟生活社区，并基于 NFT 资产为用户提供使用和交流等应用场景。

简单来说，虹宇宙是一款类似《模拟人生》的模拟经营类游戏，不同的是，用户不仅可以开展 3D 虚拟社交，在虹宇宙世界里将房屋作为社交场所，邀请朋友做客、参观，举办虚拟会议、虚拟展览和虚拟聚会，还可以在游戏中自定义构建自己的 3D 虚拟形象，自由买卖手中的虚拟房产、虚拟道具等虚拟资产。

缺点：以"粉丝"个人场景为主，内容单一；缺少 UGC 及社交场景，难以让用户长时间停留。

除了上述项目外，国外近年来还涌现出 Sandbox、Cryptovoxel 等项目，在商业开发和图像呈现上与 Decentraland 相比互有优势，但终究无法自由承载商业应用，而国内互联网大厂也陆续推出各自平台，如网易瑶台，以展会作为主要场景，与深度垂直行业应用尚有距离。

三　未来证券金融服务元宇宙的展望

元宇宙是一个尚处于萌芽期的概念，还未有成熟产品。国内外相关研究及实践经验，对推动元宇宙发展具有重要意义。从功能上来看，元宇宙对游戏、社交、UGC、虚拟数字人、人工智能、合规监管等提出了综合性要求。

第一，元宇宙平台的核心是承载活动的虚拟空间，其展现形式更接近角色扮演类网络游戏和 3D 版网站，而核心内涵更像"无尽游戏"。游戏是元宇宙交互的呈现方式，此类游戏与 Web 2.0 时代相比内涵更为宽泛。游戏能够承载图片、音视频、模型等各类媒体内容，并通过 3D 技术达到传统媒体无法达到的交互效率，从而带给用户沉浸式体验。以交互载体——虚拟数字人为例，它是以数字形式存在的，具有人的外观、特点、行为，依赖显示设备展示的虚拟形象。用户更关注的是，虚拟数字人的灵魂是什么？我们需要虚拟数字人做什么？站在展现形式的角度，服务型虚拟数字人、虚拟偶像其实早就存在，其中服务型虚拟数字人类似于数字助理，在高精度建模与人工智能的赋能下在更大范围内承接社会工作，如播音、接打电话等。虚拟偶像侧重于展现虚拟形象，同时有着自己的人设，可以举办演唱会、直播、发行周边产品、参与商品代言，甚至参与到影视剧中扮演角色。以日本著名的"初音未来"为例，其是社区运营、自主生成内容机制的典型案例。2007 年，音乐软件制作公司 Crypton 研发了一款 Vocalid 声库，同时配有"初音未来"的人物形象和一定的动作脚本。2007 年 9 月 10 日，"初音未来"就占有了约 30.4% 的日本音乐软件市场，是第二位的 4 倍。社区直接参与创造价值，并进行线上分享和传播，"我支持偶像"变成了"我创作偶像"。但近几年，随着"初音未来"的 P 主（创作者）离开，优质内容减少，IP 影响力面临威胁。最主要的原因是 P 主为社区的创作没有对应的经济报酬，说明可持续的经济激励是"无尽游戏"的燃料，这就需要引入全新的数字世界组织形态，使参与者的利益一致，并且共同实现组织目标。

第二，元宇宙平台应当考虑当地政策，在合规的前提下探索商业模式。在推进元宇宙建设的同时，需要审慎对待虚拟资产，与非法代币融资等非法行为划清界限，以技术赋能实体经济，国内建设元宇宙需要更多考虑商业模式的创新，助力企业的数字化转型。2021 年 9 月 24 日，中国人民银行联合九部门共同发布《关于进一步防范和处置虚拟货币交易炒作风险的通知》，对虚拟货币相关活动有了更明确的定调。如今随着区块链技术的发展，NFT 又逐渐在国内外流行，其利用区块链技术标记特定数字资产（如电子图像、艺术品、音乐或影片）的所有权，并支持在链上进行资产流转。从技术角度来看，NFT 与同质化通证一样，都遵循 ERC 以太坊区块链协议，只是合约接口不同。从资产角度来看，NFT 与 FT 类似于非标与标准化资产。

从使用价值来看，NFT 将数字 IP 资产化，便于流通，为内容创作者提供了全新的商业模式，但也对监管提出了新的挑战。目前，国内大厂更倾向于将文化产品定义为数字藏品，以规避 NFT 带来的法律风险。证券金融元宇宙平台将不可避免地涉及用户 ID、积分、社交皮肤等数字产权，同样需要在机制设定、资产流转等方面进行考量。

第三，UGC 对于平台的发展至关重要。元宇宙的丰富内容离不开用户的创作，开放用户创作是生态活跃发展的核心，也是社区认同感的重要来源。单一依靠中心化公司提供内容是不可持续的，现有的证券论坛已经证明了这一点。需要讨论的是，证券金融服务的内容创作主体是谁？目前来看应该包括企业主（上市公司等）、财经 KOL（Key Opinion Leader，关键意见领袖）、股民基民等，其内容将涵盖企业展示、财经事件评论、个股基金评论等。当我们用 3D 技术展示数字世界的时候，首先需要打造的就是建筑与人物。当前我们看到的大部分手游和端游是由三维网格构建的，如大受欢迎的《王者荣耀》和《GTA 5》，给玩家一种精美、逼真的视觉体验，尤其是《GTA 5》除了利用常用的三维网格建模工具以外，还利用了无人机扫描和激光三维重建等技术来复刻洛杉矶。在追求画面逼真度的主流趋势下，Roblox 和 Minecraft 却一反常态，牺牲视觉效果，坚持用方块来构建游戏世界。此类设计画面偏低龄化，可能无法满足成年人的审美需要，但众多"90 后"玩家乐此不疲，游戏生命周期甚至在 5 年以上，这是为什么呢？这跟建模技术有关。底层图像建模技术大体分为三维建模和体素建模。三维建模具备以下特点：有成熟的创作工具，可以自由地进行创作，并且可以通过一些高科技手段在虚拟世界中高度复刻现实；建模成本高且不易修改；需要专业培训和一定美术基础。因此，三维建模适用于专业厂家，对 UGC 而言门槛过高。体素建模是指用固定大小的立方体作为最小单位来表示三维物体。体素建模具备以下特点：单个立方体可以被赋予元素特性，如钢、木、水等；操作

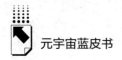

门槛低且易于修改；和像素一样，人们可以通过提升体素的分辨率来进行细致的表现。在当前算力有限的情况下，体素建模成为 UGC 的优选项。站在用户的角度看，"精细的画面并不能优先于粗糙的创意"，用户之所以对元宇宙感兴趣并不是想来看精致的广告，而是想在这个数字世界中创作、分享、社交，这才是所有问题的根本，脱离了这一点，单论对信息的获取效率，元宇宙甚至比不上文本文件。

第四，区块链技术是数字身份、数字资产、数字治理的关键性底层技术。在抖音创作者大会上，公司提出 2021 年内容创作者收入达到 800 亿元。2021 年上半年，美团平台日均活跃骑手超 100 万人，六成全职骑手的月收入高于 5000 元。2021 年上半年，滴滴全球年活跃司机为 1500 万人。越来越多的劳动者并不完全受雇于公司，而按照一定的规则提供劳动、获得报酬，这种松散的组织关系对自由职业者的吸引力较大，已形成自由职业社区的雏形。由智能合约、NFT 所代表的区块链技术为虚拟社会打下了底层基础，使虚拟活动尤其是在数字世界的劳动得到保障。

参考文献

［1］宋嘉吉、唐尧：《元宇宙——互联网的下一站》，国盛证券研究报告，2021。

［2］腾讯研究院：《2021 数字科技前沿应用趋势》，2021。

B.13
消费领域中元宇宙的应用与发展

蔡钰莹　李晓龙　秦雪征*

摘　要： 元宇宙相关技术的不断发展推动元宇宙与多行业交互融合，其中与消费领域的融合将颠覆整个消费模式，对社会经济发展产生最为直接的影响。元宇宙虚拟空间下的消费呈现诸多新特征，场景的拓展最先在游戏、影视、演出活动、电子商务等领域发生。支付体系重塑，数字人民币将成为法定数字货币，为整个元宇宙的经济运作奠定基础，消费者基于与账户唯一绑定的数字化身参与消费及服务，其消费真实性和沉浸感大大提升。在消费新模式的助推下，供给侧也相应发生变革，一些新兴的商业模式如D2A模式涌现，"人 货 场"的供给方式重塑，从源头上支撑起元宇宙消费产业链的发展，助力元宇宙及数字经济的蓬勃发展。

关键词： 元宇宙　消费　电子商务　支付体系　供给模式

---

* 蔡钰莹，北京邮电大学网络经济与信息化研究中心；李晓龙，北京邮电大学网络经济与信息化研究中心，北京大学市场经济研究中心；秦雪征，北京大学市场经济研究中心。

一　元宇宙消费场景初拓　娱乐零售双发展

（一）娱乐消费：游戏、影视及演出活动

在当前的元宇宙发展场景中，娱乐消费主要包括元宇宙游戏、影视以及演出活动等。

游戏一般具有高度自由化、沉浸化的叙事逻辑，依托于互联网端口和先进的场景渲染技术，其互动性等属性不断增强，完美契合了元宇宙对拟态环境的诉求，从而成为元宇宙技术最先落地的应用场景，目前的发展已较为成熟和完善。"元宇宙第一股"Roblox 开创了游戏领域的 UGC 模式，用户可以自主设计、创造虚拟空间，制作游戏或体验游戏世界，推动游戏消费体验式升级。Axie Infinity 将游戏资产"NFT 化"，将所有权真正转交给玩家，从而大大提升了游戏的去中心化水平。此外，元宇宙游戏还在不断发展中增强了以社交和商业为代表的非游戏属性。Roblox 支持 VR 设备，还可以在游戏中使用聊天、私信等功能随时与好友互动。当前元宇宙游戏大多发行自有代币，通过"play-to-earn"的运作模式构建起一套完整的商业及经济系统，玩家在游戏中消费和投资并以此获得收益。

自 2021 年开始，元宇宙游戏持续受到资本追捧，众多产业巨头如苹果、游戏开发商 Epic 纷纷布局和注资元宇宙游戏相关产业，推动了元宇宙游戏的进一步发展。以游戏为依托，影视和演出活动等相关依附性消费场景随之发展起来。

现阶段影视接入元宇宙的方式主要是通过 VR 设备给予观众 3D 沉浸式的观影体验，观众在影视剧设定的世界中可以进行角色扮演，左右剧情的发展，用户互动性和参与感大大增强。未来，影视 IP 在元宇宙中将发挥更大的价值，通过结合虚拟现实（VR）、增强现实

（AR）、混合现实（MR）等技术，在元宇宙中提供基于影视 IP 场景的社交消费或 IP 衍生产品消费。此外，优质的影视 IP 也会为元宇宙新一代创作者提供内容创作资源，促进元宇宙内容供给的繁荣，进一步拉动内容消费、情感消费。

元宇宙演出活动的举办仍依赖于元宇宙游戏所搭建的技术场景。2020 年 4 月，在线射击游戏 Fornite 联合美国说唱歌手 Travis Scott 举办了一场元宇宙虚拟演唱会，观众以虚拟身份参与活动。未来，元宇宙演出经济将更加繁荣，催生出 NFT 演出门票、数字周边以及虚拟形象设计等相关产业，进一步促进元宇宙娱乐消费领域的发展。

（二）零售消费：元宇宙电商

Web 2.0 时代下的互联网电商增长空间触顶，正处于资源严重内耗的阶段，而且互联网电商本身存在的一些不可调和的矛盾无法通过 Web 2.0 技术解决，元宇宙概念及相关技术的蓬勃发展为电商的下一步演化形态指明了方向，即元宇宙电商。

在传统互联网电商模式下，以卖家向买家的单向信息传播为主，且多以图片、视频等二维方式进行呈现，交易双方信息不对称情况严重，买家经常通过图片加工美化商品，欺骗消费者，导致买家秀与卖家秀差别巨大。即使有在线客服、售后评价等功能来增强信息互动和用户反馈，但仍存在一定的时间延迟，无法满足消费者及时获取全部公开透明的商品信息的需求。此外，即便实现了信息的完全对称，由于消费者无法实地试穿、试用，仍然存在购买后的实际体验与期望值不符的情况。以上这些都大大损害了消费者的权益，成为互联网电商模式下无法破解的难题。

在元宇宙电商时代，以上问题将迎刃而解。消费者首先借助 VR 头盔或者 VR 眼镜等终端设备进入元宇宙电商平台，通过直接的语音或身体语言即可实现信息交互，全息投影、脑机接口等技术更给消费

者带来了沉浸式购物体验，完美复刻了真实的消费场景。例如，消费者可以手动操控商品，任意放大、缩小，还可以通过 3D 技术观察商品内部构造。利用脑机接口和体感技术，消费者还可以直接试穿、试戴和试用商品，甚至还能进行虚拟试吃，在元宇宙中通过数字化身真切地感受食物的味道，与线下购物别无二致。此外，社交属性也将得到极大丰富和拓展，在元宇宙空间下，消费者可以跨越时空与身处异地的亲朋好友一起逛街购物，消费者也可以实现购物场景的瞬间切换，轻松逛遍全世界。元宇宙时代的这种电商消费体验将是互联网电商远不能及的，将会促进消费，极大地丰富人类的物质世界和精神世界。

彭博行业研究估计，元宇宙市场规模将在 2024 年达到 8000 亿美元，普华永道则预计元宇宙相关经济市场规模有望从 2020 年的 500 万美元增长至 2030 年的 15000 亿美元。可以预见，在技术及社会发展的驱动下，未来元宇宙电商及相关消费产业将迎来飞速增长，并成为引领元宇宙发展的关键力量。

二　支付体系重塑，提升元宇宙消费沉浸感

（一）消费体验更具沉浸感

相比于传统消费模式，元宇宙时代下消费所具有的最突出特征即为沉浸感。消费沉浸感的获得来源于元宇宙本身所带有的融合性。借助 VR、AR 等技术，元宇宙实现了时空的融合、人与信息的融合。消费者可以跨时间维度消费，去享受一场 2015 年的演唱会，也可以跨空间维度消费，穿梭在全球各大知名商超和消费场所而不受距离限制。此外，元宇宙也实现了人与信息的高度融合，通过数字技术仿真人类的感受器官，从而让消费者从听觉、视觉、触觉、嗅觉、味觉等

多角度全方位地感知元宇宙世界。

消费者可以全感官感知大千世界，获得最真实、最及时的信息互动和反馈，实现虚拟空间的"真实在场"。因此，元宇宙的融合性模糊了物理世界与虚拟世界的边界，使消费者在元宇宙中的消费体验更具真实性和沉浸感。

（二）支付体系重塑

（1）以数字人民币为基础的货币治理

元宇宙消费的本质仍然是商品或服务的交换，而交换离不开货币这一中间媒介，所以 Web3.0 时代下的经济模式依然需要一个以货币为基础的交易体系。此外，货币还将成为连接虚拟空间与实体空间的最重要渠道，通过货币的价值交换实现空间的跨域联系，所以货币对于整个元宇宙消费乃至经济体系的搭建都有着至关重要的影响。

当前元宇宙货币体系的发展以数字代币为主。数字代币是指由私营主体发行的以区块链技术为基础的虚拟数字货币，其具备支付交易的一般性货币功能，但并非由中央银行发布，不具备法偿性等特征，因此仅能称为代币。当前的数字代币主要有以比特币为代表的同质化代币和非同质化代币（Non-Fungible Token，NFT）两种。基于区块链的分布式记账技术，以数字代币进行的交易记录于链上，不可篡改、不可伪造，真正实现了去中心化，避免了中心化机构的监管成本，使整个交易过程安全、公开和透明，甚至部分境外的互联网购物平台已经支持使用比特币进行支付。尽管如此，数字代币仍然无法成为元宇宙时代下的法定流通货币。

原因有以下三点。第一，数字代币交易存在交易费用。以以太坊为例，2022 年 3 月初每笔转账的平均交易费用为 4.55 美元，虽然相比之前已经下降了很多，但对于高频次、低客单价的电商消费者来说，仍然是一笔不小的支出，个体消费者势必不愿意为这一资金损耗买单，从而限制未来元宇宙电商的发展。第二，数字代币的每秒交易次数较低。区块链的共识机制限制了交易速度，比如比特币的处理速率为 7 笔/秒，亦无法支持未来元宇宙高度繁荣的场景消费和交易。第三，也是最关键的一点，数字代币不具有币值稳定性。同质化代币和非同质化代币均不具备国家信用的背书，仅凭借技术创造的不可复制性获得发行基础，导致其币值难以保持稳定，从而无法满足货币的价值尺度这一最基本的职能，而且还会危及金融安全，造成金融风险，因此不适宜作为元宇宙法定货币使用。

元宇宙的经济及支付体系应由数字人民币承担法定数字货币的功能。数字人民币由中国人民银行发行，并指定专门的运营机构进行运营管理，以广义账户体系为基础，支持银行账户松耦合功能，完全和实物人民币价值等同，具备价值特征和法偿性的特点。这一定义意味着相比于其他的数字代币，数字人民币在元宇宙体系中具有不可替代的优势。

一是具备法偿性。数字代币为私营主体发行，其适用规模与流通具有极大的限制。数字人民币具备国家强大经济实力的锚定支撑，足以为元宇宙空间下的货币体系参与者提供相应法偿保障。人民币是特别提款权的组成货币之一，理论上任何接受人民币的国家均可接受数字人民币。

二是保持币值稳定。就数字代币而言，无论其是否与某一特定主权货币锚定，囿于发行主体的私有性，均存在被炒作甚至被封禁、取缔的风险，导致币值时常大幅波动，不适宜于元宇宙成熟后的大规模经济活动。数字人民币作为国家法币天然承载了保持币值稳定的发行目标，作为元宇宙空间下的主要货币，可以保证元宇宙经济体系的整体稳定，促进数字经济长远发展。

除此之外，数字人民币还具备诸多优势：无须支付交易费用，具备30万笔/秒的超强交易处理速率，不需要消耗大量算力。数字人民币不仅满足了未来元宇宙电商时代下丰富的消费需求，还保证了可持续健康发展，故而成为元宇宙法定数字货币的不二选择。

（2）与数字分身唯一对应的账户体系

在现实社会中，每一个行为主体的社会经济活动均建立在其唯一确定的身份证明基础上，身份证明与权益绑定，每一笔消费的背后都代表着所有权或财产权的转移，有法可依、有据可查，双方也应据此履行相应的义务，承担相应的职责，信息的公开透明保证了社会的稳定和发展的有序。在元宇宙中，行为主体变成了数字化身，为了保证元宇宙环境的健康发展，也需要建立和数字化身唯一对应的账户体系。当消费者在不同元宇宙场景下消费时，数字分身与账户唯一且相互对应，能够进行无差别的交易和消费，交易形成的付款、收款相关数据要素可实现统一记录和管理，避免了互联网环境中一人多账号造成的管理资源浪费，有利于用户资产管理和信息追溯，建立一个更加开放公平的元宇宙经济体系。此外，行为主体、身份证明、数字化身、唯一账户四者之间也应建立起耦合对应关系，以此连接物理世界和虚拟的元宇宙空间，实现闭环经济。

三　元宇宙消费新特征推动供给模式创新和供给方式重构

（一）D2A商业模式

消费场景及消费模式的改变会倒逼供给侧发生改变，其中最明显的就是营销模式的变革。在元宇宙环境下，消费主体由实体变成了数字化身，相应的产品设计、营销推广及销售均围绕用户的数字化身展开，这样的商业模式即为D2A（Direct-to-Avatar）模式。自2021年末以来，许多国际知名品牌相继试水 D2A 营销，如耐克在 Roblox 游戏平台上创建了一个虚拟世界 Nikeland，玩家可以在此解锁各类耐克运动鞋、服装及配饰，用各种耐克定制产品装扮自己的数字分身形象；Vans 在 Roblox 中搭建了滑板公园，用户在公园游玩时也可以购买 Vans 虚拟商品。以上这些均是将元宇宙游戏作为渠道入口，搭建自己的品牌虚拟空间，并在社区中向用户的数字分身实现虚拟商品销售。

从供给角度而言，D2A 模式存在诸多优点。首先，元宇宙拓展了品牌的销售场景及产品销售品类，从物质商品拓宽到虚拟商品，品类的增加意味着新的增长点。其次，D2A 营销具备去渠道化和高度的供应链柔性。在元宇宙中用户的数字分身试穿试戴虚拟商品的时间和金钱成本都极低，消费者无须参考 KOL 等第三方的营销信息，其可以便捷地在虚拟商店直接完成交易，根据交易数据再进行生产决策也将更加精准，供应链效能得以最大化。

（二）基于"人货场"的供给方式重构

（1）人：创造数字人导购新方式

元宇宙中不仅包括基于用户实体的数字化身，还包括以人工智能为基础的虚拟数字人，前者构成消费主体，后者则主要服务于消费主体，商家可在元宇宙中创建 AI 数字主播、数字导购以支撑商品销售。相比于真人员工，AI 驱动的数字主播、数字导购具备显著优势：第一，真人主播不仅收费高昂，而且具有情绪不稳定性和行为不可控性，无法避免突发事件可能造成的负面舆论影响，转化率难以保证且风险较高；第二，数字主播的可塑性极强，能够针对品牌进行个性化、针对性的形象设计与改造；第三，数字主播、数字导购可以 24 小时无休，与大量潜在消费者进行实时的、一对一的沟通，从而为用户带来更优的购物感受，大大提升销售转化率。

（2）货：产品数字化带来价值提升

元宇宙空间中的消费供给可划分为两种商品形态：一种是实体产品的数字化生产销售，另一种是数字化虚拟商品的销售。利用各种虚拟化数字技术，在元宇宙世界中构建实体商品的数字映射，建立数字化孪生体，以数字化孪生体为样例进行产品设计、生产、运行等全流程的虚拟测试和分析，寻找一个数字化的最优方案，用以指导实体商品的生产销售，形成数据驱动产品全生命周期优化升级的闭环，迭代优化后的产品仍然先以数字化形态在元宇宙空间中销售，并以销售结果指导现实中的实体产品生产，从而减少了不必要的资源损耗，大大提升了产业价值链使用效能。另外一种数字化虚拟商品的销售即NFT的销售，这一形态最终并未回归到实体产品中，而是通过数字艺术品等的销售丰富元宇宙文化，塑造更加繁荣的元宇宙社会。

（3）场：打造数字消费新场景

在物理空间、数字空间、心理空间三元融合的元宇宙空间中，消费场域的建设、经营等各环节都将实现虚与实、线上与线下、人工智能与人之智慧的有机融合。

第一，虚实互动的场景构造。元宇宙技术不仅能实现物理世界的数字孪生映射，还能将人的思维转换为数字化的虚拟形态进行呈现，将心理世界外化至元宇宙虚拟世界，实现三元空间融合的场景建设。这种虚实互动的场景不但能在线上实现，同样也能利用AR技术在线下实体空间呈现，借助数字建模与光影信号搭建出一个个富丽堂皇的购物商城，还能根据消费者偏好及节假日主题进行风格的随时调整，为消费者提供最佳的消费体验。

第二，超越坪效的经营方式。坪效是一种计算商场经营效益的指标，指的是每单位面积能够创造多少营业额。元宇宙中的消费将突破物理空间的限制，不仅节约了房租、水电等成本，还能够利用数字技术全方位、多角度地呈现所售商品，消费者可以收获如同线下购物一

样的消费体验，从而使店铺经营绩效远超坪效。

第三，智能创新的运营方式。在元宇宙空间中，消费者为消费所付出的不必要的时间成本大大降低，从而有更多时间进行商品挑选和服务体验，客流量、驻留时间大大增加，商家可借机利用数字化、智能化营销方式吸引消费者，通过数字景观、动态吉祥物等虚拟营销方式实现用户转化。此外，商家还可以利用特定地点的"红包雨"、特定路线的"打卡拼图"等，实现对消费者流量的选择性和引导性配置。

四　元宇宙消费前景光明，促进消费升级和社会高效发展

总体来看，元宇宙消费领域的发展仍处在一个初期探索阶段，游戏作为元宇宙接入口的发展相对成熟，在此基础上衍生的影视、演出活动、电子商务等其他消费场景有待进一步拓展，但不容置疑的是，未来元宇宙的主要消费场景仍将是元宇宙电商。消费场景的转换使得消费模式也发生改变，消费体验更具沉浸感和真实性，而在这背后需要一套适合元宇宙空间的支付体系作为基础来打通整个元宇宙经济模式，以支持消费方式的转变和消费升级。消费模式的新特征也将倒逼消费供给发生改变，产生了面向数字化身营销的 D2A 商业新模式，并带动供给方式在人、货、场维度的重构，从而真正打通从供给端到消费端的整个消费商业链条，提升社会的生产效率，降低交易成本，从而促进元宇宙新场景消费及数字经济的蓬勃发展。元宇宙消费发展的路径与机制见图 1。

元宇宙消费的发展也是区块链、人工智能、大数据等新技术发展的必然结果，是这些技术应用的必然落脚点。虚拟经济的繁荣一方面可以满足更加多样化的消费需求，引领消费方式转变和消费升级，另一方面也会带动整个元宇宙经济的发展和虚拟空间的建设，通过交易

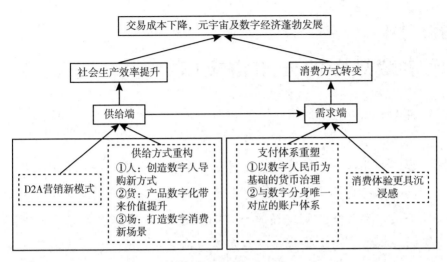

图1 元宇宙消费发展的路径与机制

成本的降低和价值的有效回归提升社会整体的生产效率,实现以虚助实、以虚养实,更好地服务于社会发展。

参考文献

［1］ Jeong, H., Yi, Y., Kim, D., "An Innovative E-commerce Platform Incorporating Metaverse to Live Commerce", *International Journal of Innovative Computing*, *Information and Control*, 2022, 18(1): 221-229.

［2］ 袁曾:《"元宇宙"空间货币治理的中国方案》,《上海大学学报》(社会科学版)2022年第2期。

［3］ 杨勇、窦尔翔、蔡文青:《元宇宙电子商务的运行机理、风险与治理》,《电子政务》2022年第7期。

［4］ 关乐宁:《元宇宙新型消费的价值意蕴、创新路径与治理框架》,《电子政务》2022年第7期。

B.14
数字藏品中的元宇宙应用

李　宇[*]

摘　要： 近年来，随着科技发展，数字资产已经从一个概念发展为一股新兴力量，被越来越多的人所认可，与此同时，数字藏品借助区块链技术实现场景化并迅速席卷全国。2022年，数字藏品赛道迎来爆发式增长，由于数字藏品平台发展迅猛，缺乏行业规范指导，平台的合规性难以保障。当下数字藏品平台已经快速走过1.0阶段，各个平台面临玩法升级、流量吸引、盘活池子的新挑战，平台间的竞争势必血雨腥风。通过构建数字藏品的全国统一大市场，基于共治、共商、共建、共赢思路构建Web 3.0数字藏品新矩阵，实现流量共培育、收益共分享、财富共管理、能力共输出的目标，真正实现聚生态力量，打造创新、高规格、领先、开放、共治的中国数字藏品新生态。

关键词： 数字藏品　区块链　开放生态

一　数字藏品正在迈入2.0时代

海外数字藏品的市场热潮从2020年下半年开始，至今仍在延续。

---

* 李宇，北京中科金财科技股份有限公司。

头部数字藏品交易平台的交易量尤其令人瞠目。在海外投资市场掀起一波浪潮的同时，国内的相关市场也开始发展壮大，不同于国外的发展路径，国内主要通过数字藏品推动艺术品、音乐、奢侈品、文旅等领域蓬勃发展，也为疫情下国内传统文旅行业提供了新的视野和思路。

2022年国务院印发《"十四五"旅游业发展规划》提到加强和创新互联网内容建设，推进公共文化数字化建设。数字藏品业务在国内迅猛发展。据统计，2021年数字藏品在国内各发售平台发售物品数量约456万个，总发行量市值约1.5亿元，平均售价约32.89元。以目前国内的销售额，预计国内数字藏品市场规模在2026年将达到295.2亿元，发展潜力巨大。

从投资角度看，火爆的数字藏品市场势必会引来投机者与不法者入局。随着数字藏品交易平台量攀升、金融诈骗案件出现以及国家开始管控，原本火热的市场开始逐渐降温。2022年6月30日，在中国文化产业协会牵头下，近30家机构在京联合发起"数字藏品行业自律发展倡议"，反对二次交易和炒作、提高准入标准成为行业高质量发展的核心共识。中国数字藏品的1.0时代已进入尾声，现在逐步迈入规范化发展的2.0时代。

从业务角度来分析数字藏品市场，可以发现以下三个特点。第一，太多平台分流量，所以流量不集中，热度制造不起来；第二，数字藏品平台的玩法比较多，但是大同小异，让藏友们失去了新鲜感；第三，场景单一，当下数字藏品平台的核心场景就是售卖、交易，缺少与业务融合的、有价值的场景，难以激起消费者的热情。

从合规角度看，数字藏品方面的法律存在空白，缺少以技术与业务推动的共建、自律、合规数字藏品生态环境。缺少业务标准、技术标准、场景标准、共治标准、共享标准，导致数字藏品生态建设停留在纸面上，无法真正推动行业快速、合规发展。

从认知角度看，数字藏品到底有没有价值？有观点认为，数字藏品

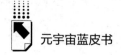

没有任何价值，就是资本制造的用于"割韭菜"的噱头或工具；有观点认为，数字藏品也是艺术的表达形式，纸、瓷器、金属是艺术的载体，数字也是载体，只是表达形式不同，因此数字藏品也具有价值。观点不一实际上是新思维与传统思维的碰撞，同时也是场景单一化导致的问题。根据调研数据，数字藏品的大部分用户是 Z 时代的男性和女性，"90 后"也是庞大的流量体。数字藏品 2.0 时代要解决业务、合格、认知等问题。

数字藏品初级阶段的业务方向主要集中在品牌营销上。目前来看，数字藏品营销还处于试水阶段，部分营销玩法可能存在价值感有余，但参与感或互动感不足等问题，随着不断尝试，相信不久后数字藏品领域会有更多创新性的玩法出现。

当下，数字藏品营销已经从单纯的追热点、流量收割向品牌文化输出、品牌 IP 打造转变，我们从加密世界流行的 DAO 来看，未来数字藏品营销在品牌与用户的关系上，在共创性、共生性以及权益管理上可能发挥意想不到的作用。

数字藏品营销是品牌开启未来数字营销的一把关键钥匙。营销的本质是消费者需求管理，随着消费场景转战线上，元宇宙营销将逐渐流行，而数字藏品营销天生基于线上，并且因为具有唯一性和不可篡改性的特点，无论对消费者需求，还是对品牌营销管理来说，可谓一举两得，所以数字藏品营销潜力无限！

二 中科金财"觅际平台"助力构筑共治、共商、共建、共赢的数字藏品新生态

中科金财自主研发并推出的全新 Web3.0"觅际"平台，致力于打造共治、共商、共建、共赢的数字藏品新矩阵，以 B2B2C 和 C2B2C 模式，通过共治模型，让创作者、企业、用户、监管方、技术服务方、内容方共同参与平台发展，通过生态力量，打造创新、高

规格、领先、开放、共治的中国数字藏品新生态。

中科金财联合多家数字藏品平台、企业、监管方打造面向全国的数字藏品共治联盟，通过服务与资源的聚集，为数字藏品产业链上下游参与方服务，打造 Web3.0 数字藏品新世界。

1. 底层链

在区块链体系中，因为所有交易信息被记录且不可篡改，彼此之间的信任关系变得简单，甲和乙甚至更多方之间进行交易时，通过加密算法、解密算法获得信任后，不需要将信任认证权让渡给中心化机构或第三方中介机构，甚至也不需要让渡给法律，行政管理和防止欺诈的成本大幅度降低。"觅际"平台可以兼容中科金链、Fabric、Bcos、数图多种链，可实现已接入链间资产的转移。

2. 协议支持

目前较为流行的非同质数字资产标准有以太坊网络的 ERC-721、ERC-1155、ERC-998 等。

3. 确权与开放发行能力

中科金财拥有全生命周期数字藏品管理平台，同时钱包具有多资产管理能力，提供多种发行模式（盲盒、固定、竞拍），提供一键式跨链交易等。基于区块链技术，打通版权存证确权、侵权监测、取证固化、司法出证、法律维权等版权保护的全流程服务环节，最终形成"技术公信力+国家公信力"双结合的版权保护服务体系，建立以版权保护、版权交易、版权运营为核心的一站式版权综合服务平台，全流程维护创作者的版权价值。

4. 资源共治

中科金财拥有完备的联盟治理与审计模型，提供数据、用户隔离通道，提供资产分成模型等。

5. 钱包

为了更好地支持数字藏品项目发展，中科金财开发去中心化数字

藏品资产钱包来支持数字藏品资产管理。用户可以使用钱包转移或存储数字藏品产品。数字藏品资产钱包的标准协议主要有 ERC-721、ERC-1155、ERC-998 等。

三　数字藏品展望

中科金财打造的"觅际平台"将有力推动数字藏品行业迈入 2.0 时代，呈现产业与数字藏品"你中有我，我中有你"、共生共赢的新局面。

重制未来数字世界。实物资产的数字化表示既不新颖，也不是唯一标识的使用。但当这些智能合约的概念与区块链防篡改的优势结合在一起的时候，数字孪生世界就有了一个技术标准。通过启用有形资产的数字表示，数字藏品在重塑现代数字系统的基础架构方面又前进了一步。

推动业态共治、共赢。引导数字文创、数字版权、数字艺术、虚拟世界与现实交互产业等相关领域合理有序发展，通过共治模型，推动行业合规发展。

推动场景升级。持续推动个人版权、团体版权、品牌营销、娱乐社交、城市宣传、乡村振兴、公益事业等多个业务板块的发展，实现元宇宙板块的前端技术升级，最终达成元宇宙板块的落地实践。

繁荣数字藏品生态。促进国内优秀的艺术创作者群体 IP 方、品牌方聚合，打造原创、高质、潮流、好玩的数字藏品内容生态。

参考文献

［1］国务院：《"十四五"旅游业发展规划》，2021。

［2］北京邮电大学网络经济与信息化研究中心、北京大学市场经济研究中心：《2021 中国 NFT 产业白皮书——数字藏品赛道为行业领跑》。

［3］〔韩〕李林福：《极简元宇宙》，黄艳涛、孔军译，中国对外翻译出版公司，2022。

［4］程絮森：《读懂元宇宙》，中国人民大学出版社，2022。

［5］姚前主编《中国区块链发展报告（2021）》，社会科学文献出版社，2021。

B.15
虚拟数字人的未来展望

涂 政[*]

摘　要： 2021 年是元宇宙发展元年，也是虚拟数字人爆发的一年。虚拟数字人作为一种融合多种先进技术并具备高度拟人化的媒介角色，将广泛应用在元宇宙的各个场景中。本报告按照技术、应用以及设计风格维度将虚拟数字人进行分类，介绍虚拟数字人诞生至今发展经历的四个阶段，对虚拟数字人当前的行业现状进行梳理。在技术体系方面，将虚拟数字人技术分为人物生成、人物表达、合成显示、识别感知、分析决策 5 个技术模块；在产业生态方面，将虚拟数字人产业分为基础层、核心层、应用层、资本方和监管方 5 个部分，并按照产业链上下游对核心层进行重点介绍。报告还从虚拟偶像、虚拟员工、虚拟主播、虚拟专家、数字化身 5 个方面对虚拟数字人的典型应用进行介绍，最后从关键技术、使用门槛、商业价值、行业生态 4 个视角对虚拟数字人发展趋势做出展望。

关键词： 虚拟数字人　元宇宙　虚拟偶像　数字员工　虚拟主播

---

* 涂政，爱化身科技（北京）有限公司。

一　虚拟数字人概述

（一）虚拟数字人的定义与特征

虚拟数字人是指存在于非物理世界中，采用计算机图形学习、深度学习、动作捕捉、语音合成、图像渲染等多种技术构建，并在外貌、行为、交互等多方面高度拟人化的综合性产物。数字虚拟人具有三个重要的特征：一是拥有人的形象外观，具有独特的相貌、性别和性格等人物特征；二是拥有人的行为方式，能够通过语言、面部表情和肢体动作进行表达；三是拥有人的交互能力，能够在交互过程中感知对方的意图和情绪并做出回应。

虚拟数字人作为一种新的媒介角色，广泛应用于元宇宙的各个场景中，履行信息制造、传递和反馈的责任，是链接元宇宙中"人—场—物"的纽带。为体验者带来亲切感、沉浸感与关怀感是虚拟数字人的核心价值，也是评估其在各种应用场景中能否替代真人最重要的评价标准。

（二）虚拟数字人的分类

随着人工智能、图像渲染等技术的不断发展，虚拟数字人的用途和种类逐渐丰富，在实践中按照技术、应用以及设计风格维度可分为不同类型（见图1）。

从技术维度看，虚拟数字人分为真人驱动型和智能驱动型两大类。真人驱动型虚拟数字人是由其幕后的"中之人"通过麦克风、摄像头和动作捕捉设备进行驱动，呈现虚拟数字人的语言、表情和动作。真人驱动型虚拟数字人是目前行业内相对成熟的一种驱动模式，广泛应用于虚拟偶像表演、虚拟互动直播等场景。智能驱动型虚拟数

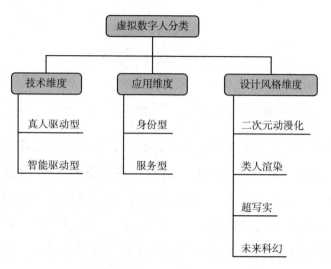

图1 虚拟数字人分类

字人则是依托机器学习算法，对外部输入的文字、声音、图像等信息进行分析和反馈，虚拟数字人表现的好坏取决于其"智能"内核技术的高低。智能驱动型是未来虚拟数字人技术的发展方向，目前主要应用于虚拟客服、虚拟导游等作为"工具人"使用的场景。

从应用维度看，虚拟数字人分为身份型和服务型两大类。身份型虚拟数字人强调身份属性，虚拟数字人拥有自己的"人格"，既可以是现实世界真人的"分身"，例如明星虚拟分身；也可以是完全虚构的人物，例如虚拟偶像。身份型虚拟数字人当前主要应用在娱乐、社交、办公等场景，用于拟偶像表演、虚拟会议等。服务型虚拟数字人强调功能属性，为体验者提供各种专业化服务，在经济活动中具有降本增效的特征。服务型虚拟数字人当前主要应用在企业中，例如虚拟教师、虚拟客服、虚拟导游、虚拟助手等。

从设计风格维度看，虚拟数字人分为二次元动漫、类人渲染、超写实、未来科幻四种类型。二次元动漫型虚拟数字人目前在游戏、卡通动画中应用较多，因制作成本低，主要在平面空间呈现，例如初音未来、洛天依等。类人渲染型虚拟数字人在外形上接近真人，加入了卡通元素，在 3D 动画、游戏 CG 中应用较多，可在立体空间呈现以任意视角观看，例如一禅小和尚、星瞳等。超写实型虚拟数字人在外形上与真人几乎一致，可达到"以假乱真"的效果，但是制作成本相对较高，主要应用于广告和影视中，例如柳夜熙、AYAYI 等。未来科幻型虚拟数字人有着强烈的科幻色彩，呈现未来主义、赛博朋克风格，在科幻大片中较为常见，例如灭霸、阿凡达等。

（三）虚拟数字人的发展历史

自 1982 年世界上第一位虚拟歌姬林明美诞生开始，虚拟数字人的发展大致可分为四个阶段。

1. 第一阶段（1982~1999年）：萌芽期

20 世纪 80 年代，随着日本动画产业画技的突破，外形能够被大众所接受、具有辨识度的虚拟人物开始进入大众视野。林明美的尝试获得了良好的反响，虚拟数字人产业随之开始生根发芽。这一时期虚拟数字人制作主要以手绘为主，因制作成本高，也无法与粉丝进行互动。

2. 第二阶段（2000~2015年）：探索期

21 世纪初，随着计算机动画、动作捕捉、语音合成等技术的发展，以二次元偶像"初音未来"为代表的虚拟数字人引发了新的关注热潮。粉丝创作与粉丝经济这一新的商业模式也让更多的企业看到虚拟数字人的市场潜力，参与者越来越多，内容逐渐丰富，产业链初步成型。这一时期虚拟数字人制作主要使用计算机技术进行动画合成，但其对制作人员的专业性要求非常高，成本依然居高不下。

3. 第三阶段（2016~2020年）：发展期

伴随着新一代人工智能的发展浪潮，虚拟数字人也在多方面迎来技术革新，制作流程更加简单，应用场景更加多元。深度学习算法的

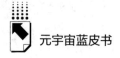

突破，使得虚拟数字人制作过程得到简化；虚拟现实、实时渲染、全息投影等技术的出现，使虚拟数字人的呈现方式更加多样；经过 AI 训练后的虚拟数字人开始应用在一些专业服务领域。

4. 第四阶段（2021至今）：爆发期

2021 年是元宇宙发展元年，也是虚拟数字人迎来爆发的一年。虚拟美妆达人柳夜熙的一夜爆红使虚拟数字人产业获得空前关注，大量资本的注入推动软硬件技术全面提升，应用场景上也不断拓展，在影视、传媒、社交、游戏、金融、教育、文旅等领域实现商业化。虚拟数字人正加速融入人们的生活，朝着智能化、便捷化、精细化、多样化发展。

二 虚拟数字人行业现状

（一）市场规模

根据速途元宇宙研究院《2022 虚拟人产业研究报告》，2021 年国内虚拟数字人整体市场规模为 147.3 亿元。在元宇宙概念的驱动下，虚拟数字人产业正呈现从娱乐化向工具化、基建化的形式渗透，越来越多的企业在生产经营、内容创作、社交环境、营销渠道等方面针对虚拟数字人投入预算，市场需求旺盛。行业技术可行性和商业价值均已得到验证，能够维持长期和衍生发展。此外随着元宇宙虚实相生体系的逐步完善，虚拟数字人市场还将在 IP 经济、人机交互、VR 内容制作等领域迎来二次爆发。预计到 2030 年，虚拟数字人整体市场规模将达到 3095.3 亿元（见图 2）。

（二）投融资情况

自 2021 年以来，虚拟数字人在投融资领域获得了较高的关注，

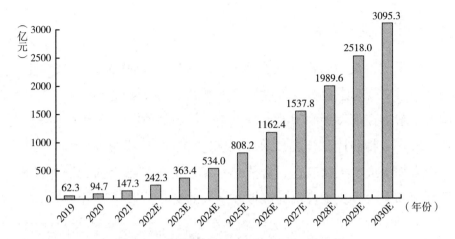

图 2 虚拟数字人市场规模趋势预测

资料来源：速途元宇宙研究院。

根据速途元宇宙研究院《2022 虚拟人产业研究报告》，2021 年全年虚拟数字人相关企业融资事件 2843 起，融资金额合计 2540 亿元，新增虚拟数字人相关企业超 6 万家。根据启信宝数据，截至 2021 年末，虚拟数字人行业相关企业存续数量超过 16.7 万家。主要虚拟数字人相关企业融资情况见表 1。

表 1 主要虚拟数字人相关企业融资情况

时间	企业名称	融资轮次	融资金额	主要投资方
2022 年 4 月	爱化身科技	天使轮	千万元人民币	中科金财
2022 年 4 月	魔珐科技	C 轮	超 1 亿美元	软银愿景基金
2022 年 3 月	Oasis	B 轮	千万美元	五源资本
2022 年 2 月	次世文化	A++轮	超千万美元	红衫中国
2022 年 1 月	世悦星承	Pre A 轮	千万元人民币	网易资本
2022 年 1 月	世优科技	A+轮	千万元人民币	多闻资本
2022 年 1 月	杭州李未可	天使轮	千万元人民币	字节跳动
2021 年 11 月	万象文化	A+轮	数千万美元	海纳亚洲创投
2021 年 11 月	相芯科技	战略投资	千万元人民币	赛伯乐投资
2021 年 11 月	中科深智	B 轮	千万元人民币	晨山资本

（三）技术体系

虚拟数字人的制作涉及众多技术领域，且制作流程尚未完全定型，通过对现有虚拟数字人制作中涉及的常用技术进行调研，参考中国人工智能产业发展联盟的划分方法，将虚拟数字人技术体系分为人物生成、人物表达、合成显示、识别感知、分析决策5个技术模块。其中人物生成、人物表达、合成显示模块为虚拟数字人的制作技术，识别感知、分析决策模块为虚拟数字人的交互技术（见图3）。

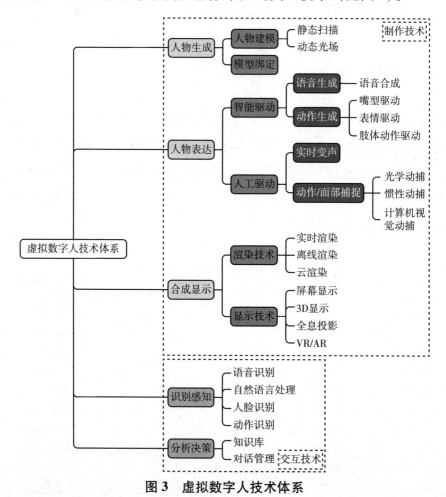

图3　虚拟数字人技术体系

1. 人物生成

分为人物建模和模型绑定两个部分。人物建模指使用 2D/3D 建模技术生成虚拟数字人的形象，分为静态扫描建模和动态光场重建，目前主流技术仍为静态扫描，但动态光场由于其具有高视觉保真度，将是未来重点发展方向。模型绑定是虚拟数字人制作最重要、最耗时的环节之一，传统方法往往需要数月时间，绑定技术的突破，大大降低了虚拟数字人的制作成本和周期，使得人人拥有虚拟数字人成为可能。

2. 人物表达

分为智能驱动和人工驱动两种路线。智能驱动包括语音生成和动作生成两个部分。语音生成主要涉及语音合成技术，将文字信息转化成虚拟数字人的语言和声音。动作生成用于驱动虚拟数字人的动作和表情，当前嘴型和面部表情的实时合成效果已经达到了较高的准确度和流畅度，但其他肢体动作的实时合成技术还不够成熟，仅能支持一些预制动作的输出。人工驱动在语音方面需要用到实时变声技术，将"中之人"的声音实时转化为虚拟数字人设定的声音。动作方面主要是依靠动作/面部捕捉技术，通过将真人的动作捕捉采集后迁移至虚拟数字人，分光学动捕、惯性动捕、计算机视觉动捕等。在智能驱动技术路线还未达到完全成熟的情况下，当前人工驱动仍然是虚拟数字人主流的驱动方式。

3. 合成显示

分为渲染和显示两个部分。渲染是指将人物模型、动作以及场景、灯光等效果，通过渲染合成得到模型和动画的最终显示效果，分为实时渲染和离线渲染两类。实时渲染相比离线渲染，牺牲了画面质量，但大大提升了渲染速度，使得高精度的 3D 超写实虚拟数字人直播成为可能。还有一种方式是云渲染，需要将渲染所需要的大量计算放置到云端服务器中进行，用户终端仅用作显示。显示就是指将渲染

过后的模型和动画最终在人的眼前呈现，目前已有的显示技术包括屏幕显示、3D 显示、全息投影以及 VR/AR 等。

4. 识别感知和分析决策

是指利用人工智能技术，使虚拟数字人拥有自主感知周围环境和行为、并能够做出反馈的能力。识别感知方面，包含语音识别、自然语言处理、人脸识别、动作识别等技术。分析决策方面，包含知识库、对话管理等技术。

（四）产业生态

当前虚拟数字人技术方案日益成熟，应用场景不断延展，社会接受度逐步提升，商业模式也在持续演进，整体产业生态格局基本形成。虚拟数字人的产业生态由基础层、核心层、应用层、资本方和监管方构成（见图 4）。

1. 基础层

基础层为虚拟数字人提供基础硬件设备与数字信息基础设施支撑，基础硬件设备包括显示设备、传感器、芯片、光学器件等，数字信息基础设施包括通信网络基础设施、数据与算力基础设施、物联网基础设施。

显示设备是虚拟数字人的呈现载体，既包括手机、电视、LED 显示屏等 2D 显示设备，也包括裸眼 3D、全息投影、AR、VR 等 3D 显示设备。传感器用于虚拟数字人原始驱动数据及用户反馈数据的采集。芯片用于虚拟数字人的模型渲染、模型训练相关的数据存储、分析与处理。光学器件用于光学捕捉设备、显示等设备的制作。

通信网络基础设施，包括 5G、卫星网络、互联网等设施，用于确保虚拟数字人在 AI 功能调用、动画合成、实时在线渲染时拥有更低的延迟。数据与算力基础设施，包括数据中心、超级计算中心以及人工智能训练、云计算等服务平台设施，用于为虚拟数字人的训练学

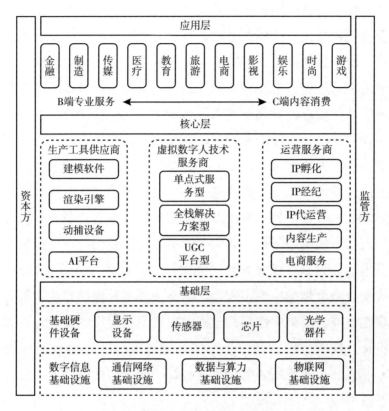

图 4　虚拟数字人产业生态图谱

习、云端渲染提供算力支撑。物联网基础设施，指智慧城市、数字乡村、智能交通、工业互联网等领域的感知终端、网络和平台，作为虚拟数字人行业应用落地、服务实体经济的基础保障。

2. 核心层

核心层为虚拟数字人产业发展的核心力量，承担着虚拟数字人关键核心技术研发以及设计、生产、运营的职责。按照产业链上下游可分为生产工具供应商、虚拟数字人技术服务商和运营服务商三类角色。

生产工具供应商主要为技术提供方，为虚拟数字人的生产制作提

185

供软件工具和设备产品，主要涉及高精度建模技术开发、实时动画渲染引擎迭代、高精度采样设备制造以及人工智能算法开发与模型训练等领域。建模软件用于对虚拟数字人的人体、衣物进行三维建模。渲染引擎用于对灯光、毛发、衣物等进行渲染。动捕设备用于获取真人表演者的动作信息，利用软件算法实现对人物动作的重现。AI 平台提供计算机视觉、智能语音、自然语言处理技术能力。

虚拟数字人技术服务商是整个虚拟数字人产业的调节器，决定了整个虚拟数字人产业发展的速度。一方面，需要完成上游众多的技术提供方的技术整合；另一方面，需要面向下游的运营服务商，降低虚拟数字人技术的使用门槛，共同探索更多的商业机会。虚拟数字人技术服务主要分为单点式服务型、全栈解决方案型，UGC 平台型三类：单点式服务型聚焦虚拟数字人生产的某一环节并提供专业化服务，例如人物建模或者动画制作等；全栈解决方案型提供的服务包含虚拟数字人设计、建模、后期制作、运维等全链条；UGC 平台型提供一套面向专业或非专业开发者的全流程管线，使用户能够根据自身需求敏捷生产各种虚拟数字人模型。

运营服务商是虚拟数字人内容生态的主要构建者，负责虚拟数字人内容的创作与 IP 运营，处于虚拟数字人面向各领域融合应用的前端。其中最典型的代表为各类 MCN 机构，为虚拟数字人提供 IP 孵化、IP 经纪、IP 代运营、内容生产、电商服务等运营服务。

3. 应用层

应用层是虚拟数字人实现应用落地并真正能够创造价值的实践场，是虚拟数字人技术与传统行业交汇的聚集地。通过不断丰富应用场景和行业应用解决方案，促进虚拟数字人整体产业繁荣发展。随着虚拟数字人的制作、运营成本大幅下降以及周期缩短，虚拟数字人的应用已经实现从面向 B 端的专业服务为主，到面向 C 端的内容消费的全覆盖。B 端虚拟数字人主要是企业的数字员工，代替真人为企业与顾客提供各类专业化服务。C 端虚拟数字人一般拥有专属的 IP 形象或社会身份，通过内容运营等方式带动受众群体实现消费转化。

4. 资本方

资本方是虚拟数字人产业快速发展的推手，自 2021 年以来，虚拟数字人相关领域投资迎来爆发期。资本方主要分为三类：第一类是以腾讯、字节跳动、网易、小米等为代表的互联网巨头，投资目的是为其在元宇宙赛道战略转型和升级做布局；第二类是以红杉、软银、晨山等为代表的知名投资机构，一般选取赛道中有黑马潜质的项目进行投资，并在价值提升后退出变现，获得资金回报；第三类是由国家或地方政府发起的政府引导基金，主要围绕重点发展领域的产业链或生态链进行投资，以构筑全产业链打造产业生态。

5. 监管方

由于虚拟数字人对社会而言是一个崭新的概念，相关法律与配套政策还不完善，存在一定监管风险。虚拟数字人相关的知识产权保护、人物形象侵权、用户数据隐私、产品标准与服务规范以及人格化导致的伦理问题等，需要随着行业发展在实践中不断进行规范和完善。除了需要立法机构制定相关法律、相关政府部门监管引导之外，还需要行业联盟、行业协会发挥作用，倡议和引导行业内企业主动承担社会责任、依法合规从事各类经营活动、遵循行业规则和市场准则。

三 虚拟数字人典型应用

根据虚拟数字人应用领域、应用场景的不同，不同类型的虚拟数字人的应用类型也不同。目前应用落地较多、应用前景广阔的虚拟数字人分为：虚拟偶像、虚拟员工、虚拟主播、虚拟专家、数字化身五大类（见表2）。随着未来更多应用场景的拓展，也将出现新的应用类型的虚拟数字人。

表2　五种典型的虚拟数字人应用类型及应用领域

应用类型	虚拟偶像	数字员工	虚拟主播	虚拟专家	数字化身
应用领域	影视、时尚、娱乐	金融、制造、文旅	传媒、电商	教育、医疗	游戏、社交
驱动方式	真人驱动	AI驱动为主、少量真人驱动	真人驱动、AI驱动并存	AI驱动	真人驱动
模型精度	高	根据企业需求而定，精度较高	较高	一般	根据用户需求而定，一般精度较低

（一）虚拟偶像

虚拟偶像是根据商业、文化等具体需求进行制作与培养，通过数字形式制作，在虚拟场景或在现实场景合成并进行演绎活动的人物形象。随着"Z世代"群体逐渐成为内容消费的主力军，虚拟偶像的发展也迎来了机遇，虚拟歌手、虚拟网红、虚拟DJ、虚拟男女团纷纷进入大众的视野。凭借年轻流量青睐、形象不易"塌房"、技术玩法新颖、商业衍生能力强等优势，虚拟偶像受到各大品牌企业尤其是时代品牌甚至奢侈品牌的追捧，是当前商业化效果最好的虚拟数字人类型。

虚拟偶像与真人明星类似，需要由专业的经纪公司负责运营，绝大多数是由真人在幕后扮演，主要分为表演型、时尚型、明星"虚拟分身"等。表演型是最普遍的类型，以歌手、演员、DJ、脱口秀等为主，如洛天依、虚拟鹤追、翎、A-Soul女团等；时尚型则主要以模特、网红身份出现，以各类品牌的代言、"硬照"为主要传播内容，如柳夜熙、阿喜、AYAYI等。

由于虚拟偶像一般呈现在大幅海报、影视荧幕以及大型现场屏幕，这就要求虚拟偶像的细节刻画十分清晰，相比其他类型虚拟数字人，虚拟偶像的模型精度要求极高，制作成本普遍高昂，具有较高的门槛，目前存在一定的投资风险。

1. 登上冬奥舞台的二次元歌手——洛天依

洛天依（见图5）是上海禾念信息科技有限公司旗下虚拟艺人，于2012年7月12日作为中文虚拟歌手正式出道。洛天依的名字取自"华风夏韵，洛水天依"，标志性的特征是灰发、绿瞳，发饰碧玉、腰坠中国结，带有国风元素，人设是天然呆的萌妹，用歌声为别人传递感动与幸福。

图5 登上冬奥舞台的二次元歌手——洛天依

洛天依有着清晰的定位、系统的运营思路以及庞大的粉丝群体，是国内商业价值首屈一指的虚拟偶像。出道以来，已经相继登上了多家卫视频道舞台，并于2021年登上央视牛年春晚，2022年登上了北京冬奥的舞台，献唱了一曲Time to Shine。

2. 会捉妖的虚拟美妆达人——柳夜熙

柳夜熙（见图6）是创壹科技旗下抖音虚拟美妆达人，于2021年在抖音平台发布了第一条视频，视频中展示了一个画着眼线、眼影、口红的妆容，真实且神秘的国风形象女子。凭借此视频柳夜熙迅

速登上热搜，获赞量达到 300 多万，一周涨粉超 430 万，成为 2021 年的"现象级"虚拟数字人 IP。

图 6　会捉妖的虚拟美妆达人——柳夜熙

柳夜熙的视频采用了真人与数字技术结合的方式，融合了"悬疑+美妆+剧情+后期特效"技术，在技术上相比传统的特效电影并无太大突破。然而依靠着 CG 级的精良视觉效果，加上偶像运营团队的专业运作，成为当前虚拟偶像流量的天花板。

（二）数字员工

数字员工是企业数字化转型的重要抓手，是企业重要的数字化资产。数字员工能在一定范围内替代真人员工完成一些重复度高且耗时的共性问题，实现企业降本增效。随着未来数字化、智能化水平的进一步提高，数字员工将发挥实时在线、智能驱动、外形可塑等优势，在越来越多的岗位上实现更大的实用价值。

从用途上，数字员工目前主要分为两大类：一种是偶像型，主要雇主是消费品企业，将数字员工打造成为企业品牌 IP，拥有偶像型外表和独特的人设，对外展示和表达企业品牌形象和品牌内涵；另一种是服务型，主要雇主是服务型企业，通过替代重复性的人工作业，为客户提供相对标准化、智能化的客户服务，显著提高企业的服务效率。

由于不同行业领域需求存在着较大差异，目前数字员工主要为各家企业个性化定制，对于模型精度的要求也不尽相同。不过数字员工作为企业形象的一种具体表达，大多数已推出数字员工的企业对人物形象和模型精度的要求比较高，制作和运营成本也会更高。

1. 百信银行虚拟品牌官——AIYA

AIYA（见图7）是百信银行在金融业推出的首位"AI 虚拟品牌官"，这款由爱化身科技设计制作的数字员工于 2021 年 12 月 30 日正式入职百信银行，并与央视虚拟主播小 C 进行互动。目前 AIYA 主要负责出席一些品牌活动，为百信银行进行广告代言。未来通过不断学习，AIYA 的智能水平和财商智慧也会得到同步提升，届时她将与更多不同的角色及场景对话，广泛活跃在短视频、虚拟直播、App 等场景。

AIYA 虽然推出时间较短，但已经形成了较高的影响力。一方面，通过银行业领先的创意实践、明晰的知识产权、自主技术、数字藏品应用等，彰显了品牌的创新能力；另一方面，整体传播高举高打，通过与党媒央媒合作，赢得了极佳的传播影响力，成为 C 位出道的"双优生"。

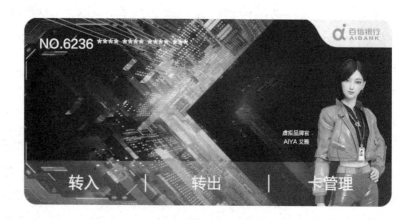

图7　百信银行虚拟品牌官——AIYA

2. 西门子跨次元创新大使——西宇鸣

作为全球电子电气工程领域的领先企业的德国西门子，于2021年6月17日推出了公司的跨次元创新大使西宇鸣（见图8）。这位由爱化身科技打造的虚拟数字人，一身白色宇航服搭配高科技眼镜，看上去未来感十足。因为西门子成立于1847年，所以作为虚拟形象的西宇鸣的设定就是来自1847星球的创新使者。

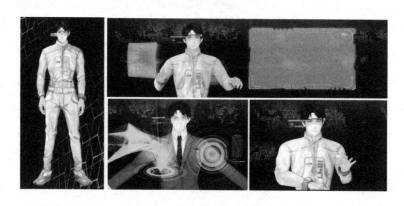

图8　西门子跨次元创新大使——西宇鸣

与大多数企业利用数字员工作对外宣传不同，西宇鸣主要服务于西门子内训的应用场景和内域的使用场景，因此更加具备西门子的企业文化基因，成为企业文化与员工之间沟通的纽带。

（三）虚拟主播

虚拟主播，即以虚拟形象展示、真人声优配音，在媒体、社交平台上从事主持、播报、娱乐等活动的虚拟数字人。虚拟主播能够创新节目形态、提高播报效率、拉近传统媒体与年轻群体的距离，是当前各大媒体争相研发的宠儿。虚拟主播是最容易实现智能驱动的虚拟数字人，自然语言处理、智能语音合成等人工智能技术的突破推动了虚拟主播发展，未来虚拟主播从形象、声音到表达都将更加接近真人主播。

虚拟主播的应用主要分为两类。一类是以虚拟主持人、虚拟记者为代表的媒体虚拟主播，可以 7×24 小时自动完成播报或与观众互动。另一类则是活跃在各大新媒体平台，以直播为主要手段的娱乐虚拟主播，由 MCN 机构或个人负责运营，拥有独特人设和内容生产，通过广告代言、直播带货、粉丝打赏等方式变现。

虚拟主播一般活跃在手机、电脑屏幕等显示终端，对于细节的刻画不需要达到虚拟偶像那样高的要求，但是依然需要呈现给观众精美的视觉效果，因此模型精度处于中等偏上的水准，相应的制作费用不算便宜，但处于可接受的范围。

1. 央视网虚拟小编——小 C

2021 年全国两会期间，央视网人工智能编辑部迎来了一位叫小 C 的虚拟小编（见图 9），以"两会 C+真探系列直播节目"记者的身份对两会新闻进行播报，并直播连线采访了多位全国人大代表。2022 年北京冬奥会期间，小 C 又在央视网打造的"C 位看冬奥"栏目中，与冬奥会前方记者、主持人进行连线环节的互动。

我是央视网新入职的数字虚拟小编小C

图9 央视网虚拟小编——小C

作为一款3D超写实虚拟数字人，小C是数字人技术和云连线技术有机结合的代表，是央视网在重大时政报道方面的一次创新应用，也是央视网在媒体融合道路上的一次成功尝试。由于小C的主持风格多变、语言风趣幽默、表情细腻丰富，给节目带来了很多的亮点。

2. 走进电商直播间的VUP

2020年是电商直播全面发展的一年，虚拟数字人主播也成为电商直播的新晋力量。相比真人主播，虚拟主播在直播方面更具稳定性和持续性，也能够通过一些技术特效营造更好的直播效果。由于VUP们本身自带流量，拥有坚实的粉丝基础，带货能力不输真人主播。同时还能够与真人主播合作，实现店铺7×24小时直播（见图10）。

爱化身科技针对虚拟主播打造的"五彩石"虚拟直播平台，兼具高效模型绑定、快速动画制作、高精度实时直播、实时语音转换等功能，支持淘宝、京东、抖音、快手等众多直播平台，可提供从直播方案、现场设备、直播物料到直播软件的一站式指导服务。有了此类工具的支持，未来大量的VUP参与到电商直播领域将会走向常态化。

图 10　爱化身虚拟主播元夏直播带货

（四）虚拟专家

得益于人工智能技术的发展，在医疗、教育等专业领域，虚拟数字人能够通过深度学习、语音合成、多模态人机交互等训练，获得专业知识图谱，从而具备行业专家一样的专业能力，提供实时、智能、个性化的沉浸式服务。目前在虚拟心理医生、虚拟手语主持人、虚拟教师方面应用较为成熟。

随着算力、算法、数据处理以及人机交互能力的迭代，未来虚拟专家将由少数行业专精向多行业复用发展，成为每个人都能拥有的私人助手和专业顾问，从多方位实现对人类劳动力的解放，让自然人可以更加专注于从事个性化、创造性的事业。此外，随着情感交互功能的注入，虚拟专家还将具有陪伴、关怀等外延性价值。

虚拟专家的核心价值在于其专业能力，因此对于外观的要求不会太高，模型精度在中等水平即可，主要成本来自对其 AI 能力的培养。

（五）数字化身

个人在虚拟世界中为自己创造独特形象的身份需求，在社交、游戏等领域被反复验证。用户在 RPG 游戏或虚拟社交平台中，借助"捏脸"系统打造属于自己的虚拟形象，并使用该虚拟形象代表自己进行探索体验与社交互动，实际上这个虚拟形象就成为了用户的"数字化身"。

未来，虚拟数字人将成为元宇宙最核心的交互载体和入口，每个人都可能用数字化身进入元宇宙，沉浸式体验游戏、娱乐、社交、教育、运动等数字化内容。数字化身将拥有法定数字身份，并与个人数字资产进行绑定，确保个人利益和资产安全。

由于数字化身一般活跃在一个个虚拟空间中，模型精度受虚拟空间整体精度的制约，因此要求一般较低，通过标准化模板+"捏脸"系统即可快速生成，符合普通用户的低成本需求。当然，有特殊需求的用户依然可以投入更多资金为自己定制更加精细的数字化身。

四　虚拟数字人发展趋势

（一）关键技术迭代优化，拟人化、智能化、互动化是重要方向

借助先进的图形技术，虚拟数字人在视觉层面将突破"恐怖谷效应"，拥有接近真人的视觉体验。再以实时渲染加持，能够使虚拟数字人与用户实时交互，为虚拟数字人带来高度拟人化的呈现。随着

计算机视觉（CV）、自动语音识别（ASR）、自然语言处理（NLP）、语音合成（TTS）等人工智能技术的不断创新，虚拟数字人将拥有全面的听、说、读、写、理解等人类所拥有的基本能力，实现"形似到神似"。全双工技术将推进虚拟数字人交互方式演变，具备实时智能响应、智能打断、智能纠错、多轮对话等功能，从而加强与真人的互动合作，实现协同发展。

（二）使用门槛逐渐降低，大众化、标准化、普惠化为现实要求

未来在元宇宙中，每个用户都需要自己的虚拟形象，因此需要更加易用、便捷、开放、高效的 UGC 创作工具，让艺术家和普通用户都能基于通用框架进行快速定制，生产高品质的美术资产与数字化身。技术革新将促进制作流程的简化，通过大量标准化模块的复用，可以大幅提高开发效率，缩短开发周期。同时也将对设备进行改进升级，不再需要穿戴专业设备就能实现自然交互。随着更多人参与到虚拟数字人的创作中，开发者生态体系也将渐次成型，高精度虚拟数字人在高频需求下成本也将不断降低，使资源更多回归内容生产本身。

（三）商业价值不断释放，多元化、通用化、社会化属必然选择

元宇宙的热潮将加速推动虚拟数字人商业价值的释放，越来越多的企业和品牌会加速布局"虚拟数字人+虚拟场景"赛道，在 C 端市场的渗透率也将不断增强，商业应用场景将迅速扩大到媒体、金融、电商、服务、教育等以外的各大行业。随着高并发和稳定性的增加，未来同一虚拟数字人有望在更多通用场景内持续工作，发挥更多价值。拥有内容生产能力的虚拟数字人，将重构内容底层商业逻辑，塑造元宇宙中的法律与伦理体系，从而构建元宇宙社会价值的"内循环"。

（四）行业生态持续丰富，规模化、融合化、全球化成主流趋势

在各行业逐渐意识到虚拟数字人技术的可行性和商业价值后，虚拟数字人还将会持续升温，市场规模将进一步扩大，并重新链接产业链上下游，催化全新场景与业态的产生。人类社会与元宇宙将以"虚实共生"的模式长期存在，虚拟数字人作为重要的数字化工具，也将实现向传统产业的全面融合渗透，推动各行各业效率提升。依托于区块链带来的去中心化共识体系，虚拟数字人也将突破国别和地域限制，成为全球不同国家、不同种族、不同文明间沟通的桥梁纽带。

参考文献

［1］陈龙强、张丽锦：《虚拟数字人 3.0——人"人"共生的元宇宙大时代》，中国出版集团中译出版社，2022。

［2］中国人工智能产业发展联盟：《2020 年虚拟数字人发展白皮书》，2020。

［3］中国传媒大学媒体融合与传播国家重点实验室：《中国虚拟数字人影响力指数报告》，2021。

［4］中国广告协会数字元宇宙工作委员会：《虚拟数字人法律研究报告》，2022。

［5］速途元宇宙研究院：《2022 虚拟人产业研究报告》，2022。

［6］艾媒大文娱产业研究中心：《2022 年中国虚拟人产业商业化研究报告》，2022。

［7］洞见研报：《虚拟人行业研究报告》，2022。

［8］量子位：《虚拟数字人深度产业报告》，2021。

［9］华丽智库：《全球时尚虚拟人物研究报告 2021》，2021。

［10］国海证券研究所：《数字虚拟人，科技人文的交点，赋能产业的起点》，2022。

［11］天风证券：《虚拟数字人：元宇宙的主角破圈而来》，2022。

［12］西部证券：《虚拟人大有可为，影视行业有望受益》，2022。

B.16
文化元宇宙探索实践：以三星堆为例

丁刚毅 等*

摘　要：《三星堆奇幻之旅》是中央广播电视总台新闻中心于2022年6月14~16日推出的首个大型沉浸式数字交互空间，创新性地将三星堆考古发掘大棚、三星堆数字博物馆以及古蜀王国等场景，通过即时云渲染技术，为用户提供全新的沉浸式交互体验实现"破壁"，融合文化传播实现"破屏"。本报告以《三星堆奇幻之旅》为例，分析元宇宙空间建模、交互方法、安全策略及面向海量人群涌现的元宇宙范例。

关键词：　文化元宇宙　交互式虚拟空间　云渲染

一　概述

（一）背景

《三星堆奇幻之旅》是中央广播电视总台联合四川省文物考古研究院、三星堆遗址考古发掘队、三星堆博物馆、北京大学、四川大学、上海大学、北京理工大学数字表演实验室等单位院校，依托大量

---

* 丁刚毅、刘来旸、张龙飞、吴羽琛、关正、闫大鹏、袁波，北京理工大学；浦轩，中央广播电视总台；吴翰清、卢云、钱虔、陈冬白、张浩、丁先树，阿里云计算有限公司；石磊，城市生活（北京）信息有限公司。

独家、核心考古发掘成果、数字资源开发的大型沉浸式数字交互空间。空间构建了三张探索地图，分别代表现在的三星堆考古发掘大棚、未来的三星堆数字博物馆以及过去的古蜀王国。观众可通过答题方式进入，不仅可以和其他网友同步收看电视直播，还可以沉浸式体验和探索考古现场，近距离观赏文物细节之美，身临其境地浏览神秘的古蜀王国（见图1）。

古蜀王国
（过去）

三星堆挖掘现场
（现在）

"三星堆奇幻之旅"
入口传送门

博物馆奇妙夜
（未来）

图1　系统场景

《三星堆奇幻之旅》首次采用大规模即时云渲染技术，将大型沉浸式体验需要的图形算力、存储需求放在云端，观众看到和交互的画面都是云端实时渲染计算出来的，通过实时音视频通信技术推送给用户，从而让观众摆脱本地硬件限制，能够低成本地体验沉浸式交互。空间制作使用了数字人身份引入、虚拟交互机制、数字资产创作等技术，对电视节目的虚实结合、内容拓展、沉浸体验进行了开拓性探索，为未来智能媒体使用元宇宙聚合技术，促进传统媒介升级，实现"大屏小屏与 AI"实时融合打下基础。

（二）破元宇宙落地之壁

在元宇宙的发展当中重要的技术核心如感知、计算、重构及协同等方法百花齐放（见图2），而最终与用户交互的方式即"最后一公里"的突破则举步维艰。

感知　元宇宙的物理基础

计算　元宇宙的核心动力

重构　元宇宙的构建方式

协同　元宇宙的链接协作

交互　元宇宙的虚实融合

图 2　元宇宙的核心技术支撑

元宇宙与大众用户"最后一公里"的问题在于采用 Web 技术及二维模型技术构建元宇宙并推广或者采用三维建模技术实施。原技术优点在于系统轻量化使入门门槛降低，群智应用成熟，缺点在于与人生活的三维世界及高维信息需求相悖，难以引导未来发展。解决后一个问题，就需要构建高维高精度模型，连锁问题就是重资产高精度画面只能通过客户自备的高价装备来生成，无法通过轻量边缘移动设备进行呈现，这也成了元宇宙生态发展的拦路石以及上述元宇宙"最后一公里"之"壁"。

打破元宇宙"最后一公里"，实现"破壁"，是三星堆虚拟空间的诉求，也是打破元宇宙游戏之名的重要尝试。而大规模即时云渲染技术实现了这个目标。

（三）破传统媒体传播之屏

2022 年 6 月 14~16 日，《三星堆奇幻之旅》作为首个大型沉浸式数字交互空间上线，观众通过收看每天 13：00 由中央广播电视总台、央视新闻新媒体端的《三星堆新发现》直播特别节目，开展互动答题环节，获得进入通道。

观众在直播过程中扫描二维码，会先获得一张三星堆答题卡，所有的题目都由在三星堆发掘多年的考古队员设计，观众可在答题页面上回答专家设计的选择题进行互动，通过考古队的考验即可进入数字交互空间。

该空间有 30 平方公里高精度环境建模，300 件点云全息藏品。这是传统电视媒体的一次"破屏"行动，首次让电视机前无形的观众在数字空间内变为有形的观众，也是首次在数字空间进行现场直播，将直播现场变为可交互的开放世界。利用大规模即时云渲染技术，电视媒体从传统线性视频流单向传播给观众，变为双向可交互的传播，实现了"千人千面"，不同的网友登录，会获得不同的内容体验，传统媒体从此迈入更彻底的交互内容传播时代。

该交互空间在运行期间受到了各界媒体的广泛关注，以 797.1 万的访问量荣登热搜榜第四位（见图 3），并实现了元宇宙交互空间服务的突破。

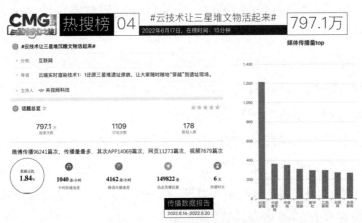

图 3 传播数据报告

二 《三星堆奇幻之旅》元宇宙构建

（一）交互式虚拟空间构建需求

在典型虚拟游戏和建模应用方面，《三星堆奇幻之旅》在具备功能性、信息性、联通性、载体性的同时，依托数字人身份引入、虚拟交互机制、数字资产创作等技术功能，以及虚实结合、内容拓展、沉浸体验的要求，进一步呈现社会创造性、高度社会性、应用持久性、虚实互操性的特征。

社会创造性。用户通过交互影响数字空间参数，从而影响虚拟空间的呈现结果，这种创造过程催生了《三星堆奇幻之旅》的自我创造，使开发者、用户增长迅速，显现强社交属性。

高度社会性。系统用户可以超越空间限制，与世界各地的人共享三星堆挖掘现场、三星堆博物馆、古蜀国的"物理"环境。这将深刻改变相互沟通和互动的方式。《三星堆奇幻之旅》提供的世界是一个有呼吸、有生命的平行现实，可以持续且实时地为世界所有居民提供服务。它具有巨大的可扩展性，未来能使世界范围内数亿个虚拟角色同时共存。

应用持久性。系统目前一直持续，不必担心失去角色和成就。系统不受硬件限制，从计算机到控制台再到手机，每个用户可以用不同类型的设备在元宇宙中进行交互。

虚实互操性。系统使用开源代码和加密协议，能够在每次体验中提供前所未有的数据、数字物品/资产、内容互操性。元宇宙技术已让《三星堆奇幻之旅》成为三星堆数字展品的体验和交流中心，每名用户配有专有的通用身份证。

（二）虚拟交互空间系统结构

交互服务器面向 5000 名角色的高实时并发要求，需保持动态均衡和子活动域的均衡，满足注册、登录、再登录的角色操作需求，以及角色换装、动作、移动等互动操作需求。因而要构建基于角色管理、同步管理、行为管理、通信管理、负载均衡、世界管理、NPC管理、灾难恢复的交互服务（见图4），保障 7×24 小时的无故障运行。

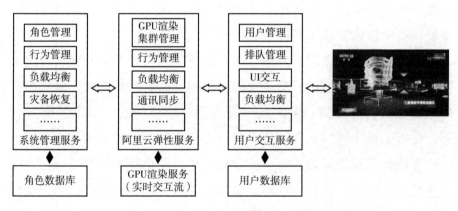

图 4　系统架构

角色管理模块。角色管理是独立进程业务，用于管理角色的注册信息、登录信息验证及用户系统向世界管理系统的角色信息传递。

同步管理模块。同步管理是独立进程业务，用于管理多进程间的时空同步，多服务器与数据服务间的一致性同步、版本更新及弃用版本的控制服务。

行为管理模块。行为管理用于管理角色与世界发生的交互行为，如通过传送门行为、角色间交错碰撞行为、角色出生点约定行为的管理。

负载均衡模块（产品）。负载均衡用来分发和限制角色与交互服

务器的首次通信，减少 GCS 与多服务器间的通信复杂度。该业务为工作域产品。

灾害恢复模块。交互服务器的 8 个模块均为独立进程单元，当某一模块发生崩溃时，由灾难恢复模块重新构建和连接，保证各进程的存续。

（三）交互建模方法

针对系统元宇宙多活动域、多耦合要素、复杂耦合交互导致计算性能下降无法满足重资产渲染的时效要求，突破新型复杂交互方法，建设具备多耦合要素求解能力的元宇宙交互模型。

多活动域交互建模。虚拟空间涉及三星堆考古发掘大棚、三星堆数字博物馆、古蜀王国三个子空间，空间玩家交互相对独立并采用分离式物理域计算方案，又需统一管理用户实体注册、用户特征（状态、位置、退出时间）等，因此存在多活动域交互建模过程。

多耦合要素交互建模。系统要求对登录角色行为持续记录，包括角色的交互操作，如更换动作、服饰，并进行同步；角色行为与操作锚点时间进行同步；时间与位置进行同步。因此存在多段多耦合要素交互建模过程。

复杂耦合交互建模。系统面向 5000 名角色的高实时并发要求，根据渲染端对呈现人数上限的实际要求，需要动态均衡各虚拟空间的角色数量，在子空间上均衡和子活动域的均衡，同时又用同一数据库源进行角色管理，以此构建复杂耦合交互建模过程。

（四）用户交互服务

交互空间开拓性地运用 H5 交互式和 3D 渲染技术，实现在资源有限的移动设备（低于 1 CPU/1 GB RAM）上使用"云"端大规模即时渲染的计算能力，让移动设备真正变成无限算力的云终端，为用户提供全新的沉浸式体验。

根据导演组对访问交互的设计规划，要求系统要能支撑 10 万 QPS 的并发量，所以需要设计一种对高并发临界资源的调度方法来做好访问交互控制。①

临界资源是一种不允许同时使用的共享资源，属于临界资源的硬件有内存、PCI 总线、磁带机、打印机、GPU 卡等，软件有变量、数组、消息缓冲队列等。临界资源池是由具有相同属性的临界资源构成的集合。通常采用队列的方式实现对临界资源池的资源共享，但在高并发调用临界资源时，由于临界资源释放的不确定性，势必会造成临界资源的阻塞和浪费。应对"三星堆奇幻之旅"高并发场景下高效、公平的访问云端临界资源，是一个很大的技术挑战（见图 5）。

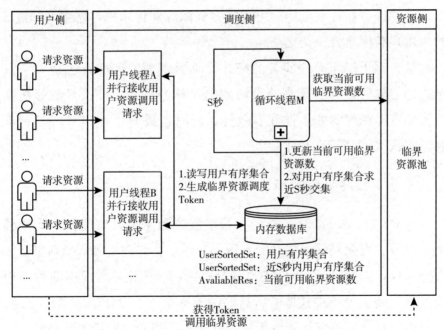

图 5　基于原子操作有序集合的高并发临界资源池调度流程

---

①　此处的临界资源指的是在云端做交互式渲染的 GPU 服务器。

为了实现 10 万 QPS 的并发要求，技术公司设计了一种基于原子操作有序集合的高并发临界资源池调度方法，以原子操作有序集合的方式替代传统队列，实现了高效、公平的临界资源调度。

基于原子操作有序集合的高并发临界资源池调度方法，包含以下步骤。

步骤一：多组用户线程并行接收用户资源调用请求，并对当前用户权重进行原子自增后存入有序集合。

步骤二：获取用户有序集合中权重最大的值并与当前用户权重进行比较。

步骤三：计算调用临界资源的 Token 并从用户有序集合中移除当前用户。

步骤四：循环获取当前可用临界资源数并将用户有序集合和近 S 秒内用户有序集合取交集。

基于原子操作有序集合的高并发临界资源池调度方法是"三星堆奇幻之旅"能够支撑高并发访问的最核心技术，该技术显著提高了云端资源调度的公平性和有效性，同时也提升了用户对"三星堆奇幻之旅"的访问交互体验。

（五）云渲染与同步

针对"三星堆奇幻之旅"大型沉浸式数字交互空间具有大规模多人在线、百人同屏、隔空交互等业务诉求，北理工团队与阿里云云渲染（GCS）和视频云（RTC）团队联合，采用"大规模即时云渲染技术"将大型沉浸式体验所需要的图形算力、存储需求放在云端，通过低时延、高稳定指令流传输实现交互，将实时渲染的音视频推送给用户，从而让观众摆脱本地硬件限制，低成本地体验沉浸式交互。

云渲染同步服务构建直通虚拟空间构建引擎内核的通道，将用户在移动终端上进行的手势操作即时准确地传输至云渲染集群，使用户与虚拟空间产生完整交互，并将渲染产生的视频上传至移动端从而完成元宇宙操作闭环。从本质上讲，云渲染提供的是一个 Serverless 的服务，云应用所需的云上计算、存储和网络资源由云渲染来统一部署和调度，可大大提高云计算资源利用率。

云渲染采用了以下技术保障。

渲染效果保障。使用定制高性能渲染专用机型确保客户渲染质量和稳定性。采用非侵入式方式对渲染应用的高清高帧率数据进行无损实时采集。

云资源整合。整合云端实时渲染所需的计算、网络、存储等云资源，大幅降低云资源运维成本；提供云应用快速分发能力，实现云端应用版本全网快速生效。

稳定低时延串流方案。基于 RTS 技术和窄带高清技术针对云应用场景深度定制优化，为云端实时渲染提供流畅的操作和视觉体验。三星堆方案最高可输出 2K 分辨率、60FPS 画质的流画面体验，保证了上线后的观众能得到更清晰的画面体验。提供云应用、云游戏、云XR 端到端完整方案，客户低成本落地云端实时渲染业务场景。通过可靠的 UDP 信道进行传输，下发人物动作操作指令，实现人物控制准确高效，实现渲染引擎云原生化。以客户端的方式完成串流，没有中间节点，最大限度地降低了传输时延。同时，为应对复杂多变的网络环境，在 RTC 网络的传输 QoS 保障的基础上专门做了优化，包括智能策略组合、智能码控、优化丢帧逻辑和 FIR 处理。

快速水平扩容。根据直播当天体量的变化，动态水平扩缩容，在节省成本的同时快速响应现场流量的变化。

全网调度。基于庞大的云服务网络架构，根据用户的网络状态，全网调度，降低客户端延迟，提升体验感。

精准应用调度系统。根据终端用户所在位置和运营商来分配最佳接入节点，取得最佳接入效果。提供应用预开等业务调度能力，大幅

优化云渲染应用启动效率。

安全高并发。依托中间件稳定性、性能优势以及弹性扩展，使云渲染的并发能力得到进一步提升，在现阶段可以达到 5000QPS 的能力，并且可通过管理节点的横向扩展进一步提升并发能力、安全性以及覆盖全网的能力，在信令、指令、音视频流等各方面进行安全加固。采用自定义防火墙和安全组技术，杜绝 IP/MAC 欺骗和 ARP、DDoS 攻击。

三 总结

"三星堆奇幻之旅"构建了一个高逼真三维元宇宙雏形，在元宇宙"最后一公里"问题上实现了"破壁"，实现元宇宙背后的计算、网络、人的交互。平台聚合各类关键技术及文化要素将三星堆的物理空间创造为数字空间，构建过去—现在—未来的虚拟场景，打造与现实世界完全平行并持续演化的即时交互虚拟空间，满足视觉、听觉、触觉、意识认知等要求的变化。

参考文献

［1］ Wang, Y., Su, Z., Zhang, N., et al., "A Survey on Metaverse: Fundamentals, Security, and Privacy", *Cryptography and Security*, 2022.

［2］ Ning, H., Wang, H., Lin, Y., et al., "A Survey on Metaverse: the State-of-the-art, Technologies, Applications, and Challenges", *Computers and Society*, 2021.

［3］ Mozumder, M., Sheeraz, M. M., Athar, A., et al., "Overview: Technology Roadmap of the Future Trend of Metaverse based on IoT, Blockchain, AI Technique, and Medical Domain Metaverse Activity", *International*

Conference on Advanced Communications Technology（ICACT），2022.

［4］ Zhao，Y.，Jiang，J.，Chen，Y.，et al.，"Metaverse：Perspectives from Graphics，Interactions and Visualization"，可视信息学（英文），2022.

［5］ Cheng，R.，Wu，N.，Chen，S.，et al.，"Will Metaverse be NextG Internet?"，*Vision*，*Hype*，*and Reality*，2022.

B.17
元宇宙营销探索应用

逄大嵬　张艳琳*

摘　要： 元宇宙可以浅显地理解为现实世界在虚拟世界中的映射。现实世界里真实的身份、真实的货品、真实的场景，在虚拟世界中映射，共同构成元宇宙营销的三大元素：数字人、数字藏品和品牌元宇宙。本报告认为，元宇宙营销的布局可以从三方面着手：第一是数字人，作为品牌内容的一部分参与品牌内容的生产；第二是数字藏品，激活消费者的互动、深化用户与品牌的情感连接，帮助品牌打造品牌形象；第三是元宇宙空间，为品牌打造新的流量场，助力品牌曝光、用户互动。

关键词： 数字人　数字藏品　品牌元宇宙

Gartner 预测，到 2026 年全球预计会有 25% 的人在元宇宙中工作、购物和社交，且停留时间至少为 1 小时。同时，全球会有超过 30% 的公司会在元宇宙中提供产品、服务并创造营收。78% 的品牌主表示，目前或者未来会在营销中应用元宇宙概念。

如果说千里之行始于足下，那么在元宇宙营销的旅途中，该如何迈出第一步？品牌该如何调整策略，更好地适应元宇宙的新生态？

---

* 逄大嵬、张艳琳，上海尔骋科技有限公司。

元宇宙可以浅显地理解为现实世界在虚拟世界中的映射。现实世界里的真实身份、真实货品、真实场景都可以在虚拟的世界中一比一地映射，共同构成元宇宙营销的三大元素：数字人、数字藏品和品牌元宇宙。

数字人。互动主体映射为数字替身，数字人作为品牌内容的一部分，参与品牌的内容生产，主要有两种类型：服务型数字人和身份型数字人。

数字藏品。通过数字藏品，现实货品、个人创作都能变成虚拟商品，数字藏品的三大特性帮助企业在元宇宙中布局营销："唯一性"帮助企业实现一物一码，激活消费者互动；"稀缺性"与消费者权益进行绑定升级，深化用户与品牌的情感连接；"不可分割性"使品牌价值资产化，打造品牌形象。

元宇宙空间。元宇宙作为去中心化的数字空间，摆脱了时间和空间的束缚，为"品牌露出"带来的流量不可估量，成为开展品牌曝光、用户互动的重要营销形式。

在元宇宙中，营销的三大要素相互作用，围绕消费者，从单一元素入局，到不断累积排列，形成自己的品牌元宇宙，并逐步稳定下来。

一 数字人

数字人就是数字形态的人。一方面，数字人只能通过 3D 建模、深度学习等技术，生活在数字世界里，不过手机 App、电子大屏甚至全新投影和 VR，都是它们能陪伴我们的方式。另一方面，数字人在动作声音等方面，都和真人很像，主播、客服、朋友等真人能承担的角色，它们基本也能做到。

在元宇宙中，按照应用场景的不同，数字人分为两类：一类是服

务型数字人，一类是身份型数字人。服务型数字人分为替代真人的数字人和模态升级的数字人；身份型数字人也有两种：虚拟 IP 和第二分身，用来在文娱领域中提供新的身份。虚拟 IP 指在现实世界中并不存在对应的真人，其基本人设、外貌特征、行为偏好、背景信息等均由人为设定。而虚拟世界第二分身即个人在虚拟时空中的映射，满足个人对虚拟身份的社交、娱乐等需求。

（一）服务型数字人，作为虚拟劳动力替代真人，提升工作效率

服务型数字人可以应用在很多需要重复劳动的领域，其拟人化的形象会提升亲切感，从而提高工作效率。例如，万科财务部的虚拟数字人崔筱盼、百信银行推出的 AI 虚拟品牌官 AIYA 艾雅。

服务型数字人可提供各种各样的服务，它的价值有两部分：替代真人和模态升级。

1. 替代真人的数字人

替代真人的数字人，是用来替代客服、主播这类服务型角色的，比如说提供指引的客服、提供带货信息的主播。一方面企业不用花钱雇真人做内容，另一方面也可以依托数据库直接更新数字人。举个虚拟主播的例子，根据品牌调性，品牌方可自己定制 3D 直播间的场景、虚拟主播形象和直播话术，让虚拟主播和真实主播一起带货。此外，数字人可以 7×24 小时持续不间断地带货，即使每天要介绍的商品都不一样，也不用担心数字人会记错大量的带货信息。

2. 模态升级的数字人，满足沉浸式的感官需求

模态升级，则主要是用来满足沉浸式的感官需求的。多模态的人，本身就是绘声绘色的。想象一下，在未来，我们再也不用依靠枯燥的文字说明或者语音提示，只要和自己喜欢的形象轻松交流，数字人就能为你介绍产品、规划健身、抚慰心情，等等，可谓好看又好

用。这一类数字人的终极形态是像 Siri 那样的通用助手，不仅能处理各种日常操作，还有人性化且令人喜爱的外表，我们甚至可以把它们当成朋友甚至恋人进行交流。目前三星、小米、微软等都给自己的品牌代言人推出了虚拟形象。

（二）虚拟 IP 具有超强的可塑性、更低的翻车风险，广泛用于品牌代言场景

最近大火的虚拟数字人柳夜熙作为现象级账号风靡全网，单条视频点赞 360W，全网播放量破亿，其本质上就是虚拟 IP。虚拟 IP 的爆发并不是偶然，是年轻一代消费群体崛起带来的必然。IP 营销也是品牌年轻化必然要做的功课。

1. 虚拟 IP 是品牌年轻化的重要途径

对于品牌来说，年轻消费者对虚拟偶像的追捧为品牌营销带来新机会。

"没有永远年轻的消费者，但用户永远年轻"，越年轻的消费者，对虚拟偶像越认可，借助虚拟 IP，可以在品牌与用户之间搭建起更为精准、直接的沟通桥梁，加快品牌年轻化升级。

2. 虚拟 IP 形象稳定，塌房风险小并能承载流量

虚拟 IP 形象稳定，"塌房"风险很小。众所周知，当品牌选择明星进行代言时，享受明星人设带来的辐射效应，也会因明星"翻车"陷入危机。虚拟数字人就安全多了，品牌可以根据用户喜好打造虚拟 IP，赋予其性格、人设，可以 24 小时不间断地与粉丝互动。

此外，流量不会沉淀在明星身上，而是沉淀在虚拟 IP 上，对品牌而言性价比大大提高。同时，品牌的虚拟 IP 形象代言人更贴合品牌调性，并能带动数字周边产品的兴起。

因此，各大品牌方陆续推出自己的虚拟 IP，如欧莱雅的 M 姐、花西子的花西子，等等。

3. 虚拟IP营销玩法丰富多样

在营销场景中，虚拟 IP 的玩法可以借鉴真人的营销玩法，如常见的直播带货、营销推广、站台演出等。在具体合作时，可以借鉴以下合作形式。

私域种草官。如屈臣氏的曲晨曦，作为虚拟代言人与消费者沟通，担任种草、导购等角色。

产品广告片。娇韵诗邀请虚拟美妆达人柳夜熙，发布产品广告片，开启天猫产品日。

跨次元直播。欧舒丹与虚拟代言人欧阳洛天依合作直播，探索跨次元新直播。

新品探索官。翎 LING 跨界奈雪的茶，化身 AI 茶研师及新品探索官，接轨年轻人，彰显国潮茶饮的魅力。

（三）第二分身，打造独一无二的虚拟角色

在今天，"分身术"已成为可能，现实世界中我们有自己的社会角色，虚拟世界中也可以有一个"崭新"的自己。

第二分身数字人，是具有真实人类身份的数字人。这类数字人是真实个体在虚拟空间的投射，既能还原真人形象，也能换装改形，摇身一变成为更精美的"人"，第二分身将是线上的自己，既能使用数字货币，也能购买数字商品，同时具有自己的虚拟风格和品牌喜好。

元宇宙营销，品牌要面对的不仅是现实中的消费者，也包括其数字替身。品牌在把控用户需求时，既要抓住实际中的社会需求，也要把握虚拟世界中的交互需求。

当用户执着于打造自己的第二分身时，品牌该如何发力呢？如现实世界一样，用户在元宇宙的衣食住行也彰显着自己的个性和品位，这就需要配套的基础设施，如以数字藏品形式出现的服饰、配饰以及潮玩等，这便是品牌最浅显的发力点。

总之，数字人具有超强的可塑性、更低的翻车风险，应用场景广泛，能高效渗透圈层，促进品牌年轻化，已被广泛应用于品牌代言、电商直播等营销场景，成为品牌和消费者之间的重要情感纽带。

二　数字藏品

数字藏品作为连接元宇宙和消费者的触点，有着与生俱来的营销特性：数字藏品可兼容图片、gif、3D 动画、VR 艺术品等多种内容格式，不再局限于提供实体的产品或服务；同时，还具有盲盒、节日节点限定等丰富活动和玩法，品牌可以通过多种多样的数字藏品开辟新的增长路径。那么数字藏品怎么跟品牌营销结合呢？

（一）如何用数字藏品做私域运营

1. 将产品做成"数字藏品"，嫁接最新的营销玩法，拓展营销边界

品牌可以将其虚拟形象、logo 等打造为数字藏品，实现品牌的价值变现；也可以将产品做成数字藏品，利用数字藏品的社交性与游戏性实现更真实的触达。

在营销玩法上，既可以作为奖品激励消费者促进产品销售，又可以嫁接社交裂变玩法推动更多用户参与热情。数字藏品的常用玩法有以下几种。

第一种，空投。指的是平台方向指定用户免费投送数字藏品，一般用于数字藏品平台前期，用来拉新用户，常用的方式有注册送、邀请送、老用户福利等。

第二种，盲盒。数字藏品盲盒具有随机属性，玩家只有在"拆开"之后，才能知道具体是什么数字藏品，会给用户带来惊喜，在玩法体验上更加刺激。

第三种，中签。数字藏品抽签是指在数字藏品平台上开展的抽签

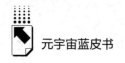

（抽奖）活动，用户可以根据平台设定的规则参与抽签，中签后用户可以获得某个数字藏品或拥有某个数字藏品的购买资格。

第四种，合成。合成就是由多个小图拼成一张完整的大图，可以理解为在生活中集卡片，用户需要集齐一个系列的卡片，才可以拼成一个大图，也就是合成一个更具有收藏价值的新的数字藏品。

第五种，打榜。打榜就是通过完成平台限定的合成藏品数量、藏品消费金额、拉新人数总数等活动。

此外，还可以设置打榜规则，提供丰厚的奖励，激励用户完成打榜任务。

除了嫁接多种玩法，还可以通过数字藏品，实现品牌价值转化，让品牌价值具象化，可计算、可升值，进一步实现品牌资产的沉淀。

2. 把数字藏品想象成品牌的"积分系统"

在自己的私域流量池里，可以利用数字藏品做用户关系，将会员权益注入数字藏品，将数字藏品绑定部分权益，把消费者从普通购买者转化为权益拥有者，在打造数字藏品稀有性的同时，放大消费者的满足感。通过权益、徽章、礼盒等形式进行展现，帮助品牌链接用户互动场景，提升用户活跃度，增强用户黏性。

"奈雪的茶"围绕用户积分体系搭建了一系列元宇宙小游戏，比如，虚拟投资赚积分；发行限定储蓄卡、NFT 盲盒，推出虚拟 IP 形象大使，通过这些活动帮助线下实体门店斩获高额的 GMV。奥迪以新奥迪 A8L 60 TFSIe 为灵感，推出数字藏品作品"幻想高速"，前 100 位购车的车主可随机抽取"幻想高速"系列 NFT，作为奖品激励消费者。

3. 将数字藏品当作进入社区的凭证，开发其社交价值，重塑用户关系

数字藏品强化了群体内的共同意识，可以重塑用户关系。将数字藏品打造成用户专属的标志，让用户拥有身份尊享感，可以增加消费者对品牌的归属感，从长远看，有利于提高消费者对品牌的认同感，

维系品牌和用户的关系。

在具体操作上，可以把数字藏品当成品牌社区的门票或者入口，定期组织品牌社区活动，只有拥有数字藏品的粉丝才能参加；还可以为这些数字藏品的持有者发送礼物、福利来增加社区黏性。

正如盲盒圈、车友圈，通过身份认同感打造圈层，实现圈层式品牌打造：第一，对圈内人，提供社交谈资，满足"自己人"的身份认同；第二，对圈外人，通过"晕轮效应"，打造向往感；第三，对广大受众，通过不断制造话题以及一轮轮的事件营销，提升品牌认知。

（二）如何用数字藏品做 IP 运营

数字藏品更成为一种 IP。很多品牌和知名 NFT 藏品联合营销时，把数字藏品当作知名 IP 使用，如中国李宁让编号 4102 的无聊猿成为北京"无聊猿潮流运动俱乐部"的主理人，融合青年文化、极限运动、潮流等元素打造超现实体验，还把它印在衣服上售卖，实现商业化价值。

数字藏品做 IP 运营时，IP 能衍生出数字藏品，数字藏品也能完成 IP 再赋能。

1. IP 如何衍生数字藏品

通过观察优秀的数字藏品作品，可以发现备受关注的数字藏品往往建立在知名 IP 基础上，成功的 IP 也更容易做出相得益彰的数字作品，那么 IP 如何衍生出数字藏品呢？

IP 衍生数字藏品有两种方式：第一种是 IP 授权发行，即 IP 方将 IP 授权给发行商发行，如电影《奇迹·笨小孩》授权 IP 数字衍生品平台"丸卡"发行《奇迹·笨小孩》系列数字藏品头像盲盒；第二种是自主发行，如动漫 IP《吾皇万睡》的 3 款数字藏品，IP《伍六七》的伍六七玄武国皮肤。

2. 用数字藏品完成 IP 再赋能

IP 具有天然的传播性和用户黏性，与数字藏品的属性高度契合，那么如何用数字藏品完成 IP 再赋能？

第一，依托数字藏品的唯一性，热门 IP 可以赋予其每一个 IP 数字文件独特的标识和元数据，从而杜绝了盗版的可能。

第二，数字藏品是开放的，意味着任何人都可以基于这些数字藏品开发内容或耦合，这就提升了优质内容创作者本身的商业价值。

第三，数字藏品提供了一种 IP 营销的新模式，即全新的粉丝营销。

第四，数字藏品使得 IP 衍生品不再局限于周边、盲盒、手办等实体，而可以是图片、gif、动画、3D 建模、VR 视频等数字内容，给内容 IP 实现衍生变现提供了新思路。例如，奈雪的茶在品牌六周年的生日上正式官宣了一个元宇宙 IP 形象 "NAYUKI"，并推出限量数字藏品。

三　品牌元宇宙空间

品牌内容平台变迁从早期的门户网站/官方网站，逐渐迁移到 "双微一抖" 这类社交媒体平台，可以预见，未来将会迁移至元宇宙中。

元宇宙营销有着明显的优势。首先，在体验构建上，元宇宙现场性的互动方式，让用户有身临其境的体验，成为品牌环境与广告的一部分，用户参与度大大提高。其次，在用户经营上，在品牌自建的虚拟社区中，用户不再仅仅是信息的扩散者，而成为品牌内容的参与者和创作者。最后，在售卖方式上，元宇宙虚拟+现实融合的模式，为品牌提供了新的产品售卖方式。那么品牌该如何构建自己的元宇宙？元宇宙的流量入口又在哪里呢？

（一）品牌构建自己的元宇宙

元宇宙作为去中心化的数字空间，打破时空限制，为"品牌露出"带来的流量不可估量。广告形式不再是手机/PC 屏幕上的图文与视频，虚拟技术丰富了品牌创意和广告表达方式，用户广告观感更为鲜活，卷入程度高。

1. 构建品牌元宇宙的三个步骤

品牌构建元宇宙空间需要经过三步。第一步，利于元宇宙的元素做营销。如发行自己的数字藏品，创建品牌的虚拟数字人，进行单点上量的积累。第二步，在元宇宙中做营销。部分公司构建出沉浸式元宇宙，企业要在现有的元宇宙里，取得一席之地，开展营销。品牌可以选择在元宇宙平台开店，现实中所有的一切都可能在元宇宙世界中重来一次，其中包括品牌，也包括房地产。麦当劳、耐克、Gucci 这些耳熟能详的国际品牌都在全球不同的虚拟世界平台上开设了自己的商店。第三步，构建自己的品牌元宇宙。品牌可以搭建自己专属的虚拟空间，理想情况下，每个品牌都可以打造一个独立的"迪士尼乐园"。

2. 品牌构建元宇宙的三种方式

可以通过以下三种方式构建品牌的元宇宙：第一，从虚到实，强调实现数字体验的真实、逼真；第二，由实向虚，增强现实生活的数字体验；第三，从虚到实，从实到虚，最后构建虚实相生的元宇宙。

（1）从虚到实，强调实现数字体验的真实化。

现实产品进入虚拟空间，在品牌数字商店中充分体验并购买实体产品，享受沉浸式的购物体验。

例如，为了纪念品牌诞生 100 周年，Gucci 创建了一座虚拟艺术花园 Gucci Garden，在 Roblox 中开启虚拟艺术花园体验活动。在虚拟花园中，用户可以购买虚拟单品。同时，在虚拟购物时，随着体验不

同，人体模型的外观也会发生变化。新鲜的体验引起消费者的关注。虚拟世界中的良好体验也带动了现实世界中的真实消费。

（2）由实向虚，增强现实生活的数字体验。

虚拟产品进入现实世界，如 XR 技术赋能用户购物体验，虚拟+现实的全域营销模式或成可能。如 Burberry 在武汉江汉步行街的裸眼 3D 广告，巴黎世家的户外数字服装广告，有的时尚品牌综合利用虚拟现实、增强现实等视觉交互技术，让用户看到自己试穿衣服后的效果，打造沉浸式体验，从而决定是否购买。

（3）虚实相生，形成闭环。

通过数字藏品与实物产品进行联动，形成矩阵及溢价。法国奢侈品牌巴黎世家为《堡垒之夜》（Fortnite）的游戏角色打造了四套 NFT 时装，并在游戏中开设零售店，同时，在现实世界中，与《堡垒之夜》合作推出了限量版实体服装系列，将联名效应从虚拟世界导流回现实世界，形成消费闭环。

餐饮企业在元宇宙中开设在线虚拟餐厅，用户在虚拟世界中体验时可以边逛边买，虚拟点单，食物便会被送到家中。同时，用户还能以艺术品、文本、音频、视频、NFT 等多媒体文件的形式下载各类品牌提供的虚拟食物。

（二）元宇宙中到处都是流量入口

现实世界中流量触顶，内卷严重。但在元宇宙中却有着无法估量的流量。在任何虚拟场景，如商场、音乐厅等都是未来的流量入口。大到一栋楼，小到杯子上的 logo，都可以进行品牌植入。

（三）从活动直播，到虚拟演出

在现实世界中，品牌参与大型活动，需要极大的投入。但是元宇宙的出现，让品牌的线下活动有了新的机会点。

（1）通过品牌专属的 NFT 数字藏品，验证身份后，便可以参与下一次虚拟新品的发布活动。用户根据自己拥有的数字藏品特性，不断解锁活动中的其他权益。

（2）在直播时嫁接 AR 技术，直播中音乐播出时，粉丝可以挥舞荧光棒，荧光棒的颜色可以随音乐同步变换，实现现实世界与虚拟世界的联动。

（3）线上演唱会实现沉浸式互动，用户与歌手一样拥有特效加身，所有人一起飞到月球、一起水中起舞，从一个人的舞台，变成一群人的狂欢。

总而言之，基于元宇宙社交性、沉浸式、强交互、用户创造等特点，元宇宙为品牌营销触达、互动体验构建、用户运营和产品零售革新提供了巨大的想象空间。品牌在进行元宇宙营销布局时，可以从数字人、数字藏品、元宇宙空间三个方面着手，循序渐进打造自己的虚拟空间。

将"元宇宙"这种新的变量与营销结合起来，可以锦上添花，让用户体验升级，让品牌拥有新的互动工具。

参考文献

［1］元宇宙营销：品牌不得不面对的"四个转变"，时趣。
［2］赵国栋、易欢欢、徐远重：《元宇宙》，中译出版社，2021。

市 场 篇
Market Reports

B.18
元宇宙投融资分析

杨晓光　卢洪波*

摘　要：　近年来，金融资本和产业资本在元宇宙多项领域持续布局投入，极大地推动了元宇宙相关产业融合发展，本文分析了金融资本、产业资本对科技产业持续投入的情况，提出元宇宙产业面临的部分问题，也指出，更多行业场景运用，将对元宇宙产业的推广发展产生极大的促进作用，形成元宇宙发展破局的重要推力，元宇宙产业独角兽有望孕育产生。

关键词：　金融资本　产业资本　元宇宙

---

* 杨晓光，中国科学院数学与系统科学研究院研究员；卢洪波，中国信达资产管理股份有限公司。

一 元宇宙投融资总体分析

2022 年产业资本和金融资本布局元宇宙相关产业，在新硬件及其产业链、虚拟数字人、AI、数字藏品、底层架构及后端基建等方面，有望孕育未来元宇宙产业的独角兽。

在产业发展推进次序方面，新硬件如 XR 设备等，与配套的内容如 VR 游戏、链游等相互促进、发展。同时，对游戏引擎、工具集成平台等基础体系结构进行更新升级，将催生新内容、新场景的制作、生产、运行、交互，与此同时，数据处理能力也会得到极大的提高，AI 和后台基础设施将会得到极大的发展，而 AI 的作用也会越来越大，AI 将替代或协助人去发挥主观能动性，成为元宇宙重要的生产要素，而内容和场景的变化，将会持续改变行业的规模和竞争。

从世界的角度来看，工业和金融资本将会在硬件产业链中占有一席之地。随着内容、底层架构等方面的不断推进，元宇宙发展将会取得较大变化。

（一）金融资本投资概况

1. a16z 公司投资情况

a16z 是硅谷顶级投资公司中的第 3 名，紧随其后的是红杉和 Accel 合作伙伴。据 Pitchbook 统计，a16z 的投入达到 1218 笔，其中有 299 个被撤回的计划。a16z 官方网站上，18 个项目是 IPO，4 个项目是 DPO。a16z 公开发行规模最大的股票是美国最大的加密金融交易所 Coinbase，它是通过 DPO 挂牌的。Coinbase 以 858 亿美元的市值首次公开发行，a16z 拥有 25% 的 A 类股票、14.8% 的 B 类股票，获得 70 亿美元的投资收益。除此之外，a16z 的其他股票中，也有 Lyft、Slack、Pinterest 等 8 个被收购的公司，其中包括 GitHub（A 轮时被收购，被 Microsoft 以 75 亿美元收购）、Oculus（B 轮时被 Zuckerberg 斥资 20 亿美元收购）、Instagram（种子轮时进入，被 Zuckerberg 花 10 亿美元收购）、Dollar Shave Club（种子轮时进入，被 Unilever 斥资 10 亿美元收购）以及 58 个在一期的独角兽企业，其中就有美国市值最高（950 亿美元）的私募公司 Stripe。a16z 首只基金的盈利是投资人的两倍，第二只、第四只基金的预期回报收益也会高达 3 倍以上。

2. Animoca Brands 公司投资元宇宙的情况

创立于 2014 年的 Animoca Brands，它的创始人是 YatSiu，总部设在香港。除了产品开发，Animoca Brands 也是 NFT 明星项目的投资人，包括 Axie Infinity 开发商 Sky Mavis、Decentraland、Dapper Labs 等，已经投资了超过 150 个 NFT/元空间项目。

Animoca Brands 拥有最小的投资货币，其投资回报率为 57%，比 Alameda 研究公司的 48% 略高，投资胜率在 80% 以上，并且有两个百倍以上的货币，其余的都是 1 倍以下。其专注于投资 NFT 与元宇宙项目，投资了超过 150 个 NFT 相关项目。其中包括 P2E 项目 Axie Infinity、NBA Top Shot 背后的公司 Dapper Labs 和最大的 NFT 交易平台 Open Sea、区块链游戏小区 Yield Guild Games（YGG）等。近期，Animoca Brands 也在 Solana 的一项分散式的拍卖交易中获得了投资。Animoca Brands 还拥有多个附属机构，其中包括桑德兰、蓝光工作室、Quidd、Pixowl 等。

Animoca Brands 的投资方式与 a16Z 相似，在加密行业中形成了一个庞大的资源和关系网，而这些风投公司就是其中的佼佼者。拥有 IP 特性的游戏基因，这些风投公司对游戏的盈利方式是很有研究的。Animoca Brands 在这方面的投入和布局都相当精准。在头三年的时间里，Animoca Brands 和其他的初涉者一样，都是为了拓展自己的资源网络和内部建设。最近，这家公司开始大规模投入，将自身的业务延伸到了加密领域，在 NFT 和元世界之间建立了一个巨大的生态圈。

对于这些被投资的项目，Animoca Brands 除了提供财务上的资助，还将为这些项目提供全面的孵化服务。公司拥有 300 余家知名 IP 资源、品牌公关、通证价值模式设计，并提供技术支持。

3. 方舟投资及 ARK 基金

凯瑟琳·伍德创立方舟投资基金（ARK Investment），专注于"破坏性的创新"，其风格偏向于极端增长，并且长期持有高科技股票。ARK 是 Active、Research、Knowledge 的缩写，代表主动、研究、知识。据 ARK 公司称，目前的虚拟世界的营收将以年均 17% 的增长速度在 2025 年达到 3900 亿美元。现在的虚拟世界是彼此独立的，但是将来它们可以彼此运作，这就是所谓的"Metaverse"。随着视频游戏的发展，其经营模式也会随之发生变化，目前，视频游戏的利润模式正在向虚拟产品转移。据 ARK 公司称，在过去 10 年中，游戏内购在整个游戏收入中所占比重从 20% 增至 75%。到 2025 年，这一比例将达到 95%。ARK 预测未来 10 年元宇宙市场规模可以达到 12.5 万亿美元。

（二）产业资本投资元宇宙概况

Facebook 自 2014 年购买 VR 头部显示产品 Oculus 之后，其 VR 技术细节、产品体验、产品的丰富性都得到了极大的提升，成为 VR 头部产品的第一大品牌。Spaces 是 2015 年推出的首款 VR 社交软件，现在已经关闭，它将会代替 2019 年推出的更精致、更流畅、更有沉浸感的 Horizon，成为一个持续扩大的、被整个社群所开发的虚拟世界。扎克伯格已经宣称，Facebook 将会是一个元宇宙公司，它可以把所有虚拟的、增强的、混合的、商业的、生活的游戏都联系起来。

NVIDIA 在技术上，企业将会是元世界的基础结构的缔造者。Omniverse 是一款基于虚拟环境的虚拟仿真和高效的图形绘制技术，能够在不同平台上进行多人合作，同时也能够与真实的生活紧密

结合。

腾讯　在元宇宙的规划上，中国本土企业在基础架构和 C 端都有很大的发展空间。腾讯云在 2020 年发布智能城市的基础设施，这意味着腾讯进入了真正的网络世界。另外，公司在构成元世界的许多重要方面进行了投资。当前的腾讯占据游戏、社交和长视频内容三大可沉浸领域，成为中国最有机会获得元宇宙入场券的头部公司。

Epic　虚拟现实游戏的开发者，也是 CG 技术的领军人物，在 2021 年 4 月，宣布投入 10 亿美元用于构建虚拟世界。

除了已经存在的大型工厂之外，新成立的公司也在等待机会，以期在市场的各个方面取得优势。现在的重点是沉浸式内容、游戏、VR、AR 等新的行业也在持续涌现。大厂凭借完善的布局将会在元宇宙市场投资中保持竞争优势。

另外，字节跳动拥有丰富的短视频和直播资源，拥有丰富的 VR 内容和充足的产出能力，爱奇艺也极有可能进入元宇宙，而阿里、B 站等其他公司也会全力进行布局，去迎接新的元宇宙发展时期。

二　元宇宙投资领域分析

如果从近期投资或布局角度看，元宇宙仍是一个概念，但不论大厂还是创业公司都已经展开积极探索和布局，细分领域如下。

（一）游戏

看好游戏的长远利益，但在短时间内，真正能够让平台爆炸式发展的还是优质的内容。Oculus 的成功说明在软件更新过程中内容的重要影响力。但现在有一个障碍，那就是元宇宙必须要有 UGC，而我国是缺少 UGC 的，因此，在 AI 上，UGC 是一个很好的选择。

这款游戏是第一个在元宇宙中发展壮大的场景。经济系统、沉浸感、虚拟社交身份、开放性、世界可持续性是其五个主要特点。

元宇宙现在主要还是一款游戏，目前大部分玩家都是这一游戏的爱好者。新理念要有好的游戏做后盾。在对元宇宙进行测试时，队伍的经历与技术实力是核心。

元宇宙的结构形态应该是多种多样的。大部分的元宇宙都是跟随Roblox而来，而元宇宙的游戏是由玩家创造，也就是创造新的世界，且以框架为主。这与20年前《魔兽争霸3》中的制图程序并无太大差别。

游戏引擎长远发展更有潜力，但在短时间内，好的内容肯定更为吸引人。Roblox的主要优点在于它的开放式游戏开发机制，从而形成一个封闭的循环。目前，我国尚没有突出的、大型的、高质量的UGC平台。在以往的所有形式中，UGC都没有一个大型的游戏，但元宇宙的内核是一种非常庞大的资源，因此AI的内容开发将会成为这个问题的突破口。

随着元宇宙的不断发展与渗透，游戏、社交、虚拟现实等内容之间的相互渗透会更加紧密。

根据元宇宙最大的公司Roblox公司的用户统计，2021年第一季度，元宇宙的用户已经达到了4200万，几乎是2020年的两倍。近期火爆的VR游戏，其在Steam上的平均用户数量也接近20万。另外，与元宇宙更为相近的是，在2021财年，区块链的资金规模已经达到了历年最高的规模，而区块链的规模有望在明年进一步扩大。

Roblox是最具市场占有率的类元宇宙计划，它的创造者有700万，是当前最贴近元宇宙初衷的一款设计。其优点是内容生态丰富，创意激励丰厚，可供游玩的主题多种多样，房间里有很多可以供人交流的地方。不过，Roblox的中国版本还没有开通语音通信，所以受到了一定的限制。Roblox这个千万级别的创作者第一次完成了一个闭环，基本上抛弃了PGC的模式，这种方式已经超出了一般的游戏开

发商的预料。Roblox 为了达到它的闭环特性，做了三方面正确的设计。

（1）稳健的金融体系和出色的创作者的激励体系。Roblox 拥有一种以 Robux 为核心的稳固的金融体系，它涵盖了内容的创造、消耗。游戏中几乎有 1/4 的 Robux 被用来填充游戏。这些都是对创作者的一种奖励，极大地激发了创作者从一般的游戏爱好者向创作者转变的积极性。

（2）低数据量减少了软件的效能，减少了云游戏的带宽门槛。Roblox 简洁的屏幕确保了资料传输和对硬体的良好计算能力，提高了游戏的潜力。5G 时代来临，音频和音频技术不断发展，使得游戏制作平台逐步转向云端游戏，而传统的游戏发行系统也在逐步取代原有的游戏发行平台。

（3）RobloxStudio 减少了创作的限制。Roblox 尽可能让开发者的编辑器变得简单，能够让一个十几岁的孩子在 20 分钟内学会使用非编码开发方式。

虽然 Roblox 已经成为业界的领军人物，但并不代表它就是一个真正的元宇宙。从根本上讲，Roblox 只是 UGC 的一个平台，还没有充分适应元宇宙的沉浸感、虚拟社交身份。另外，Roblox 的 UGC 游戏在中国并不适用，主要的问题在于中国市场缺少 UGC 的成长基因，用户对内容支付的兴趣较少，因此 UGC 的利润空间并不明确。因此，从目前来看，在 AI 基础上开发出海量可供消费的内容，将是未来关键的发展方向。

（二）VR/AR

根据 IDC 发布的 2022 年 V1 版 IDC《全球增强与虚拟现实支出指南》，2021 年全球 AR/VR 总投资规模接近 146.7 亿美元，并有望在 2026 年增至 747.3 亿美元，5 年复合增长率（CAGR）将达 38.5%。

其中，中国市场 5 年 CAGR 预计将达 43.8%，增速位列全球第一。

2021 年 VR 销售额增长 97%，2022 年第一季度增长 242%。根据 Meta 推文发布的图片，Meta 预估的 Quest2 的销售总量为 1480 万台。Quest2 是目前最为成功的 VR 头显，自 2020 年 9 月 Facebook Connect 发布 Quest2 后，至今已售出近 1500 万台，对 VR 的销售与消费者采用率的大幅增长起到了促进作用。

硬件制造商的主要障碍是技术和交互算法，所以现在缺少真正意义上的元宇宙产品，而大公司可以通过资金和游戏等方式突破技术瓶颈，从而迅速发展壮大。

在现实中，虚拟现实技术是连接元宇宙与现实的纽带，是实现元宇宙的重要手段。因此，VR 很有希望是 1.0 版本的硬件载体。

VR 技术以"娱乐体验"为核心，AR 技术以"效率提升"为核心。从爆发力来看，VR 比 AR 要更快，因为它的传播速度很快，能覆盖更多的受众。

VR 技术的应用已经具备了量产的条件，但现在大部分关键部件来自知名厂商，没有太多的差异性，而硬件的核心就是计算和工程学。

VR 硬件装备具有典型的智能化发展路线，短期内侧重于游戏，从长远来看更贴近智能机。而推动 VR 产业发展的核心则是其内容生态。

VR 与元宇宙有着本质上的联系，VR 游戏和元宇宙有着千丝万缕的联系，VR 游戏在短时间内还是大众最直观的选择。

VR 产品将成为使用者进入虚拟现实的一扇门，就像电影《头号玩家》展示的，只要戴上头盔，人们就能穿越到另外一个世界。IDC 预计，到 2022 年，手机 VR 产品的发货量会超过 1500 万部，而扎克伯格所说的"1 亿部智能机"的销售转折点正在来临。

VR/AR 产品的缺乏是制约这个产业发展的最大障碍。当越来越

多的游戏制造商开始从事 VR 产品的制作，其硬件产品的覆盖范围将几何级增加。回望 Oculus 在 2020 年取得的巨大成就，其超高的价格优势正是它在 VR 消费类产品市场上引起的巨大反响。在 VR 产品的市场上，由于 VR 产品的巨大需求量，硬件制造商也会加快其产品的生态建设。

Oculus Quest2 是 Facebook 在 2020 年 10 月发布的一款可穿戴的手机 VR 产品，它现在占据着世界上可穿戴 VR 产品最大的份额。其在硬体上具有物美价廉、穿着舒服、噪声低等优势，同时还有丰富的游戏内容；其独家 VR 产品《阿斯加德之怒》《孤生》等都已经达到了 3A 水准，在 Oculus 的基础上，其产品影响力将会超过 V 公司的《半条命：Alyx》。

VR 设备行业的龙头老大已出现，爱奇艺、Pico、大朋等巨头都在其中，如果它们能在 VR 平台上建立起一个完整的生态圈，那么 VR 设备行业就能迅速成长。

（三）虚拟数字人

角色的构建是元宇宙最重要的资源，也是最接近商业价值的一部分。在元宇宙里，角色 ID 是最重要的财产。在元宇宙里，虚拟数字人可以保证使用者在元宇宙中的真实身份和沉浸体验。这个行业没有技术上的障碍。如今，高科技虚拟数字人的盈利模式已经在社交账号运营、流量变现等方面实现了初步的业务闭环。

虚拟数字人对元宇宙的建立更多的是一种启迪和印象的推广。在元宇宙的部署中，虚拟数字人和 AI 技术的结合将越来越显著，从而为用户带来一种更为沉浸式的网络社会体验。

目前，虚拟数字人主要为社交平台、网红、明星等领域提供服务，而虚拟数字人的发展方向则是品牌合作、明星合作、网络原创剧集等。

虚拟偶像和数字人在 IP 上有着先天的安全保障，比起那些经常"人设崩塌"的明星，一个完全由团队运营的虚拟角色是没有任何危险的，但还需要时间去适应。

随着科技的进步，游戏角色逐步从二次元宇宙转移到现实世界，从虚拟偶像转变为虚拟数字人的概念，比如集原美的广告视频和照片、主要角色和现实世界的结合。得益于动态捕捉技术的发展，虚拟形象的互动能力得到了极大的提升，从网络上的虚拟表演到游戏、秀场的直播，B 站人气最高的冷鸢已经有了 300 万的关注，而乐华的"A-Soul"更是在网络上拥有了 400 万的粉丝。

Epic 的 Digital Creator 是一款以云计算为基础的软件，可以被用来在虚拟引擎中进行动画创作，几乎是真实的真人形象。高科技虚拟数字人的业务范围更广泛，它们有自己的社交账号，和队友一起玩游戏、逛街、逛潮牌等，还有真正的社会活动。

现在 AYAYI 的销售还处于初级阶段，许多粉丝以为 AYAYI 是真的，但当他们发现 AYAYI 的"真身"后，AYAYI 的社交平台就开始走下坡路了。国内的虚拟数字人行业还没有发展起来，因为相关业务都是以角色为基础，所以也非常考验 IP 的运作。

（四）社会交往

短期内很难推出新的领军品牌。好的社会化产物必须要有建立、沉淀和转化三种功能，在元空间观念中，社会商品最重视的是建立与建立的虚拟社会身份和社会性联系，而在目前的情况下，仍然很难将其引入到现实生活中。想要在短时间内打通社交链条，提高社交效率，必须有一个庞大的用户基础，所以元空间社交市场的机遇主要来自大厂。

元宇宙社会的创新之处在于兴趣社会（Interest-Based Social）、多对多连接（Many-to-Many）以及"虚拟约会"（Avatar）。

元宇宙的社会化产品更多的是对以前产品的功能、玩法等进行更新，或者在某种程度上做一些局部的创新，但并没有根本的创新。

当前社会的元空间观念可以划分成以下三种类型。

（1）多对多连接，以1个以上的最基础社会性单位，通过添加最少社会成员的数量或团队形式，实现小组之间的关联。Clubhouse、Zoom、Discord等公司的革新更多地建立在技术（可容纳的数量）上，而不是数量上的变化。

（2）在半相识或陌生的朋友中，有一个有趣的小团体，比如虚拟现实世界里不同的主题房间、路边商店、Soul里的"趣味"，这些都是信息交流的载体。

（3）虚拟约会是通过VR/AR产生虚拟人物、虚拟明星，模拟现实中的偶像或人物，虚拟现实（模拟现实）是由虚拟现实世界的虚拟人物输入和共享的。像《崽崽》这样的网络约会类游戏，就是通过大量的服饰和配饰让那些喜欢穿着和角色塑造的年轻男女产生共鸣。当前，数码人在社会化方面的运用还远未达到完全融入的程度，这主要是由于技术的门槛较高，与此同时，硬件的承载力也不够，尚无法实现大规模商业化。但可长期看好基于上述形态的底层技术公司。

三　元宇宙投资应用——NFT和DeFi

NFT、DeFi是元宇宙中最重要的两种技术，它们能够为元宇宙的金融体系提供有力的支持。腾讯的"幻核"已经初露端倪，但其作用还有待提高。在数码收藏及电子书方面，NFT的市场无法估量，其未来价值已经超过2兆美元。

尽管DeFi的发展势头依然很弱，但是因为它本身具有的密码特性，所以在很长一段时间内会有很好的发展。区块链是支撑元世界最终形式的基础，NFT 将那些拥有独一无二的、没有同质性的资产进行加密，并以区块链技术为后盾，确保其 100% 的防伪和不被非法复制。DeFi 是建立在区块链基础上的，它可以像乐高拼图那样进行组装。应用区块链技术，使传统的中介完全被编码取代，使财务服务的效益和费用降到最小。

海外 NFT 市场规模巨大，Open Sea 平台从 2021 年开始得到多轮融资。Crypto Kitties 的加密猫 Dragon 以 17 万美元的高价被交易出去。NFT 的 Cryptovoxels 的加密地块几乎被抢购一空。每个加密者都想让他们的工作有更好的表现，所以他们选择了一个非常关键的地点，而这块场地就是 NFT。

此外，由腾讯公司主导的"幻核"NFT 计划已将《十三邀》专辑进行加密发售，阿里巴巴亦为 NFT 艺术品提供展览，其中包括《星际争霸》《西明珠塔》等。虽然两者都不具备去中心化、可二次买卖性质，只具有收藏的性质，但也可被看作国内大型厂商在非中心化的一次主动的努力。

受加密货币市场动荡以及监管的制约，DeFi 目前的资金总量为 10 亿美元，其以区块链技术为基础的流动转化与智慧契约，将会更加有效地赋能元空间的金融体系，推动元宇宙不断发展。

四 元宇宙投资机遇与挑战

在核心行业中，优势公司拥有明显的竞争优势，能在多个产业链中培育着机会。根据证券公司的研究，游戏和社交是目前元世界最有希望实现落地的产品，从长远来看，英伟达、Epic、Unity 等公司都有很大的机会获得冠军。VR/AR 技术将成为元世界的主要终端，建议重点关注 Meta、苹果、小米等企业的硬件和软件产品的革新。另外，可关注云计算、IDC、5G 等元空间架构；留意低空轨道上的一

些公司在较短时间内从数字技术发展中获益。在应用层面上，第一批取得突破的是字节跳动、Meta、腾讯、百度和其他科技公司，以及其他广告、社交等领域的研究。

元宇宙作为多种前沿信息技术量变突破后的运用集成，在可预见的未来将全面改变现有虚拟世界的形态，在各技术条线中将不断出现新的突破和场景运用，金融资本和产业资本将相互融合、促进发展，不断出现新的"蓝海"市场，实现产品创新和市场创新。领域头部企业如英伟达、苹果、微软、腾讯、字节跳动等都有获胜的可能。与此同时，国内的一线上市公司中也有越来越多的企业在相关方面进行创新与试验。目前的市场成员包括 Facebook、英伟达、字节跳动，而腾讯则不断在与元宇宙相关的理念上进行规划和推进，再加上 Roblox、PicGames、Pico 等公司在一级、二级市场的资金流动，以及 NFT、苹果 MR 等新的上市的期望，都将不断促进元宇宙的发展与实践。

参考文献

［1］陈永伟、程华：《元宇宙的经济学：与现实经济的比较》，《财经问题研究》2022 年第 1 期。

［2］冯翠婷、文浩：《区块链专题报告：NFT 行业概览，文化与社交的数字确权价值》，天风证券，2021。

［3］金融研究中心：《金融学术前沿：元宇宙的概念阐释及发展路径探讨》，复旦发展研究院，2021。

［4］荆林波：《元宇宙：溯源与展望》，《财经智库》2022 年第 1 期。

科技巨头元宇宙布局概述

张宗帅 邹文浩 黄家莹*

摘 要： "元宇宙第一股" Roblox 于 2021 年 3 月在纽交所上市以及
Facebook 公司在同年改名为 Meta（元宇宙英文 Metaverse
的前 4 个字母）等事件，标志着元宇宙商业元年的开启，
元宇宙成为 2021 年最火关键词之一。科技巨头们纷纷布
局元宇宙，发展 3D 建模、混合现实、数字孪生、算力网
络等关键技术，持续加码元宇宙赛道。以 Roblox、
Facebook、英伟达、谷歌、字节跳动等为代表的科技巨头
发挥自身优势，在元宇宙相关的硬件、技术、产品、内
容、生态建设等多个领域进行扩展布局。

关键词： 元宇宙 VR/AR 虚拟世界 数字孪生 3D 建模

一 Facebook

2021 年 7 月，Facebook 创始人兼首席执行官马克·艾略特·扎
克伯格描述了他对元宇宙的愿景，希望用 5 年左右的时间将 Facebook
打造为一家元宇宙公司。扎克伯格称："我们希望在未来 10 年内有
10 亿人接触元宇宙，元宇宙成为一个承载数千亿美元的数字行业。"

---

* 张宗帅、邹文浩、黄家莹，中国科学院计算技术研究所。

同月，Facebook 宣布成立一个致力于元宇宙开发的团队，团队主要成员来自 VR 游戏团队、AR/VR 内容团队，以及收购的 Unit 2 Games 团队。2021 年 9 月，Facebook 投资 5000 万美元成立 XR 项目和研究基金，用于探索和研究元宇宙的生态规则以及面临的挑战和可能的机会。

2021 年 10 月，在 Facebook Connect 大会上，扎克伯格宣布，Facebook 将更名为"Meta"，这标志着 Facebook 公司将以元宇宙为重点，通过发展 AR/VR 等硬件设备、软件系统及相关生态，最终打造成元宇宙企业。Facebook 从硬件、技术与内容等方面进行多维度布局，覆盖了游戏、办公、社交等多种应用场景。

硬件方面，Facebook 逐步加码 Oculus，以提升硬件渗透率，带动用户增加，使创作者获得更多收入，从而再度达到推动渗透率提升的螺旋增长目的。另外，Facebook 布局新一代 MR 设备 Project Cambria，Project Cambria 与 Quest 系列兼容，能带来更好的用户体验。通过面部和眼动追踪功能等混合现实技术，使用户的社交临场感更好，从而在头显中更好地呈现现实世界，感知体验更加逼真。

技术方面，Facebook 通过 XR 方面的研发推进，在元宇宙领域逐步形成领先的技术优势。Facebook Reality Lab 发布的触感手套解决方案，可以在 VR 世界中用手在表面上滑动或再现抓握物体等感觉，提高使用者在虚拟世界中抓握物体的舒适度。此外，从 2014 年以来，Facebook 通过布局投资或收购相关技术公司来扩展丰富技术储备，具体方向包含计算机视觉、深度识别、3D 建模、游戏引擎、脑机接口、人工智能等领域。

内容方面，Facebook 以 Spark AR、PyTorch、Presence Platform 等底层技术研发开发工具及平台赋能元宇宙内容创作，联和创作者共同推进元宇宙的发展。近几年，Facebook 收购了多家 VR 公司和游戏工作室，不断加强 VR 应用场景的内容制作能力，打造基于 VR 的社交系列应用，包括虚拟居家场景的 Horizon Home，虚拟远程会议和办公场景的 Horizon Workrooms，提供用户自主创作功能的游戏社交平台 Horizon Worlds，让虚拟现实中的社交参与度更具有深度和广度。依托自家 Facebook、Instagram 等约 30 亿用户的社交网络体系，Facebook 在元宇宙生态建设方面拥有得天独厚的用户基数优势，为元宇宙内容及应用的试验与创新提供了实验床。

二　微软

2021 年 11 月 2 日，微软首席执行官 Satya Nadella 在微软年度技术盛会 Ignite 的线上会议上表示，微软将探索元宇宙技术并加入数字世界。Nadella 称："随着数字世界和物理世界的融合，我们正在创建一个全新的元宇宙。从某种意义上说，元宇宙使我们能够将计算嵌入到现实世界中，并将现实世界嵌入到计算中，从而为任何数字空间带来真实的存在感。最重要的是，我们能够将我们的人性带到我们身边，并选择我们想要体验这个世界的方式以及我们想要与谁互动。"微软认为，元宇宙的本质在于构建一个数字世界，这个数字世界与现实世界进行持久、稳定的连接，物理世界中的人、物、场等要素通过元宇宙与数字世界共享经验。

微软计划通过两大项目平台发展元宇宙。第一个平台为"Dynamics 365 Connected Spaces"，该平台基于一个全新视角来帮助管理者深入了解员工在工厂车间、客户在零售店等空间里的移动和互动方式，帮助管理者在混合工作环境中进行健康优化及安全管理。第二个平台为"Mesh for Microsoft Teams"，该平台在微软现有的 Teams（线上会议）已有功能之上，加入一个被称作 Mesh 的混合现实功能，允许在不同位置的用户通过生产力工具 Teams 进行协作，比如召开会议、处理共享文档、发送信息等。该平台也允许用户设置个性化的

3D 头像来体验沉浸式的元宇宙空间。

技术方面，微软为驱动和发展元宇宙提供了所需的各种技术，已经形成了从历史数据追踪分析、数据预测与模拟、建模与检测以及与现实世界同步等能力进行突破的技术栈，涉及混合现实、数字孪生、物联网等技术领域，以及基于人工智能的自然语言处理交互、用于视觉处理的机器学习模型等技术力量储备。

产品方面，除了 Xbox 游戏设备之外，微软也专门开发了 AR/VR 相关设备，比如 HoloLens 混合现实智能眼镜，被设计为适合佩戴的近视眼镜，目前已经更新至第二代。HoloLens 2 搭载了高通骁龙 850 处理器以及定制的第二代全息照相处理单元，具有 6DoF 跟踪、空间映射和混合现实捕捉等功能，还支持实时眼动追踪、语音命令、Windows Hello 等功能。另外，与元宇宙布局相关的主要产品还有 Microsoft Mesh、Power Platform、Azure 等。

三　谷歌

与其他公司相比，谷歌没有那么多产品或公开宣布的技术，但从硬件、软件、通信等方面可以看出，谷歌已经在元宇宙方面做了相应的布局。

硬件方面，2022 年 1 月 20 日，国外知名科技媒体 The Verge 刊登了一篇名为 *Google is Building An AR Headset* 的文章，报道谷歌近期开启了一个名为 Iris 的神秘项目，且此项目很可能是开发一款 AR 头盔，该 AR 头盔将使用外向摄像头将计算机图形与现实世界的视频融合在一起，可以在 Android 上运行。

软件方面，据 9TO5Google 透露，谷歌正在研发一个新的操作系统 Augmented Reality OS，用于未来可能研发的增强现实头盔产品。在支付领域，谷歌的 Google Pay 于 2021 年 4 月宣布与全球 Crypto 交易所 Gemini 建立新的合作伙伴关系，同年 6 月与 Coinbase 合作，允许交易所客户使用其 Coinbase 卡通过 Google Pay 支付商品和服务。在谷歌放弃进军银行业之后，谷歌雇用了前 PayPal 高管 Arnold Goldberg 来领导其支付部门，帮助改进 Google Pay，并计划将这款应用扩展到加密支付领域。

通信方面，谷歌开发实验性视频通信方法 Project Starline，它允许用户查看正在与之通信的人的 3D 模型。谷歌在其 2021 年的 I/O 开发者大会上宣布了该产品，称它将允许用户通过利用机器学习、空间音频、计算机视觉和实时压缩实现自然交谈、手势和眼神交流，且用户无须佩戴典型的虚拟现实护目镜。

四　Roblox

2021 年 3 月，全球最大的互动社区之一及大型多人游戏创作平台 Roblox 在纽交所上市，上市当天涨幅 54%，在其招股书中提及了元宇宙："有些人将我们的类别称为'元宇宙'，该术语通常用于描述虚拟世界中的持久性、共享的 3D 虚拟空间。随着功能越来越强大的消费者计算设备、云计算和高带宽互联网连接的实现，元宇宙的概念正在逐渐成为现实。"

Roblox 将自己定义为多人在线 3D 交互体验平台（Co-Experience platform），产品主要由 Roblox Studio、Roblox Cloud、Roblox Client 三个部分组成（见图 1），开发者通过 Studio 开发游戏，上传到 Cloud 后发布，用户通过客户端进行体验。本报告将根据 Roblox 提出的 8 个关键特征，通过技术、内容两方面介绍其具体布局。

Roblox 在招股书中列出了平台具有通向元宇宙的 8 个关键特征：身份（Identity）、朋友（Friends）、沉浸感（Immersive）、随地（Anywhere）、多样性（Variety）、低延迟（Low Friction）、经济

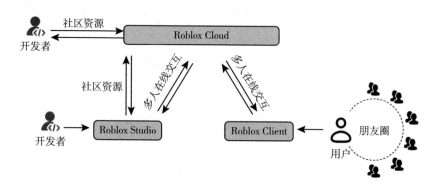

图 1　Roblox 产品关系

（Economy）、文明（Civility），诠释元宇宙趋势的必然性以及自己对元宇宙的理解与布局。

身份：拥有虚拟形象，持久的独特身份感；

朋友：通过各种方式的连接生成社交图谱，根据需要避免不必要的沟通；

沉浸感：开发者建立沉浸式 3D 环境，使用户可以与其他人分享同步体验；

随地：利用机器翻译和识别模式将 11 种语言嵌入 Roblox 客户端和 Roblox 云中的本地化和合规系统；

多样性：开发者和创作者共同创造自由多元的虚拟世界；

低延迟：通过 Roblox Cloud 让数百万并发玩家体验低延迟游戏；

经济：建立基于 Robux 货币的经济系统，打通现实经济；

文明：每个圈子有着自己的文明体系，可以自由组成社区。

技术方面，对于开发框架，Roblox 开发的 Roblox Studio 创作工具，具有入门门槛低、内容元素丰富且自由度高等特点，从新手到专业人士都可以适用，其内置的访问控制管理和协作编辑可以大大提升团队创作效率。对于后端部分，Roblox Cloud 是整个生态链的核心，是元宇宙建设中非常重要的基础设施，主要提供传输、存储、安全等相关服务。根据公司公告，截至 2020 年，Roblox Cloud 每秒响应需求数已升至 1200 万个。

内容方面，Roblox 目前已经运行超过 4000 万款游戏，有角色扮演、格斗、跑酷等多样的玩法，这使得 Roblox 成为全球最大的多人在线创作游戏平台。除此之外，Roblox 十分注重虚拟社交，设有一套虚拟经济系统体系，加上各类皮肤、物品、场景等元素，使得用户的沉浸感、体验感更佳，用户黏性更强，用户增长更快。

五　英伟达

"这是互联网的三维延伸，将比我们今天感受到的三维物理世界大得多。同样，虚拟世界的经济规模也将比物理世界的经济规模大很多。"英伟达创始人、CEO 黄仁勋（Jensen Huang）这样强调，他认为英伟达与元宇宙的连接在于开源工具平台 Omniverse，通过构建企业自己的"数字孪生"，完成实体装备与虚拟空间的映射。

NVIDIA Omniverse 是一款易于扩展的平台，可以实现 3D 设计协作以及可扩展的多 GPU 实时逼真仿真，由 Nucleus、Connect、套件、仿真和 RTX 组成生态系统，其最大的优势来源于生态与技术两个方面。

技术方面，英伟达的 GPU 占据了近 70% 的全球市场，Top 500 超级计算机中有很大一部分使用的是英伟达的产品。20 年来，英伟达基本保持着两年一迭代的速度，从最初的 Tesla 到现在的 Ampere，其出色的性能表现使得英伟达把握了从硬件进军元宇宙的主动权，其着力推出的 Omniverse 充分利用积淀的相关技术，使得开发者的开发效率更高。对于设计协作，号称"永远在线"的 Omniverse 首次实现了复杂工作流程中的真正同步多应用和多用户写作，可以为 3D 工作中提供无缝协作并增强性能。

生态方面，数字孪生是英伟达与元宇宙连接的重要途径，可以以数字形态模拟出实体的属性、状态等信息，并通过真实数据输入，根据实体的情况进行反馈与同步，借助 NVIDIA Omniverse Enterprise 的数字孪生技术可以在工厂、网络等数字孪生场景中实现更快的速度和更高的保真度。

六　高通

2021 年 10 月，高通举办了 2021 投资者大会。在投资者大会上，高通的首席执行官 Cristiano Amon 表示，高通将成为物联网以及元宇宙等领域的领头羊。高通对自己在元宇宙产业链的定义为"底层技术提供商"。从 2018 年起，高通就陆续推出了骁龙 XR 系列平台，认为 XR 是"下一代计算平台"，并在该领域具有相当的技术优势。对于元宇宙，高通将在设备芯片、通信领域发挥自身的优势。

2022 年 3 月 22 日，高通宣布设立总金额高达 1 亿美元的骁龙元宇宙基金（Snapdragon Metaverse Fund），用于打造独特的沉浸式 XR 体验以及具有相关核心 AR 和 AI 技术的开发者和企业。领先的 XR 公司将会优先得到高通的创投，并且通过高通的资助项目，围绕丰富 XR 体验，创造一个更加良好的环境。

硬件方面，高通在固定无线接入、Wi-Fi 接入点演进和 5G RAN 基础设施等方面有领先优势，结合其骁龙芯片的生态基础，高通在终端设备、平台等领域将发挥很大作用。目前，高通在推出基于骁龙 XR 平台的参考设计的同时，提供了软件、空间计算算法和结构，并利用自身通信技术方面的积累，提出了"无界 XR"，指通过"分离式渲染"技术进行分布处理，即通过支持超高速度和低时延的 5G 连接，利用高性能的边缘云渲染来增强终端侧的渲染能力，进一步实现更快速、精准的计算。

软件方面，高通发布了骁龙 Spaces XR 开发者平台，为基于手机的 AR 眼镜提供感知计算、定位追踪和手势识别，其拥有较为开放的跨终端平台与生态，有机会构建统一的 AR 生态底层基础，进一步开拓更多合作伙伴，打破生态孤岛。

七　腾讯

作为最能从元宇宙概念受益的国内互联网公司，腾讯目前的布局关注在元宇宙发展的早期阶段。腾讯具备了布局元宇宙的优越条件，无论是底层技术（比如游戏开发引擎、云服务、大数据中心等），还是中层的各类内容产品和成熟的社交网络生态，以及公司对 PCG 部门的战略调整。腾讯的投资布局也涉及元宇宙的各个方面，包括直播、陌生人社交、电商、本地生活等。另外，2022 年 6 月，腾讯宣布正式成立"扩展现实"（XR-Extended Reality）部门，该部门成为公司互动娱乐事业群（IEG）的一部分，任务是建立包括硬件和软件在内的扩展现实业务。从扩展现实部门属于互动娱乐事业群来看，未来，腾讯的扩展现实技术及方案将更多地应用在游戏、文娱领域。

内容方面，腾讯在游戏、社交、企业服务等领域的优势比较明显。社交领域，"微信+QQ"几乎全面覆盖了中国的互联网用户；游戏领域，除自身游戏团队外，腾讯通过一系列全球化的对外投资或收购，目前已成为全球最大的游戏公司；企业服务领域，腾讯紧抓企业数字化浪潮，构建腾讯会议、腾讯文档及小程序服务等通信与效率办公 SaaS 工具，支持企业客户内部及其与外部用户的协作。另外，虚拟音乐嘉年华、"超级 QQ 秀"等产品，都是腾讯在内容方面的布局。

生态方面，腾讯拥有面向 C 端场景的云游戏全系生态，具备全周期云游戏行业解决方案，为用户提供全链路云游戏平台与生态。腾讯也拥有面向 B 端场景的 IDC 数据中心全场景能力，腾讯云布局

全场景 IDC 能力，提供枢纽式的连接方式，把 C 端消费互联网资源连接到 B 端产业互联网，基于消费互联网，积极推动元宇宙生态建设。

八 字节跳动

在元宇宙概念被业界广泛关注之初，字节跳动便紧跟风口，迅速入场。从收购 VR 企业 Pico、游戏公司沐瞳，到上线社交产品 Pixsoul、派对岛等，短短几个月的时间，字节跳动便对元宇宙赛道进行了全方位布局，包括硬件、技术和产品三方面。

硬件方面，字节跳动投资了光舟半导体公司，该公司聚焦于衍射光学和半导体微纳加工技术，量产了 AR 显示光芯片及模组，公司旗下还拥有半导体 AR 眼镜硬件产品。另外，字节跳动收购了 VR 行业头部一体机生产厂商 Pico。Pico 于 2022 年 5 月发布了新一代 VR 一体机 PicoNeo3。IDC 研究认为，PicoNeo3 在各项硬件参数及定价方面已达到和 Oculus Quest2 相当的水平，助推 VR 消费级头显告别轻奢时代。

技术方面，目前字节跳动已基本完成了对元宇宙赛道技术方面的全方位布局。在 VR/AR 领域进行长期的研发投入，在交互系统、环境理解等方面产出一系列技术成果。旗下的抖音在 2017 年就推出了 AR 扫一扫、AR 互动、AR 滤镜、VR 社交等功能。另外，字节跳动投资了众趣科技（一家 VR 数字孪生云服务商），专门做 3D 实景重建，可以用一个普通的第三方全景相机拍摄，在云端构建 3D 空间模型，提供最基本的空间数据，为其打造元宇宙提供基础设施。

产品方面，字节跳动推出元宇宙社交平台 Pixsoul，该平台主打 AI 捏脸功能。从公开披露的产品介绍来看，Pixsoul 目前提供了两个高清特效，其中之一是虚拟化身 Avatar，Avatar 既能将用户的照片转变为相应的 3D 形象，也能将用户的照片塑造成电子游戏中的虚拟角色。另外，字节跳动上线元宇宙社交 App "派对岛"，在这个 App 提供的线上虚拟世界中，用户可以打造属于自己的虚拟形象，并和好友进行聊天、逛街、看电影等各种活动，享受沉浸式的社交体验。

九　华为

华为轮值董事长胡厚崑认为，元宇宙的本质是融合，是物理世界和数字世界的融合。华为在元宇宙领域的布局包括技术与产品两个方面。

技术方面，5G 是元宇宙建设中的核心技术之一，很大程度上决定了 VR/AR 等技术的数据传输效果，华为作为 5G 行业的领头人，从各个方面进行了技术支持，包括多频段、多制式的 5G 终端芯片，全球 5G 基础设施建设等，其产品已经具备无线接入的能力，实现了从网络基础设施到端到端设备的连接。在终端方面，华为推出了华为 VRGlass、MateStationX 等设备，之后还推出了 VR Glass 6DoF 游戏套装。在内容开发工具方面，华为推出了 Reality Studio，为开发者提供包括场景设计、模型编辑、交互设计、发布管理等多方面的支持体系；在操作系统方面，鸿蒙系统日渐成熟，作为万物互联时代的全场景分布式操作系统将有机会发挥作用；在软件引擎方面，华为推出了 AREngine，提供 ARCloud、XRKit 等服务。

产品方面，河图（Cyberverse）是华为于 2018 年成立的项目，致力打造地球级的、不断演进的、与现实无缝融合的数字新世界，其融合强环境、物体理解、虚实世界融合渲染、3D 高精度地图、全场景空间计算，在景区景点、博物馆、智慧园区等公共场所为游客提供丰富多样的导览服务，如敦煌"飞天游"、南昌八一起义纪念馆 VR 智能化讲解等服务都是典型的应用代表。河图项目未来的发展途径主要

分为物理世界层、物理世界的数字印象、语义层、地理信息层、数据层、通信层、内容层面、用户内容层这8项规划（见表1）。另外，"首钢园元宇宙中心"是近两年的重要项目，搭配"赛博朋克"的风格，用VR/AR等方式，展现首钢园深厚工业文化底蕴的同时，也形象地展现了结合5G、VR等技术的元宇宙的初步概念。

表1 华为河图未来发展规划

层次	发展重点
物理世界层	现实世界
物理世界的数字印象	激光、图像、视频等数字化建模
语义层	利用AI抽象提取特征和语义
地理信息层	绑定现实世界的抽象和实际地理坐标
数据层	聚合POI信息，是未来搜索的发起层
通信层	账号权限信息，未来的社交将发生在此层
内容层面	官方内容，主要覆盖高价值领域
用户内容层	通过UGC丰富河图世界的内容

十 网易

技术方面，网易公司在元宇宙领域拥有领先的技术储备资源，网易伏羲人工智能实验室在国内泛娱乐AI和游戏研究领域处于顶尖水平，研究方向包括视觉智能、虚拟数字人、用户画像、强化学习、自然语言处理、大数据和云计算平台。网易推出的伏羲通宝是一种可以实现跨游戏、跨服务器流通的底层架构，它可以被用作游戏虚拟资产流通的介质，网易希望通过伏羲通宝建立起行业统一的虚拟资产管理标准，在未来成为一个标准化的接口模块，优化未来游戏开发的分工协作方式。伏羲通宝对玩家来说，也表示玩家在游戏世界进行的投入和付出，都可以通过伏羲通宝得到保值与转移，从真正意义上带领玩家通往未来游戏世界。

硬件方面，网易的布局主要围绕消费级 AR 眼镜（HoloKit）和网易影见投影仪。元创元宇宙对 HoloKit AR 眼镜分析表示，HoloKit AR 眼镜可以被看作网易在元宇宙硬件开发中的一次探索。网易影见属于一种增强现实互动投影仪，它可以将虚拟信息投射到现实空间，同时网易影见可以与物理世界进行交互，支持多种互动方式，应用领域包括儿童教育、数字展陈等。

软件方面，2021 年 8 月，网易伏羲正式发布"瑶台"，"瑶台"属于一种沉浸式虚拟会议系统，可以创造一个沉浸式的虚拟会议世界，在"瑶台"中，主办方可以根据需求设置不同风格的会议场地，高度复现现实世界会议场景。未来的"瑶台"将进一步将功能扩展为虚拟社群、虚拟接待、VR 虚拟现实等，为元宇宙会议、元宇宙游戏、元宇宙社交、元宇宙教育等应用场景提供稳定、可靠的服务保障。

十一　百度

2021 年 12 月 10 日，百度宣布将于 12 月 27 日发布首个"国产元宇宙"产品"希壤"，届时百度 Create 2021（百度 AI 开发者大会）将在"希壤"举办。这是国内首次在元宇宙中举办的大会，可同时容纳 10 万人同屏互动。百度副总裁、"希壤"负责人马杰表示："目前元宇宙尚处于非常初期的产业探索阶段，其发展是循序渐进的，将由整个社区花费很长时间来共同构建并成熟。"百度在技术、硬件、生态等多方面进行布局。

技术方面，百度很早就在 AI 领域进行大规模重点投入，其在 AI 领域的技术积累，对奠定元宇宙的应用基础、抓住元宇宙所带来的 AI 应用场景增长的机遇具有很好的促进作用。元宇宙对算力的需求近乎无穷，计算是元宇宙的底层基础，百度推出了 AI 异构计算平台、

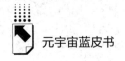

分布式云基础设施以及 AI 应用开发平台为元宇宙提供服务。

硬件方面，百度已经在元宇宙 VR 领域有一定的基础，主要由百度 VR 和爱奇艺奇遇系列 VR 构成，在企业端进行产业的数字化升级；对于消费者来说，向消费者提供影音、游戏等娱乐体验。爱奇艺 VR 眼镜在国内 VR 眼镜市场占有一席之地，已先后推出了多款深受中国用户喜爱的 VR 一体机产品。2021 年 8 月，百度宣布昆仑第二代芯片实现量产，新推出的昆仑芯片具有高性能、低成本的特征，可赋能多个元宇宙业务场景。

生态方面，元宇宙需要 AI 作为支撑，在 2021 年 10 月，基于百度大脑的百度 VR2.0 产业化平台发布，百度整套 VR2.0 产业化的解决方案融合了 AI 领域的领先技术，这些开源开放的技术可在未来高效地应用于元宇宙中。2021 年 11 月，百度 VR 推出了"希壤"社交 App，产品主要打造一个可以多人参与互动的虚拟世界，被称为国内第一款元宇宙 App，代表百度在元宇宙跨出了重要的一步。

十二　中国移动

中国移动执行董事兼董事长杨杰表示，元宇宙的特点主要在于信息技术、虚拟空间和现实空间、科技与金融、硅基生命和碳基生命四个方面的融合，这是一个数字产业化、产业数字化的过程，元宇宙的实现离不开运营商，因为它有海量的数据需要传输、处理，中国移动搭建的算力网络，将是支撑元宇宙的重要基石。

技术方面，根据中国移动发布的《算力网络白皮书》，算力网络是以算为中心、网为根基，网、云、数、智、安、边、端、链（ABCD-NETS）等深度融合，提供一体化服务的新型信息基础设施。算力网络的目标是实现"算力泛在、算网共生、智能编排、一体服务"，逐步推动算力成为与水电一样可"一点接入、即取即用"的社会级服务，达成"网络无所不达、算力无所不在、智能无所不及"的愿景，其体系架构如图2所示。

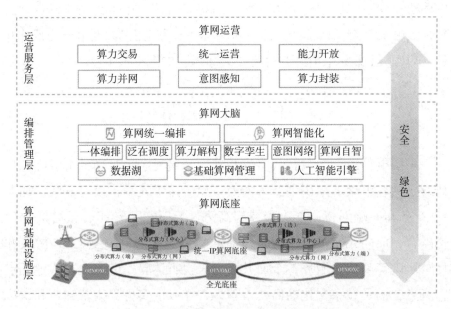

图2 中国移动算力网络体系架构

目前中国移动已建成全球最大的5G网络，基本实现国内城区、县城、乡镇连续覆盖，过去三年投入千亿元部署"N+31+X"资源池、数据中心建设等，实现云服务100%覆盖。进一步地，中国移动现在的新基建包括5G、算力网络、智慧中台三部分，畅通经济社会发展的信息"大动脉"。在5G方面，推进与中国广电5G网络共建共享，继续深入实施"5G+"计划；在算力网络中，加快算网融合，构建算网大脑体系，达到"一点接入、即取即用"的效果；在智慧中台方面构建具有运营商特色的AaaS能力。

内容方面，2018年起，中国移动就与HTC签署了"5G终端先行者计划"合作备忘录，之后由中国移动云VR与HTC展开战略合作，加快"5G+VR"落地应用，目前HTC VIVE的VIVEPORT应用商

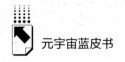
店已经上架超过 2600 款优质的 VR 内容；2020 年 3 月，中国移动参股 VR 交互技术公司 NOLO VR，同年发布了跨"VR 头显、手机、电视"三端的移动云 VR 产品，推出游戏专版产品 6DoF 高端一体机，并上新移动云 VR App；2021 年 12 月的音乐盛典咪咕汇中，移动云 VR 与其合作伙伴开启"VR 平行现场"，让用户拥有"VR+8K"的沉浸感体验。

十三　中国电信

中国电信以云改数转战略为基础，开展元宇宙布局，将围绕产品研发、内容汇聚、应用创新等方面，积极探索元宇宙投资发展，加大 5G 业务和终端创新，推进天翼超高清、云 VR、云 AR、云游戏等生态融合，面向元宇宙应用需求，提供 VR 视频、VR 直播、VR 游戏和巨幕影院等高质量服务，全面升级用户视听体验，助力快速落地元宇宙场景，满足数字文化的需要。首先，在以现实世界为基础，和虚拟世界相结合的过程中，提供平台和云网基础能力，提供各类元宇宙中虚拟世界业态的服务；其次，随着超级元宇宙虚拟世界逐步形成，中国电信依靠国有身份和业务技术基础，努力成为元宇宙虚拟世界底座的坚定后盾。

技术方面，中国电信旗下公司发布了"盘古计划 2.0"，构建元宇宙沉浸世界基础条件。聚焦赛道、底层技术、盘古计划、战略布局，连接"用户+场景+终端+网络"，锁定 N 个用户群，构建沉浸世界基础条件，进一步推进 5G 个人/企业应用的发展，打造融媒体云新型基础设施平台，赋能元宇宙相关产业。

生态方面，中国电信开放融媒体云平台，丰富元宇宙产品，包括虚拟数字人、云 VR/AR、云游戏、XR 数字文博、XR 娱乐空间站、元宇宙音乐等。树立国有品牌的优秀形象，成为元宇宙行业的建设整合者、协同创新者、服务集成者，实现面向内容、平台、终端、渠道多维度深度融合，参与制定行业标准，致力打造元宇宙应用项目，实现终端升级。

十四　中国联通

中国联通董事长刘烈宏表示，打牢数字底座基础是推动 VR/AR 产业加速前行的关键，是 VR/AR 产业达到虚实相通的新高速。进而借此技术优势突破人机交互、万物智联的各类瓶颈。中国联通致力于打牢数字底座，加快布局和构建 5G、算力网络等信息基础设施，不断推动 VR/AR 产业发展。

技术方面，为元宇宙新场景积累技术储备，布局"5G+VR/AR"数字内容和服务领域，成立中国联通虚拟现实 VR/AR 基地。推出了"AI 数字孪生虚拟人创作平台"，为消费者提供了一体化、全场景的元宇宙数字服务平台。该平台具有四大特征：音色定制、主播商城、NLP、数字驱动引擎。除了持续构建多样化的元宇宙虚拟数字人 IP 矩阵外，将继续沿着深化元宇宙虚拟数字人智能化、场景化的方向发展。虚拟人物的形象也将会出现在音乐、游戏等更多在线元宇宙的场景中，发挥其商业价值。

产品方面，中国联通上线元宇宙官方 App，打造元宇宙内容生产厂牌，推动 VR 产业加速前行，打牢数字底座基础；打造 5G 精品网、千兆宽带网以及一体化算网服务体系，以及为 VR 产业铺就虚实相通的新高速，推动 5G+MR 融合应用发展。

参考文献

[1] 龚才春主编《中国元宇宙白皮书》，2022。

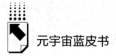
［2］ Chenglin Pua：《微软正式进军元宇宙，一文读懂布局规划》，2022 年 11 月 12 日，https：//baijiahao. baidu. com/s？ id = 1716234205147050097&amp；wfr = spider&amp；for = pc。

［3］ 秦军：《英伟达、微软和唱片公司眼中的元宇宙》，《中国外资》2021 年第 23 期。

［4］ 王伟：《高通设立基金完善元宇宙生态》，《中国电子报》2022 年 3 月 25 日，DOI：10. 28065/n. cnki. ncdzb. 2022. 000351。

［5］ 张心怡：《元宇宙进行时，高通在行动》，《中国电子报》2022-03-29（008），DOI：10. 28065/n. cnki. ncdzb. 2022. 000376。

［6］ Shan Yuan：《一文读懂腾讯的元宇宙生态布局》，2022 年 7 月 17 日，http：//www. nftrr. com/article-24943。

［7］ 刘晓俊：《来看看科技巨头们的元宇宙布局——字节跳动》，2022 年 6 月 23 日，http：//www. 360doc. com/content/22/0623/20/33366194 _ 1037176405. shtml。

B.20
元宇宙行业重要案例

侯木舟 等*

摘　要： 近年来，随着区块链、虚拟现实、增强现实、5G 通信等技术
的逐渐成熟，元宇宙的发展开始加快，各项技术的进步赋予
了元宇宙在诸多领域可能的应用场景，许多领域都已开始着
手元宇宙的建设，而元宇宙作为最近几年新兴的行业，其在
各领域中的应用与其传统模式有所区别，本报告分析了目前
元宇宙在诸多领域中几个比较重要的应用案例：教育领域中
运用增强现实、人工智能、区块链等技术实现个性化教育的
元宇宙教室；社交领域中通过虚拟现实等技术实现的身临其
境般的多人互动虚拟世界；游戏领域中通过区块链等技术实
现去中心化的自由交易创作权的游戏世界等。

关键词： 区块链　虚拟现实　增强现实

一　元宇宙赋能在线教育

（一）无锡教育元宇宙

随着互联网、5G、人工智能、区块链等新兴技术的迅速发展，

---

* 执笔人：侯木舟、邹朋江、李瑞婷、陆寿鹏、潘琪、苏刘艳、杨青青、张云凤，
中南大学区块链研究中心。

"元宇宙"成为热门词，知识逐渐从教室、课本中"走出来"，实现以学生为中心、以网络资源为体系、以网络平台为空间范围的新型教学模式。2022年5月，无锡市教育局发布了《无锡市"十四五"教育信息化发展专项规划》，指出无锡市要"推进智慧课堂的普及应用，探索元宇宙教育课堂，打造未来课堂新模式"。这正是信息技术与新时代教育融合发展的必然趋势，也是加快教育向数字化转型的一个重要举措。无锡教育正在向元宇宙教育转变。

2022年5月，由无锡市教育信息化和装备管理服务中心主办，江苏捷成睿创科技集团、上海潮友文化承办的无锡教育元宇宙发布会通过线上、线下、虚拟空间三维融合的会议模式举行。活动现场正式推出无锡教育元宇宙"三个一"，即一位虚拟教师、一条教信链和一款教育数字藏品，从而开创了教育应用新样态。无锡教育元宇宙的发布是国内教育元宇宙应用的首次发布，也是打造无锡市元宇宙应用场景的一次重要践行，通过整合模拟技术、增强技术、扩展现实、数字孪生、人工智能等多种智能技术，形成满足学习场景化需求的新型虚实学习空间交互融通的互联网教育应用。

无锡教育元宇宙发布会上，数字人小睿被聘为"锡慧在线"学习中心的首位虚拟教师，提供教学支持服务。设计者以女性教师的亲切自然形象展示虚拟教师风采，通过系统对人脸、声音等相关数据的采集，进行优化、合成，最终形成了今天的小睿老师。虚拟教师的推出也意味着无锡教育将以更为开放的平台和姿态来服务和帮助全社会的学习者进行在线学习。下一步，无锡还将探索虚拟教师与人类教师进行虚实结合的双师协同教学模式，更好地服务学生个性化学习。

教信链主要针对当前教育"信息化+区块链"发展存在管理评价数据全面性和真实性不足、教育用户数字档案管理难度大、数字化资产缺乏可信管理工具等七大主要问题，以教育基础数据为依托，搭建包含数字身份链、教师发展链、学生评价链、学校考核链、资源版权链、证书链等在内的区块链基础平台，推进证书查询、电子证照、知识产权保护等应用试点，旨在建立区域级区块链的多元主题身份准入机制，建成基础教育领域课程版权确认体系，构建区块链全流程、全要素的教育评价体系，实现区块链支撑的 K12 贯通培养体系。教信链的推出能够有效地将教育的"人情信任—机制信任"转变为"数字信任"，真正实现学生成长和教师发展全生命周期数据的可查、可追溯，致力打造智慧可信的教育体系，为无锡教育数据保驾护航。

（二）中国传媒大学在《我的世界》里毕业

每年的毕业典礼对于毕业生来说都是最具仪式感的时刻，受疫情影响，很多学校线下的毕业典礼无法举行，中国传媒大学在游戏《我的世界》（Minecraft）中 1：1 还原了像素风校园（见图1），举行了毕业典礼。

图1　游戏中还原的传媒大学（一）

《我的世界》打造的游戏中的"云毕业典礼"打破了传统的线下毕业典礼的形式，没有传统线下典礼的拘谨做派，毕业学生们只需要

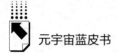
一键换上学士服，即可走进异世界的红毯上。这种"霍格沃茨"式的毕业典礼获得了社会各界的广泛关注和讨论。

在《我的世界》里1：1还原校园的这个想法，早在2017年就已经萌发，MCUC团队成员花费了很多时间还原学校场景（见图2）。

图2 游戏中还原的传媒大学（二）

仅2022年6月16日上午的直播就有200多人参与，5万多人观看。

一直以来，《我的世界》凭借能够自由建造的特殊属性，吸引着全世界上亿玩家。其中有一部分就是高校的学霸们。在因为疫情无法聚在一起的情况下，通过《我的世界》这个游戏进行线上云聚会，这也是玩家奇思妙想、共同协作的结果。这种线上云毕业典礼弥补了毕业生们的遗憾，也给他们增添了很多乐趣。从这个例子我们可以看出，在这个网络世界不断发展的时代，因受疫情影响，元宇宙使我们能在虚拟世界中开拓新的路途，赋予教育不一样的时代内涵。

二 元宇宙赋能数字藏品

2021 年被称为"元宇宙元年",元宇宙从科幻小说、虚拟游戏等领域走出,正式进入大众视野,引发了诸多产业的热潮,同时也影响到文博产业。自 2021 年以来,多家博物馆均依托区块链技术和各自的馆藏文物,相继推出属于自己的数字藏品。每款藏品都极受欢迎,为"收藏国宝"带来了一种全新的体验。湖南省博物馆以"朱地彩绘棺"和"T"形帛画两款镇馆之宝为依托发行数字藏品;湖北省博物馆也将镇馆之宝"越王勾践剑"制作成数字藏品;其他还有河南博物院的 3D 版数字文创"妇好鸮尊",西安曲江大明宫国家遗址公园的"〇宇宙·千宫系列"数字藏品(见图 3)……

图 3 "〇宇宙·千宫系列"数字藏品之"千宫之镜"

数字藏品依托 NFT,即"非同质化权益证明",利用区块链技术,使得藏品拥有一张专属的数字证书,并将其永久保存在区块链中,不可复制、不可篡改。数字藏品也具有其独特的自身价值,包括交换价值、收藏价值、娱乐价值,等等。

NFT 是一种确认数字资产权益的凭证,它是一种商品或一种货

币，其所有权可以转让，其交易可以使用货币或者以太币、比特币等同质化代币进行结算。但国内的数字藏品概念与国外艺术领域兴起的传统 NFT 有着根本的区别，当前的博物馆数字藏品往往被视为"数字化文创"，无法二次出售，仅可转赠。

从诞生之日起，博物馆、旅游景区发布的数字藏品一直广受追捧，常常出现一经发布便售罄的情形，可见消费者对文化内涵丰富的数字藏品的热爱与追捧。不仅仅消费端如此，企业端也同样活跃。数字藏品近年来发展迅猛，头部的互联网公司和文化艺术机构甚至银行都开始进入数字藏品领域。

过去，产权的确定和追溯困难是数字化发展道路上最大的绊脚石，网络开放和共享反而成为版权保护的一种阻碍，甚至会出现盗版方颠倒事实的情况。人们也逐渐意识到保护知识产权的重要性。因此，随着区块链加密技术被应用到数字版权保护领域，越来越多的艺术家开始参与到数字藏品创作的行列中。

在国内，数字藏品市场的蓬勃发展，印证了"一切都可以 NFT"。2021 年 4 月，歌手陈奂仁将两首歌《nobody gets me》及《THE XXXX IS AN NFT》于 NFT 平台发售，分别赚到了 7 个以太币及 539 个币安币，当时约值 150 万港元，成为首位发行音乐 NFT 的华语音乐人。2021 年 5 月 20 日，淘宝旗下阿里拍卖聚好玩推出 NFT 数字艺术公益拍卖专场。2021 年 6 月 23 日，支付宝在国内首发"敦煌飞天"和九色鹿 NFT 交易皮肤（见图 4），全球限量发行 16000 张。2021 年 8 月 2 日，腾讯旗下 NFT 交易软件幻核正式上线。2021 年 10 月，苏富比拍卖行在香港举行的秋季拍卖会上，拍卖了王家卫首部 NFT 电影《花样年华——一刹那》，这部 NFT 作品源自电影《花样年华》的未播出片段，仅对外发售一份。

2022 年 1 月，《鎏金宝顶》作为 3D 重现天坛建筑群的一系列数字藏品正式上线（见图 5）。"中国首部中医药古籍 IP 数字藏品——

图 4　支付宝"敦煌飞天"和九色鹿 NFT 交易皮肤

《本草纲目》（金陵本）签约发布会暨 2022 年元宇宙数字藏品开发线上研讨会"于 2 月 25 日召开。

图 5　天坛建筑群系列数字藏品之"祈年殿"

2022年3月，上海交响乐团推出首款NFT收藏作品《一段2：21的音频》，该作品出自中国第一张交响乐唱片《交响乐》（见图6），售价19.9美元，限量1万张；中国武术系列数字藏品，由嵩山少林寺武术馆、华冠文化、意树数藏共同开发，于"意树数藏"官方网站正式上线，发售10分钟便被抢购一空。

图6 上海交响乐团第一款NFT藏品

2022年4月，在中国航天日当天，探月工程发布全球首个月壤数字藏品，希望"通过前沿科技与航天技术的融合创新让普通人触摸星辰大海"。工业和信息化部工业文化发展中心也发布公告，表示将筹建工业元宇宙服务平台。2022年5月，人民日报社、中国青年出版总社也纷纷联合各大平台，发布属于自己的首款数字藏品。

数字藏品让普通人也能接触到高不可攀的文物和艺术品，进一步激发人们尤其是Z世代年轻人走进博物馆、艺术馆瞻仰文物和艺术品的热情。然而，伴随数字藏品的迅猛发展，也出现了一系列问题，因此国家文物局于 2022 年 4 月 12 日正式提出，文博单位发布数字藏品要坚持公益属性，不得将文物原始数据作为限量商品发售，这无疑在一定程度上抑制了数字藏品的发展，并且从微信对数字藏品公众号的管理上可以看出，国内数字藏品市场不可能完全模仿国外的发展道路，国内的二级市场并不能发展壮大到刺激行业发展的程度。

当前，博物馆、文旅企业开发数字藏品，不仅要注重数字藏品的交流性、故事性，赋予数字藏品特殊意义，打造独特的故事背景和内涵，并且要积极探寻通过数字藏品的开发，实现线上、线下的转化，最终服务于实体经济。

未来，数字藏品并不仅限于文博领域，一定要跳出文物、艺术品，将其放到数字经济大环境中，把握其基本内涵，争取应用于更广泛的领域。

三　元宇宙赋能市场营销

（一）AutoMeta——元宇宙营销解决方案

元宇宙作为虚拟世界与现实世界融合的载体，蕴含社交、内容、技术等场景运用的变革机遇。2021 年以来，众多科技巨头已将元宇宙视为下一个具有战略意义的竞争领域，据麦肯锡咨询公司预估，2030 年全球元宇宙的市场规模将增至 5 万亿美元。

目前，不少企业已经着力打造虚拟与现实相互融合的空间，并积极进行元宇宙营销尝试。以网易为例，通过上中下游全产业布局，网易在元宇宙技术、规划等各层面上做足准备。在下游技术和硬件方面，网易在区块链、VR、AR、人工智能、引擎等元宇宙相关领域，拥有国内领先的技术储备，具备开发和探索元宇宙的技术和能力；在中游内容和 IP 方面，网易积极打造数字文化中心，于 2022 年 5 月正式上线升级版 2.0 数字藏品，并独家发行多位艺术家的数字艺术作品；在上游场景和体验方面，网易在 2021 年正式发布沉浸式虚拟会议系统"瑶台"，其创造了一个全新沉浸式的虚拟会议世界，用户可根据实际需求设置多种风格活动场景，达到沉浸式体验效果。

2022 年 4 月，网易传媒同蓝色宇宙就元宇宙时代下营销领域的新模式实践与商业应用达成合作，双方提出面向汽车行业的元宇宙营销解决方案——AutoMeta。AutoMeta 方案是指针对汽车行业在传统营销中新车发布、试驾测评和跨界活动三个关键节点提出元宇宙的升级解决方案，开启汽车行业在元宇宙时代的营销。

首先，基于网易瑶台和蓝色宇宙的技术加持，通过打造充满科技感和未来感的汽车新车发布场景（见图 7），丰富企业和用户的互动，如 360 度全方位看车、车友交流、媒体访谈等，使新车发布环节的体验感和参与感全面升级；其次，基于网易传媒和蓝色宇宙的虚拟数字人体系，采用游戏试驾方式，用户在国内实景赛场里解锁汽车功能，参与感更强，同时通过虚拟数字人改造传统测评方式，突破现实限制，实现测评环节新创新；最后，基于网易星球和 MEME 的数字藏品平台，从内容和 IP 资源角度实现跨界活动的升级。跨界活动是汽车系列推广时很重要的营销环节，在元宇宙时代，考虑用户对数字藏品价值的共创，提出跨界共创升级。网易和蓝色宇宙特有的强大艺术家联盟数字资源和 XR 技术储备，可以激发出虚拟数字产品与现实产品更好的表达形式。同时通过联名共创和 XR 的表达，帮助汽车实现价值层面的营销升级，让汽车品牌实现从购买到收藏的消费升级，与用户之间形成精神层面的价值共识。

综上，就是网易传媒和蓝色宇宙通过打造沉浸式的体验互动场景、虚拟数字人试驾、数字藏品共创，为汽车行业在元宇宙营销时提出的针对特定营销节点的方案——AutoMeta，帮助企业和用户利用元宇宙营销，带来体验、互动和价值上的全面升级。

图7 网易瑶台界面

（二）元宇宙营销 vs 传统营销

在元宇宙热潮下，营销形式发生转变，新的营销形式被催生出来。但本质上，元宇宙营销和传统营销是一样的，都是通过解决将产品和用户对接起来的问题，在满足用户需求的同时获取利益。不同之处在于，元宇宙相较传统营销而言，信息传播的方式和内容、营销竞争方式和营销策略等发生了转变，其中最大区别在于元宇宙营销更关注用户的变动，营销紧跟用户的迁移而迁移。

传统营销方式主要通过市场调研和经验规律去洞察市场，在这个过程中缺乏与用户互动连接。在元宇宙世界里，虚拟和现实紧密关联，基于元宇宙的社交性、用户创造、沉浸式等特点，元宇宙为企业的营销触达和互动体验提供了巨大想象空间。在元宇宙世界里，企业得充分考虑用户的特点，根据用户的使用行为进行优化调整，才能建立起企业产品和用户之间更有效的连接。同时，结合大数据、人工智能等技术分析用户的行为和需求，推出更为精准的营销策略和方式。

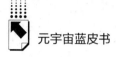
在信息传播方面，传统营销争取用户的手段更多是通过单向的信息传播方式，优点在于信息可以迅速传播，但弊端也很明显：用户处于被动地位，参与度较低，更多的是根据企业传递的信息决定是否购买。相较之下，元宇宙营销采用交互式双向的传播形式，企业和用户之间沟通更加及时且充分，同时，高度的互动性更能拉近企业和用户之间的关系，用户从过去的被动接受到参与企业共创，用户的卷入程度更高，更可能实现用户和企业之间的"情感共振"。在传播内容方面，元宇宙营销较传统营销在内容创作方面拥有更大空间。元宇宙采用"虚拟+现实"融合模式，以更创新的表达方式传递企业产品理念，从而强化用户的认知。奈雪的茶在六周年之际推出品牌大使——虚拟人NAYUKI（见图8），提升了传播效率。

图8　奈雪的茶六周年品牌大使——NAYUKI

在营销竞争方式方面，元宇宙营销打破了传统营销所受的时间、空间以及地域的限制。一方面，元宇宙营销扩大了商品原本的销售范围和群体；另一方面，具备雄厚资金实力的大规模企业不再是唯一的优胜者，规模悬殊的企业之间可以进行相对平等的自由交流，使小企业布局全球营销成为可能。

在营销策略方面，无论是传统营销还是元宇宙营销，利润最大化都是企业追求的目标。传统营销策略中，经典的营销策略是 4P 理论，通过产品（product）、价格（price）、渠道（place）和促销（promotion）有机结合，使企业获得更大利益。而在元宇宙营销中，营销环境发生改变，地域领域消失，价格策略受到限制，传统的 4P 组合策略不再适用。

总的来说，元宇宙给企业提供了一个新赛道，增加了新的渠道和新的玩法。与传统营销相比，元宇宙营销具有更高的集成性、更灵活的营销方式和更亲密的企业与用户关系等优势。

四　元宇宙赋能大众社交

早在 30 年前，科幻小说《雪崩》的作者就提出了"元宇宙"的概念。近几年，电影《头号玩家》《失控玩家》更是掀起了一波元宇宙热潮。电影爆火的原因，除了故事吸引人之外，更为重要的是引入了"元宇宙"的概念。玩家戴上 VR，配合电脑，就可以进入虚拟的元宇宙世界。

元宇宙最吸引人的一点在于它把现实世界的运行逻辑引入数字世界，通过社交互动，让大家感受到了一种介于现实和虚幻之间的特殊体验。而各类元宇宙软件作为一个载体，能够高度还原一个接近现实的虚拟场景。

（一）虚拟身份

2021 年 9 月，字节跳动在海外市场上线了一款名为 Pixsoul，主

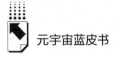

打 AI 捏脸功能的社交 App，可以为用户的照片和视频添加特殊效果。其提供了两种高清特效，其一是 Avatar，能够将用户的照片转变为相应的 3D 形象，还可塑造成电子游戏中的虚拟角色（见图 9）；另一种则是 Facelab，能够在用户的视频中添加 AI 过滤器，允许全年龄段的用户实时看到脸部的变化（见图 10）。简而言之，Pixsoul 可以帮助用户打造个性化的虚拟形象，并用于社交。

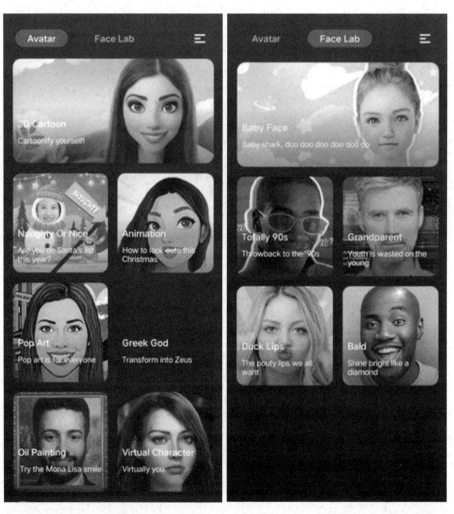

图 9　**Pixsoul** 中的 **Avatar** 特效　　图 10　**Pixsoul** 中的 **Facelab** 特效

虚拟身份将是进入元宇宙世界中的重要一环。正如移动互联网时代，人们需要有 ID、社交头像等抽象的数字身份作为网络通行证一样，而更加具体、更能体现个性化身份的虚拟化身被认为是元宇宙中的通行证和重要的数字资产。

此外，和网络 ID、社交头像等不同，虚拟化身本身也是元宇宙沉浸感不可或缺的一部分。虚拟身份的塑造更具创造性，能够体现脸部五官、情绪表情、手势姿态的变化，实现更自然、真实的交互。

无论是描述元宇宙的小说《雪崩》，还是向大众展示元宇宙可视化形态的电影《头号玩家》和《失控玩家》，都体现了虚拟化身的重要性。每一个参与者要想超脱现实物理因素的桎梏，在虚拟世界中获得逼真的感官体验，都需要有一个属于自己的虚拟化身。人们可以通过这一虚拟身份，在元宇宙中工作、社交、娱乐甚至消费。

（二）虹宇宙 VS 希壤

国内互联网巨头布局元宇宙已然不是一件新鲜事。天下秀推出了 3D 虚拟社交平台虹宇宙，百度元宇宙产品希壤也已面向所有用户开放。

2021 年 11 月，天下秀在其社交平台上发布了 11 周年公开信，公司董事长李檬在信中多次提到"虹宇宙"概念，并声称"在不远的未来，虹宇宙将对新消费、新营销、新生活带来不同寻常的深刻影响，将会优化整个社会的交易成本和交互效率"。

虹宇宙是基于区块链技术的 3D 虚拟社交产品。该产品主要基于 Z 时代的 3D 虚拟星球（P-LANET），为用户提供虚拟社交平台，打造沉浸式的虚拟生活社区。

进入虹宇宙后，首先需要登录自己的账号，然后创建自己的虚拟形象。可以随便对自己的虚拟形象进行捏脸操作。在创建身份完成后，会直接进入虹宇宙的主页面（见图 11）。

图 11　虹宇宙的主页面

2021 年 12 月 27 日，百度正式上线了国产元宇宙产品希壤，百度通过希壤虚拟搭配现实的交互演绎，举办了 2021 年百度 Create 大会，成为国内元宇宙世界的"领跑者"。

希壤旨在打造一个跨越虚拟与现实、永久续存的多人互动空间，它承载着"打通现实与虚拟，连接现代与未来"的美好愿景。希壤在城市设计中融入了大量中国元素（见图 12），在视觉、听觉、交互三大方面实现技术创新突破。用户可在电脑、手机、可穿戴设备上登录，创造专属的虚拟形象。在希壤中，用户可以通过耳机感受沉浸式的音觉和视觉效果，通过麦克风实现多人语音交流。

图 12　希壤中的地图

在希壤中，用户需要创建好虚拟的人物形象以及昵称，生成一个虚拟人物，然后即可进入希壤构造的虚拟世界，通过屏幕上的摇杆进行方位上的走动（见图13）。

图13　希壤中的场景

同样是元宇宙产品，希壤和虹宇宙之间还是存在一定区别的。在定位方面，希壤旨在建立一个能够实现多人互动的虚拟世界，它的核心聚焦在内容创作和交互体验上，而虹宇宙是一个泛娱乐的虚拟社区，它的关键在社交系统和数字藏品上；在技术方面，希壤的主要技术体现在 AI 和 VR，而虹宇宙更侧重于区块链的技术价值。

（三）元宇宙社交

元宇宙时代，我们的关注重心从现实生活转移到数字生活上，关注重心的转移带来的就是社交形式的转变，社交元宇宙便应运而生。在由虚拟数字技术构建的社交元宇宙中，我们可以凭借自身的虚拟形象，在接近现实生活的场景中来一场沉浸式的网络冲浪体验。

当下的虚拟社交，主要是人们通过互联网软件来完成人际交流与传播，以手机为主要载体。区别于传统实体社交，虚拟社交的交友更具有广泛性、安全性、隐私性以及便捷性。

虚拟社交与元宇宙社交的区别就在于社交形式的改变，虚拟社交

突破了时间与空间的限制，扩大了交友范围，但是社交的过程却缺少了实体社交的真实性与趣味性。在元宇宙社交中，借用全息虚拟影像技术，可以做到真实场景的还原，同时借用一些辅助设备，能极大提升用户的使用体验。相比于虚拟社交，元宇宙社交用户互动优势更加明显，更像是线上社交与线下社交的结合体。

从当下社会认知来看，沉浸式虚拟社交时代将对现有的社交场景产生颠覆性的变革。简单地讲，未来很可能会实现人类以替身的形式在数字世界中相互交流。

五 元宇宙赋能游戏领域

元宇宙产业链可分为技术端和应用端。技术端由软硬件技术支撑，应用端由用户需求驱动。创建的应用程序可以作为现实世界的替代品，这些应用程序构成了元宇宙理论的生态。在应用端，游戏是元宇宙尝试落地的第一个领域。VR、AR 等交互技术用于增强用户对虚拟世界的沉浸感，NFT 技术用于构建元宇宙游戏中的经济系统。在游戏中，用户可以获得虚拟身份并与其他玩家进行社交，而开发者则通过不断的创新为用户创造多元化的游戏世界。

游戏作为最接近元宇宙的应用形式，在迭代开发中注重高质量的内容和平台价值。在元宇宙的推动下，游戏有望达到"游戏为平台"的下一发展阶段，成为承载元宇宙活动的基础平台。国内多个平台已率先搭上元宇宙的快车，创造出许多风靡全国乃至全球的游戏产品。

（一）米哈游元宇宙大放异彩

2021 年，米哈游凭借横空出世的大作《原神》领跑移动端开放世界（见图 14）。开放的世界游戏一直被视为元宇宙的原型和载体。凭借该现象级的开放世界产品，米哈游无疑是元宇宙赛道的有力竞争者。2022 年，米哈游宣布成立元宇宙品牌 HoYoverse，该品牌将通过各种娱乐服务为全球玩家创造和传递沉浸式虚拟世界体验。

图 14　米哈游元宇宙大作《原神》

米哈游总裁蔡浩宇此前表示："2030 年要打造全球 10 亿人愿意生活在其中的虚拟世界。""愿意"是一个很重要的元素，虚拟世界不仅要有等同于现实世界的功能，还要有超越现实世界的自由和智慧。特别是在开放的世界游戏中，高度的自由度、智能的体验、场景的逻辑一致性和人物行为的自我一致性是帮助游戏变得更加开放、更加沉浸、更加真实的关键要素。因此，人工智能技术的应用和突破，不仅可以对《原神》的后续运作发挥作用，而且可以作为米哈游未来 10 年愿景的技术基石。

2021 年 3 月，"瑞金医院脑病中心米哈游联合实验室"正式开启脑机接口研究。脑机接口是指在人或动物大脑与外部设备之间创建直接连接，实现大脑与设备的信息交换。脑机接口要真正落地实现商业化还需要很长的时间，但由此可见米哈游在元宇宙领域的长远布局和勃勃雄心。

（二）重启世界 VS 行业先驱 Roblox

在实践元宇宙的先驱者 Roblox 的引领下，国内各大平台紧跟其步伐。腾讯利用社交优势布局元宇宙，字节跳动则试图打造适应国内环境的元宇宙游戏。

2017 年，抖音便推出了 VR 社交相关产品，可以通过捕捉用户面部表情生成卡通形象。从 2019 年开始，字节跳动先后投资深极智能、机器人 3D 视觉技术服务商等多家元宇宙相关技术公司，2021 年投资 1 亿元人民币给主打元宇宙概念的游戏公司代码乾坤开发《重启世界》（见图 15）。

图 15　创造属于你的梦想世界——《重启世界》

《重启世界》使用与 Roblox 相同的 Lua 语言，用户易于开发和创建。利用短视频制作的思想，系统提供了上万种免费素材，允许导入成品模型，并提供了上百种接口，大大减少了创作周期。UGC 平台上的游戏不需要申请许可证号码，大大减少了对创建的限制。与 Roblox 相比，《重启世界》在本土化方面做了适合中国的改进。《重启世界》在 Roblox 模型的基础上增加了评论和房间模式，通过在游戏中结识新朋友来保持用户对游戏的热情。通过良好的用户定位和数据画像，字节跳动可以将创作者和玩家带入《重启世界》，弥补产品的社交和身份弱点。

（三）手游大户莉莉丝：做好玩的游戏

2021 年拥有多款全球市场单月流水突破 10 亿元的游戏的手游大户莉莉丝，毫无疑问也是在元宇宙游戏的方向上进行突破性尝试的行业新星。莉莉丝以"做好玩的游戏"为公司使命，坚持"全球化"与"品类进化"核心战略，通过深度理解全球市场与品类发展阶段，将国产手机游戏带向全球。

莉莉丝组建了约 200 人的团队来开发 UGC 创作平台达芬奇，并布局元宇宙，分别于 2019 年 9 月和 2020 年 4 月申请了与达芬奇项目相关的两个软件版权，注册为"莉莉丝达芬奇计划游戏编辑软件"和"莉莉丝达芬奇计划游戏软件"。《BOOM！PARTY》可在东南亚的谷歌商店购买，游戏玩家可以在平台上尝试多个像素风的游戏。2020 年 6 月，莉莉丝启动"达芬奇计划游戏创作大赛"（见图 16），为对游戏产业感兴趣的学生创建线上活动，并通过实践游戏开发在线课程，帮助学生开发人员开发游戏样本。

图 16　莉莉丝"达芬奇计划游戏创作大赛"

在传统的游戏产业模式中，广义的产业链环节主要包括研发、发行和分销渠道，行业收入主要来源于用户收费和广告植入，收入由硬

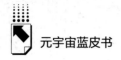
件提供商、研发提供商、发行方、渠道提供商和 IP 持有者共同分享。

在元宇宙时代，随着硬件平台的改变，传统渠道商的话语权可能会进一步被削弱。全球科技巨头和互联网工厂正在全面布局下一代软硬件平台生态。生态更加繁荣的元宇宙入口可能承担更多的流动移民红利，产业地位和价值有望持续提升。同时，在去中心化和更强的通信传输技术的支持下，优质内容和服务提供商也有望获得更强的话语权。

元宇宙"游戏即平台"的发展方式，使得非游戏行业及难以植入游戏的广告进入游戏世界中，顺利触达游戏受众群，在游戏玩家的高接受能力中，实现新的增长和商业化渠道。元宇宙为游戏带来更丰富生态，游戏也为元宇宙奠定了良好的基石。

六 总结与展望

通过上述元宇宙的应用案例可以感受到，元宇宙已经开始逐步对不同领域的发展产生影响。在教育、社交、游戏等各个领域，元宇宙都有打破传统之势，让各个领域的发展更上一层楼。人们可以戴上AR 眼镜，进入一个非传统意义上的教室，通过虚实结合的教学方式，真正打造一次属于自己的个性化教育；戴上 VR 眼镜，人们就可以打破地理因素的限制，进入虚拟的元宇宙社交世界，与朋友们来一场身临其境般的探索奇遇；或是加入一场元宇宙游戏，在游戏世界中与好朋友们一起分享快乐；也可以加入一场元宇宙拍卖会，购买各式各样的数字藏品，不论是艺术家发行的数字艺术品，或是 NFT 形式的游戏装备，等等，都可以将其记录在区块链上，为自己添加一份喜爱的收藏。

元宇宙给各个领域带来了不同程度的变革，并充满不可估量的潜力，甚至具有改变一个领域的发展方向的能力。元宇宙的应用只会有增无减，也会给人类社会带来更多的便利。当然，元宇宙是一个触及面十分广泛的领域，它的实现需要十分苛刻的底层技术。目前的元宇宙行业还存在许许多多可以提升的空间，无论是区块链、虚拟现实、增强现实、5G 通信等技术，都需要做得比目前更加成熟、更加先进，元宇宙的发展才会更进一步，未来元宇宙的应用才会更加多样化。

参考文献

［1］顾振清等：《“探索 思考 展望：元宇宙与博物馆”学人笔谈》，《东南文化》2022 年第 3 期。

［2］关雨晴、孙羽嘉、邱文欣：《博物馆数字藏品：“风口”之后，“风向”如何?》，《南方日报》2022 年 5 月 15 日。

［3］牟丽君、许鑫：《基于 NFT 的非遗数字资源开发研究》，《农业图书情报学报》2022 年第 6 期。

［4］陈希琳：《数字藏品赋能实体才是最终出路》，《经济》2022 年第 6 期。

［5］朱鹏：《数字藏品能真正摆脱炒作吗?》，《每日经济新闻》2022 年 7 月 5 日。

［6］张玫：《文旅数字藏品：把握文化内核 释放数字资产价值》，《中国旅游报》2022 年 4 月 13 日。

［7］毕马威：《元宇宙十大应用场景展望》，《软件和集成电路》2022 年第 5 期。

附　录

Appendix

B.21
中国元宇宙发展大事记（2021~2022）

北京区块链应用技术协会

　　2021年3月，元宇宙"第一股"Roblox成功上市纽交所，首日股价上升54.4%，市值超过400亿美元，腾讯参投其G轮融资并获得Roblox中国区产品发行独家代理。

　　2021年4月，字节跳动入局元宇宙赛道，以近1亿元人民币的价格投资手机游戏研发商、"中国版Roblox"代码乾坤。

　　2021年5月，云游戏技术服务商海马云完成2.8亿元人民币的新一轮融资。该轮融资是由中国移动咪咕公司及优刻得科技股份有限公司联合进行的元宇宙战略投资。

　　2021年8月，腾讯旗下PCG事业群推出国内首个NFT交易平台"幻核"App。首期限量发售300枚"有声《十三邀》数字艺术收藏品NFT"，幻核除了《十三邀》数字艺术收藏品外，截至目前共发行10款共29067份数字收藏品。

2021 年 9 月，清华大学新闻与传播学院新媒体研究中心发布了《2020—2021 年元宇宙发展研究报告》。

2021 年 10 月，百度申请注册"metaapp"商标。此前，Facebook 改名为 Meta，宣布未来 5 年要做元宇宙公司。

2021 年 11 月，华为举办新品发布会，推出华为 VR Glass 6DoF 游戏套装，该游戏套装包含一个 VR 眼镜、一对游戏手柄、一个视觉模组与散热背夹。

2021 年 11 月，张家界元宇宙研究中心在武陵源区大数据中心正式挂牌。张家界也成为全国首个设立元宇宙研究中心的景区。

2021 年 12 月，小米关联公司瀚星创业投资有限公司、英特尔亚太研发有限公司，成为由张艺谋等联合创办的 VR 公司——北京当红齐天国际文化科技发展集团有限公司的股东，该公司注册资本增至 7574.61 万元人民币。

2021 年 12 月，新华社成立元宇宙联创中心，共建新一代互联网数字空间新生态。

2021 年 12 月，上海市印发的《上海市电子信息产业发展"十四五"规划》，首次将元宇宙列入重点发展的产业之一，未来上海将加强元宇宙底层核心技术基础能力的前瞻研发，推进深化感知交互的新型终端研制和系统化的虚拟内容建设，探索行业应用。

2022 年 1 月，上海加紧研究布局未来虚拟世界与现实社会交互平台。上海市发展和改革委员会发布《2022 年上海市扩大有效投资稳定经济发展的若干政策措施》提到全面推动城市数字化转型。

2022 年 1 月，数字王国二次"复活"邓丽君现身跨年舞台。2022 江苏卫视跨年演唱会上，虚拟数字人"邓丽君"现身舞台，与歌手周深同台演绎《大鱼》、《小城故事》和《漫步人生路》。

2022 年 2 月，银保监会发布风险提示：警惕恶意炒作元宇宙房地产圈钱。银保监会发布《关于防范以"元宇宙"名义进行非法集

资的风险提示》，指出一些不法分子蹭热点，以"元宇宙投资项目""元宇宙链游"等名目吸收资金，涉嫌非法集资、诈骗等违法犯罪活动。

2022年2月，北京市通州区政府印发了《关于加快北京城市副中心元宇宙创新引领发展的若干措施》，该措施提出，北京城市副中心将打造一批元宇宙示范应用项目，支持一批元宇宙应用场景建设，同时，依托通州产业引导基金，采用"母基金+直投"的方式联合其他社会资本，打造一支覆盖元宇宙产业的基金。

2022年4月，杭州市拱墅区人民政府与腾讯合作项目以云签约方式签署协议。据悉，腾讯将积极引入自身在电子竞技领域长期积累的资源，围绕原创内容、电竞赛事、产业链条、城市场景等方面进行重点规划和投入，助推拱墅区快速发展电竞数娱、虚拟数字、元宇宙等新兴产业。

2022年4月，中国仿真学会元宇宙专业委员会在京成立，这是首个由中国科协所属一级学会成立的元宇宙专业委员会。北京理工大学计算机学院党委书记丁刚毅教授当选为主任委员。

2022年5月，杭州多个城区布局"元宇宙"产业，这个全新的高智能园区，落子杭州大创小镇核心区的钱塘云谷，规划面积4.6万平方米。未来，园区将围绕数字孪生、人工智能、虚拟数字等元宇宙核心底层技术，以及游戏、社交、教育等元宇宙新型应用场景，引进培育一批创新型中小企业。

2022年6月，"辽宁元宇宙产业联盟"正式成立，和平区公布了《元宇宙产业创新发展行动计划》，并发布了总投资额达100亿元的10个城市重磅场景。

2022年7月，中国电子工业标准化技术协会元宇宙工作委员会成立大会在京召开，元宇宙工委会理事长单位由中国电子技术标准化研究院担任，万向、华为、微众银行、商汤、腾讯、网易等机构确认加入元宇宙工作委员会。

2022 年 8 月，以"洞见元宇宙，数字新空间"为主题的WMC2022 世界元宇宙大会在北京大兴经济开发区通过线上和线下相结合的方式隆重举行。

Abstract

"Metaverse" is one of the hottest topics in technology and industry nowadays, and 2021 is called the "Year of Metaverse". Metaverse, virtual human, Web3.0, NFT, digital economy and other concepts have started to appear frequently in people's view, and continue to penetrate into various industries. Although the concept of meta-universe was proposed as early as 1992, it was not until 2021 that meta-universe received huge attention for the first time due to the gradual maturity of the underlying technology and the entry of giants and capital. The giants have vigorously laid out the meta-universe track, the market outlook is thriving, some technologies are seeing breakthroughs, and regulation and policies are guiding both sides. Meta-universe is a new stage of digital technology development and a new track of digital economy.

The book is divided into several parts, including general report, policy and regulation chapter, technology chapter, scenario application chapter, and market chapter. Firstly, the general report introduces the origin of metaverse, sorts out the current development status of metaverse at home and abroad in terms of policy, technology and economy and the impact and changes it brings, the problems and countermeasures facing the development of metaverse in China, and analyzes the future development trend of metaverse. Secondly, it discusses the problems in the policies and regulations promulgated in the field of metaverse in 2021. Our government has issued relevant policy documents at different levels to guide the healthy and orderly development of metaverse in the industry, and at the same time, it is appropriate for the government to adopt an inclusive and prudent regulatory attitude, adhere to the principle of encouraging innovation, formulate regulatory rules and standards in different fields, and leave enough space for the development of metaverse under the premise of strictly adhering to the safety bottom line. Space. Thirdly, the new trend of metaverse technology development is described. Fourthly, the key application scenarios of metaverse are described. In the past year, metaverse has flourished in various fields such as manufacturing, finance, consumption, digital collections, virtual digital people, etc., covering a very wide range of businesses. Finally, by analyzing the current market situation and industry cases of the giant enterprises laying out metaverse at home and abroad, readers can experience the innovation on the traditional model of metaverse and the field, and can feel the value and significance of metaverse. In order to have a more comprehensive grasp of the specific situation and major events of the metaverse industry development in China in 2021, this book also summarizes the events of the metaverse for readers' quick overview.

By systematically studying the development of China's metaverse from 2021 to 2022, we are able to comprehensively grasp the latest policy dynamics, technological progress and specific applications of the industry, draw rich experiences and lessons from them, and provide forward-looking thoughts and suggestions on future development paths and strategies, so as to provide useful inspiration and clear directional guidance for metaverse industry development and policy formulation in a more prudent manner.

Keywords: Metaverse; Blockchain; Virtual Reality; Digital Economy

Contents

I General Report

Abstract: With the renaming of the American technology company
Facebook to Meta, metaverse became a very hot technology term at the
end of 2021. This paper introduces the origin of metaverse, the definition
of metaverse, and explains the inevitability and necessity of the industry's
development in this historical stage. On this basis, by sorting out the
current development status of metaverse in policy, technology and economy
at home and abroad, and analyzing the impact and changes brought by
metaverse to people's production and life in social way, consumption way,
learning way and production way, etc. , and also analyzing the future
development trend of metaverse.

Keywords: Metaverse; Virtual Space; Digital Economy

II   Policies and Regulations

B.2   Research on the Legal Supervision of the Metaverse

Liao Renliang / 019

Abstract: The essence of the Metaverse is the digitization of the real world. Although it is a virtual space, it is not an outlaw land. The law of the Metaverse includes the law within the Metaverse and the law outside the Metaverse, and derives the supervision system within the Metaverse and the supervision system outside the Metaverse. The former relies on the autonomy of the participants in the Metaverse, while the latter relies on the norms of the government. Through the collision and fusion of the two, a dualistic or even pluralistic meta-cosmic legal supervision system is finally formed. For the Metaverse, the government should adopt an inclusive and prudent regulatory attitude, adhere to the principle of encouraging innovation, formulate regulatory rules and standards in different fields, and leave enough space for the development of the Metaverse while strictly observing the bottom line of safety.

Keywords: Metaverse; Legal Supervision; Multi-governing

B.3   Sorting out and Analysis of China's Metacosmic Policy in 2022

Liang Wei, Liu Qiang, Dai Jian,

Li Chunlin and Guo Hao / 038

Abstract: In March 2021, the fourteenth five year plan for national economic and social development of the people's Republic of China and

the outline of long-term goals for 2035 set up a special chapter on "creating new advantages in the digital economy", which proposed to promote the deep integration of digital technology and the real economy, enable the transformation and upgrading of traditional industries, promote new industries, new business forms and new models, and strengthen the new engine of economic development. Looking at the world, the meta universe has become the hottest topic and concept at present. It is predicted that it will become one of the fastest growing fields in the future. It is attracting more and more individuals, enterprises and even countries to participate in this wave in different ways. While attaching importance to metauniverse, governments of various countries have been more active in the layout, planning and support of this business form. Many countries and regions led by the United States, Europe, Japan and South Korea have introduced relevant laws and regulations and regulatory strategies. Various ministries and commissions in China have taken a positive attitude towards the development prospects of metauniverse, and issued relevant policy documents at different levels to guide the healthy and orderly development of metauniverse in the industry.

Keywords: Metaverse; Digital Economy; Blockchain; Artificial Intelligence

Ⅲ   Technology Reports

B.4   A Review of Metaverse Technology

Zhang Jinghui, Wang Jiaojie / 046

Abstract: Following the PC Internet and mobile Internet era, the emergence of meta-universe has triggered the speculation of the next generation Internet era, providing a new track and opportunity for scientific and technological innovation and information technology development. The metaverse involves technologies such as 5G/6G, artificial intelligence, blockchain, cloud computing, etc. It also integrates the forward-looking layout of new generation digital technologies such as Internet of Things, VR/AR, data twin, etc. to build a new digital space where the physical world and virtual world are integrated. This paper analyzes and introduces the current status of metaverse technology in terms of its origin and development, concepts, key technologies, and challenges based on them, with the aim of providing assistance to the subsequent research related to metaverse technology.

Keywords: Metaverse; Blockchain; AI; Digital Twin; Virtual World

B.5　Research on the Infrastructure of Metaverse
　　Chai Xuezhi, Chen Xiangli, Zong Leilei and Zhou Yu / 066

Abstract: The rise of the concept and practice of meta universe is closely related to infrastructure, consumption upgrading and industrial supporting. The eight core elements need to be implemented in three stages in a long period of time. During this period, the scientific and technological circles and the industrial circles need to put enough attention and resources into the basic technical elements to ensure that they can smoothly support the development of the meta universe. These elements can be divided into four categories: content related, system related, AI related and interactive related.

Keywords: Metaverse; 3D Rendering; AI; Blockchain; Virtual Reality

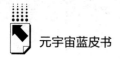
B.6 Metaverse Standardized Exploration

Sun Lin, Liu Mianchen, Li Jianong, Yao Chi and Li Ming / 077

Abstract: The complete and huge industrial chain in Metaverse and its digital ecology has a wide coverage, high integration, and strong integration. Its standardization exploration plays an important role in unifying industry consensus, strengthening interconnection, promoting technology integration, and building an industrial ecology. This paper analyzes the current situation and demands of standardization at home and abroad in the Metaverse, gives the framework of the Metaverse standard system, and proposes future standardization suggestions.

Keywords: Metaverse; Standardization; Web 3.0; New Generation of Information Technology

B.7 Research on Infrastructure Construction of Metaverse

Deng Weiping, Yang Qun, Wu Gaobin,

Zheng Haiyang and Liu Xuan / 089

Abstract: This study first briefly combs the basic concepts, technical characteristics and industrial ecology of metaverse. And then analyzes the development status of metaverse infrastructure construction focusing on three aspects: communication network infrastructure, computing infrastructure and new technology infrastructure; From the perspective of network communication technology, data security and privacy protection, sustainable energy and energy storage infrastructure, the development trend and future challenges of metaverse infrastructure are studied. Finally, from the perspective of developing digital economy, this paper summarizes the significance of the development of metaverse industry, and gives policy suggestions to improve the infrastructure technology and talent training standards of metaverse.

Keywords: Metaverse; Infrastructure; Technical Characteristic; Industrial Ecology

B.8　The Emergence and Solution of Digital Twin Problem

Chen Yuan, Zhou Xunfei, Wang Su,

Wu Meng and Mao Fangyuan / 102

Abstract: As an important means to promote the digital transformation of enterprises, cities and countries and promote the development of digital economy, digital twin technology has established a universally applicable theoretical and technical system and has been applied in product design and manufacturing, engineering construction, urban management and other disciplines. By combing the development status of digital twin technology, this paper summarizes the shortcomings of the current digital twin technology, including the problems in data acquisition, data fusion, information security and multi-system interaction, and analyzes and sorts out the existing solutions in various industries. It is hoped that it can be used as a connecting link in the field of digital twin technology and help its commercialization process, and accelerate the development and application of digital twin.

Keywords: Metaverse; Digital Twin; Real Scene 3D

B.9　Blockchain Technology in the Development of Metaverse

Zhang Xiaojun / 111

Abstract：2021 is the first year of the metacosm, and in the development of the metacosm, blockchain has become one of the key technologies for the development of the metacosm around the credible flow of metacosm data. This article explores why blockchain is the infrastructure of the underlying technology for the development of the metacosm. It also helps readers to understand the relationship between blockchain and the metacosm and what aspects blockchain supports the development of the metacosm.

Keywords：Immersion；HMI；HCI；Distributed Digital Identity

B.10　Application of Privacy Computing Combined
　　　　with Metaverse　　　　　　　　　　*Liang Dong* / 121

Abstract：The world's cutting-edge scientific and technological systems are developing rapidly. The digital economy with new-generation information technology and data as key elements has become a key force in reorganizing global factor resources, reshaping the global economic structure, and changing the global competition pattern. Since the outbreak of the COVID－19, digitalization of online office, education, medical care, consumption and industrial upgrading, community services, urban governance, etc. has become the norm, and an all-round "virtual and real integration" metaverse is taking shape. The Metaverse is an important platform for the interaction between the virtual world and the real society in the future. It is a new manifestation of the digital economy with huge potential. The protection of user privacy and data security is an important prerequisite for the healthy development of the Metaverse industry. To this end, the Metaverse platform should be able to meet three basic requirements: secure and reliable data throughout its life cycle, users have the ability to independently control data, and support all parties. Distributed collaborative governance. In order to achieve the three basic requirements, the security assurance technology system represented by privacy computing is the important foundation of the Metaverse, and constitutes the key technical path for the privacy protection of the Metaverse. The technical system involved in the Metaverse can be summarized by "BIGANT": "B" refers to blockchain technology, including encryption algorithms, consensus mechanisms, smart contracts, decentralized storage, etc.; "I" refers to interactive technology, including XR, holographic image, human-computer interaction, etc.; "G" refers to electronic game technology, including game engine, 3D modeling, real-time rendering, etc.; "A" refers to artificial intelligence technology, including machine learning, natural language processing, AI agent, etc.; "N" refers to network and computing technology (Network), including 5G/6G network, cloud computing, edge computing, etc.; "T" refers to Internet of Things technology, including various sensors technology. Each technical field involved in the Metaverse has specific applications that are integrated and expanded with privacy computing. This paper will correspondingly focus on 5 directions, including privacy-preserving transactions, privacy-preserving applications, privacy-preserving modeling, privacy-preserving computing networks, and privacy-preserving edge computing. The application and prospect of the combination of the two are expounded and introduced.

Keywords: Metaverse; Privacy Computing; Blockchain

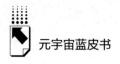

IV   Scenario Applications

B.11   Application and Development of Metaverse in Industrial

Manufacturing   *Wang Hong*, *Xiao Ming*,

Cai Can, *Huang Zhuangqin and Liu Nan* / 132

Abstract: Metaverse is a virtual space made by relying on modern technology, which is independent of the real world and can map the real world, and is the new direction of future Internet development. Metaverse can promote the integration of industries and realize the combination of digital economy and real economy. Industrial metaverse is the application of metaverse technology in the industrial field, which is a new trend in the development of industrial manufacturing. It can realize all the links of research and development and design, manufacturing, marketing and sales, and after-sales service in the virtual environment, and open up the space between virtual and reality. Industrial metaverse has the characteristics of virtual-real integration, data-driven, all-factor and all-process, all-business integration. The high requirements of metaverse for algorithms need the support of core chips and basic software. This paper analyzes the opportunities that exist in the field of industrial metaverse and EDA technology. The core application scenarios of EDA to empower various aspects, cover the whole product life cycle from R&D to after-sales, promote industrial process optimization and efficiency improvement, help the manufacturing industry transform in the direction of highly digital intelligence, and open a new chapter of Internet of everything.

Keywords: Metaverse; Industrial Metaverse; EDA; Virtual-real Integration

B. 12　Exploration on the Metaverse of Securities

Financial Service　　　　　　　　　　　*Song Jiaji* / 149

Abstract: As the global technology giants have started the exploration of the Metaverse, all walks of life have gradually paid attention to the impact of the Metaverse on their own areas. When facing generation Z, securities financial services also have new demands in information interaction and investor education. The Metaverse era is expected to build a more open and three-dimensional capital market information center to provide better services for the next generation of market participants.

Keywords: Metaverse; Generation Z; Financial Service; Blockchain

B. 13　Application and Development of Metaverse in the

Field of Consumption

Cai Yuying, *Li Xiaolong and Qin Xuezheng* / 159

Abstract: the continuous development and maturity of the relevant technologies of the meta universe promote the interaction and integration of the meta universe and multiple industries, and the integration with the consumption field will subvert the whole consumption mode and have the most direct impact on the social and economic development. Consumption in the virtual space of the meta universe presents many new features, and the expansion of the scene has been initially developed in the fields of games, movies and television, performance activities, e-commerce and so on. Reshaping the payment system, digital RMB will become the legal digital currency to build the foundation for the economic operation of the

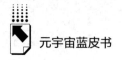
whole yuan universe. Consumers participate in consumption and services based on the digital avatar that is uniquely bound to the account, and their consumption authenticity and immersion will be greatly improved. Driven by the new consumption mode, the supply side has also undergone corresponding changes. Some new business models, such as D2A mode, have emerged, and the supply mode of "people, goods, yard" has been reshaped, thus supporting the development of the consumption industry chain of the meta universe from the source and helping the vigorous development of the meta universe and the digital economy.

Keywords: Metaverse; Consumption; E-commerce; Payment System; Supply Mode

B.14 The Application of Metaverse in Digital Collection

Li Yu / 170

Abstract: In recent years, with the development of science and technology, digital assets have developed from a simple concept to an emerging force, which has been recognized by more and more people. Digital collections have achieved scenarization with the help of blockchain technology and quickly swept the country. In 2022, the digital collection track ushered in explosive growth. As of June, according to incomplete statistics, the number of domestic digital collection distribution platforms has exceeded 500. Due to the rapid development of the digital collection platform and the lack of industry standard guidance, it has been growing savagely, and the compliance of the platform is difficult to guarantee. At present, the digital Tibet platform has quickly passed through the 1.0 stage, and each platform is facing new challenges of playing method upgrading, traffic attraction and revitalizing the pool. The competition between platforms is bound to be a bloodbath. By building a unified national market for digital Tibet, we will build a new matrix of Web 3. 0 digital collections based on the ideas of CO governance, CO negotiation, co construction and win-win, so as to achieve the goals of CO cultivation of flow, CO sharing of income, co management of wealth and co output of capacity, truly realize the gathering of ecological forces, and create an innovative, high-standard, leading, open and co governed new ecosystem of Chinese digital Tibet.

Keywords: Digital Collection; Blockchain; Open Ecology

B. 15   The Future Prospect of Virtual Digital Human

Tu Zheng / 176

Abstract: The year 2021 is the first year of the development of the meta-verse., and also the explosion of virtual digital human. Virtual digital human, as a fusion of multiple advanced technologies, a media role with highly anthropomorphic, will be widely used in various scenarios in the meta-verse.

This paper classifies the virtual digital human according to the dimensions of technology, application and design style, and introduces the four stages of the development experience since from 1982.

This paper sorts out the current situation of the virtual digital human industry, and analyzes that the virtual digital human industry has good development prospects, both from the market size and the investment and financing. In terms of technical system, the virtual digital human technology is divided into five technical modules: character generation, character

expression, synthetic display, recognition and perception, analysis and decision, and it is elaborated one. In terms of industrial ecology, the virtual digital human industry is divided into five parts: basic layer, core layer, application layer, capital side and regulatory party, and the core layer can be divided into three roles according to the upstream and downstream of the industrial chain.

This paper introduces the typical applications of virtual digital human from the five aspects of virtual idol, virtual staff, virtual anchor, virtual expert, and avatar, and selects Luo Tianyi, AIYA and other characteristic cases for auxiliary explanation. Finally, the development trend of virtual digital human is expected from the four perspectives of key technology, use threshold, commercial value and industry ecology.

Keywords: Virtual Digital Human; Metaverse; Virtual Idol; Virtual Staff; Virtual Anchor

B.16　The Cultural of Metaverse: The Explortion and

　　　　Practice of Sanxingdui　　　　*Ding Gangyi et al.* / 200

Abstract: "Sanxingdui Fantastic Journey" is the first large-scale immersive digital interactive space launched by the News Center of China Central Radio and Television from June 14 to 16, 2022. As well as scenes such as the Kingdom of Ancient Shu, through real-time cloud rendering technology, it provides users with a new immersive interactive experience to achieve "breaking the wall", and integrates cultural communication to achieve "breaking the screen". Taking "Sanxingdui Fantastic Journey" as an example, this paper analyzes metaverse space modeling, interaction methods, security strategies, and metaverse paradigms emerging for a large number of people.

Keywords: Cultural Metaverse Paradigm; Interactive Virtual Space; Cloud Rendering

B. 17   Layout Planning of Metaverse Marketing

Pang Dawei, Zhang Yanlin / 212

Abstract: Metaverse, can be superficially understood as the mapping of the real world in the virtual world. In the real world, real identities, real goods and real scenes are mapped one-to-one in the virtual world, which together constitute the three major elements of meta-universe marketing: digital people, digital collections and brand meta-universe.

In this paper, we believe that the layout of metaverse marketing can start from the following three aspects: First, digital people: as part of the brand content, participate in the production of brand content. Second, digital collections: activate consumer interaction, deepen the emotional connection between users and brands, and help brands build their brand image. Third, meta-universe space: create a new traffic field for the brand, helping brand exposure and user interaction.

Keywords: Digital People; Digital Collections; Brand Metaverse

V   Market Reports

B. 18   Analysis on Investment and Financing of Metaverse

Yang Xiaoguang, Lu Hongbo / 224

Abstract: In recent years, financial capital and industrial capital have

been continuously deployed and invested in many fields of the meta universe, which has greatly promoted the integration and development of related industries of the meta universe. This paper analyzes the continuous investment of financial capital and industrial capital in the science and technology industry, which is expected to promote the updating and upgrading of various fields of the meta universe, and identified some problems faced by the meta universe industry. More industrial scenarios are used, It will greatly contribute to the promotion and development of the meta universe industry, and form an important thrust for the breaking of the development of the meta universe. The unicorn of the meta universe industry is expected to be born.

Keywords: Financial Capital; Industrial Capital; Metaverse

B.19　Overview of the Metaverse Layout of Science
　　　and Technology Giants

Zhang Zongshuai, Zou Wenhao and Huang Jiaying / 237

Abstract: Events such as Roblox's listing on the New York Stock Exchange in March 2021 and Facebook's change of name to Meta (the first 4 letters of metaverse) in the same year marked the beginning of the first year of business in metaverse, making metaverse one of the hottest keywords of 2021. Technology giants are laying out the metaverse by developing key technologies such as 3D modeling, mixed reality, digital twins and computing power networks, continuing to expand the metaverse track. Technology giants such as Roblox, Facebook, Nvidia, Google and Bytedance are making full use of their advantages to expand in hardware, technology, products, content, ecological construction and other fields related to the metaverse.

Keywords: Metaverse; VR/AR; Virtual World; Digital Twin; 3D Modeling

B.20　Important Case of Metaverse Industry

Hou Muzhou et al. / 255

Abstract: In recent years, with the gradual maturity of technologies such as blockchain, virtual reality, augmented reality, and 5G communication, the development of the Metaverse has begun to accelerate. The advancement of various technologies has endowed the Metaverse with possible application scenarios in many fields. The construction of the metaverse has begun. As an emerging industry in recent years, the application of the metaverse in various fields is different from its traditional model. Feeling the value and significance of the Metaverse, this chapter analyzes several important application cases of the Metaverse in many fields: the Metaverse classroom in the field of education that uses technologies such as augmented reality, artificial intelligence, and blockchain to realize personalized education; In the social field, an immersive multi-person interactive virtual world realized by technologies such as virtual reality; in the game field, a game world that realizes decentralized free trading of creative rights through blockchain technology, etc.

Keywords: Blockchain; Virtual Reality; Augmented Reality

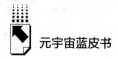
VI Appendix

社会科学文献出版社

皮 书

智库成果出版与传播平台

❖ 皮书定义 ❖

皮书是对中国与世界发展状况和热点问题进行年度监测，以专业的角度、专家的视野和实证研究方法，针对某一领域或区域现状与发展态势展开分析和预测，具备前沿性、原创性、实证性、连续性、时效性等特点的公开出版物，由一系列权威研究报告组成。

❖ 皮书作者 ❖

皮书系列报告作者以国内外一流研究机构、知名高校等重点智库的研究人员为主，多为相关领域一流专家学者，他们的观点代表了当下学界对中国与世界的现实和未来最高水平的解读与分析。截至2021年底，皮书研创机构逾千家，报告作者累计超过10万人。

❖ 皮书荣誉 ❖

皮书作为中国社会科学院基础理论研究与应用对策研究融合发展的代表性成果，不仅是哲学社会科学工作者服务中国特色社会主义现代化建设的重要成果，更是助力中国特色新型智库建设、构建中国特色哲学社会科学"三大体系"的重要平台。皮书系列先后被列入"十二五""十三五""十四五"时期国家重点出版物出版专项规划项目；2013~2022年，重点皮书列入中国社会科学院国家哲学社会科学创新工程项目。

皮书网

（网址：www.pishu.cn）

发布皮书研创资讯，传播皮书精彩内容
引领皮书出版潮流，打造皮书服务平台

栏目设置

◆ **关于皮书**
何谓皮书、皮书分类、皮书大事记、
皮书荣誉、皮书出版第一人、皮书编辑部

◆ **最新资讯**
通知公告、新闻动态、媒体聚焦、
网站专题、视频直播、下载专区

◆ **皮书研创**
皮书规范、皮书选题、皮书出版、
皮书研究、研创团队

◆ **皮书评奖评价**
指标体系、皮书评价、皮书评奖

◆ **皮书研究院理事会**
理事会章程、理事单位、个人理事、高级
研究员、理事会秘书处、入会指南

所获荣誉

◆ 2008 年、2011 年、2014 年，皮书网均
在全国新闻出版业网站荣誉评选中获得
"最具商业价值网站"称号；
◆ 2012 年，获得"出版业网站百强"称号。

网库合一

2014 年，皮书网与皮书数据库端口合
一，实现资源共享，搭建智库成果融合创
新平台。

皮书网

"皮书说"
微信公众号

皮书微博

权威报告・连续出版・独家资源

皮书数据库
ANNUAL REPORT(YEARBOOK)
DATABASE

分析解读当下中国发展变迁的高端智库平台

所获荣誉

- 2020年，入选全国新闻出版深度融合发展创新案例
- 2019年，入选国家新闻出版署数字出版精品遴选推荐计划
- 2016年，入选"十三五"国家重点电子出版物出版规划骨干工程
- 2013年，荣获"中国出版政府奖・网络出版物奖"提名奖
- 连续多年荣获中国数字出版博览会"数字出版・优秀品牌"奖

皮书数据库　　　　"社科数托邦"
微信公众号

成为会员

登录网址www.pishu.com.cn访问皮书数据库网站或下载皮书数据库APP，通过手机号码验证或邮箱验证即可成为皮书数据库会员。

会员福利

- 已注册用户购书后可免费获赠100元皮书数据库充值卡。刮开充值卡涂层获取充值密码，登录并进入"会员中心"—"在线充值"—"充值卡充值"，充值成功即可购买和查看数据库内容。
- 会员福利最终解释权归社会科学文献出版社所有。

数据库服务热线：400-008-6695
数据库服务QQ：2475522410
数据库服务邮箱：database@ssap.cn
图书销售热线：010-59367070/7028
图书服务QQ：1265056568
图书服务邮箱：duzhe@ssap.cn

社会科学文献出版社　皮书系列
SOCIAL SCIENCES ACADEMIC PRESS (CHINA)

卡号：125713935722
密码：

S 基本子库
UB DATABASE

中国社会发展数据库（下设 12 个专题子库）

紧扣人口、政治、外交、法律、教育、医疗卫生、资源环境等 12 个社会发展领域的前沿和热点，全面整合专业著作、智库报告、学术资讯、调研数据等类型资源，帮助用户追踪中国社会发展动态、研究社会发展战略与政策、了解社会热点问题、分析社会发展趋势。

中国经济发展数据库（下设 12 专题子库）

内容涵盖宏观经济、产业经济、工业经济、农业经济、财政金融、房地产经济、城市经济、商业贸易等 12 个重点经济领域，为把握经济运行态势、洞察经济发展规律、研判经济发展趋势、进行经济调控决策提供参考和依据。

中国行业发展数据库（下设 17 个专题子库）

以中国国民经济行业分类为依据，覆盖金融业、旅游业、交通运输业、能源矿产业、制造业等 100 多个行业，跟踪分析国民经济相关行业市场运行状况和政策导向，汇集行业发展前沿资讯，为投资、从业及各种经济决策提供理论支撑和实践指导。

中国区域发展数据库（下设 4 个专题子库）

对中国特定区域内的经济、社会、文化等领域现状与发展情况进行深度分析和预测，涉及省级行政区、城市群、城市、农村等不同维度，研究层级至县及县以下行政区，为学者研究地方经济社会宏观态势、经验模式、发展案例提供支撑，为地方政府决策提供参考。

中国文化传媒数据库（下设 18 个专题子库）

内容覆盖文化产业、新闻传播、电影娱乐、文学艺术、群众文化、图书情报等 18 个重点研究领域，聚焦文化传媒领域发展前沿、热点话题、行业实践，服务用户的教学科研、文化投资、企业规划等需要。

世界经济与国际关系数据库（下设 6 个专题子库）

整合世界经济、国际政治、世界文化与科技、全球性问题、国际组织与国际法、区域研究 6 大领域研究成果，对世界经济形势、国际形势进行连续性深度分析，对年度热点问题进行专题解读，为研判全球发展趋势提供事实和数据支持。

法律声明